NW

西北民商法学术文库

Northwest Academic Library of Civil and Commercial Law

我国农村土地地权冲突与协调法律问题研究

* Study on the Conflicts and Coordination of Property Rights to Rural Land in China *

袁震 * 著

法律出版社
LAW PRESS · CHINA

目　录

序　论

一、内容简介

本书第一章为“国家地权”和农民地权冲突之法律分析，该章共三节。第一节为“国家地权”与农村地权冲突概述，该节分析介绍了“国家地权”和农民地权冲突的界定与由来、表现形式及其严重后果。该节指出“国家地权”与农民地权之冲突是当前农村土地物权制度建设中迫切需要解决的问题，这一冲突导致了耕地锐减、农民失地与农民土地利益大量流失等严重的社会问题。第二节为“国家地权”与农民地权冲突之原因分析，该节分析了“国家地权”和农民地权冲突之历史原因、制度原因及理论原因。第三节为“国家地权”与农民地权冲突的解决对策分析，该节阐发了改革完善征地制度、建立完善的农村建设用地使用权制度、实现国家土地所有权与集体土地所有权的平等、完善土地管理制度、严格依法行政等解决“国家地权”与农民地权冲突的方针政策。

本书第二章为我国农村土地征收制度及其完善，该章共两节。第一节为我国土地征收制度概括分析，该节在对土地征收制度构建与土地征收基本理论进行阐释的基础上，对我国土地征收制度的发展及其运作进行了反思。第二节为我国现行土地征收制度的弊端及其完善，该节分析了我国公共利益标准的确定及完善、我国农村土地征收程序及其完善、我国征地补偿制度及其完善等问题。

本书第三章为集体地权与农民个体地权的冲突与协调，该章共四节。第一节为集体地权与农民成员权之冲突与协调，该节在对该种冲突进行概述的基础上，对集体地权个人化中的集体地权与成员权之冲突、土地收益或补偿款分配中的集体地权与成员权之冲突进行了详细分析，并对集体成员判定标准重构问题进行了反思。第二节为集体地权与农民个体的土地物权冲突与协调分析，该节着重对集体地权与农民土地承包经营权及宅基地使用权之间的冲突与协调进行了反思。第三节为集体地权与农民地权冲突的概括分析及两类特殊的地权冲突分析，该章在总结集体地权与农民地权冲突的基础上，对征地补偿款分配中的集体地权与农民地权冲突及集体地权冲突导致的集体地权与农民地权冲突进行了重点分析。第四节为集体地权与农民个人地权冲突之协调方案分析，该节详细阐析了解决集体地权与农民个人地权冲突的相关法律方案。该节认为要解决集体地权与农民地权之间的冲突必须继续完善集体成员对集体土地的权利，必须建立起集体土地所有权应在土地承包经营权与宅基地使用权的限制下行使的理念与制度，必须更加严格地限制甚至取消集体调整与收回承包地的权利，取消发包方对承包经营权转让的同意权。

本书第四章为农民个人地权之间冲突与协调分析，该章共二节。第一节为设定与流转中的农民个人地权冲突分析，该节分析了因设定而引发的农民个人地权之冲突以及因流转而引起的农民个人地权之冲突这两大类农民个人地权冲突。第二节为与家庭变动相关的农民个人地权冲突，该节在分析了因家庭变动引发农民个体土地权利冲突的基本问题的基础上，着重对因家庭变动引发的妇女土地权利保护问题以及因家庭成员死亡引起的土地承包经营权冲突问题进行了分析。书中指出，由于农民个人地权之间的冲突主要表现在农村土地的流转过程中或者家庭成员的变动过程中，因此，我国必须迅速完善农村土地登记制度，明确并改进农村土地承包经营权、宅基地使用权等物权变动规则，将家庭承包人之间的共有关系明确界定为共同共有，并建立起统一的土地承包经营权继承规则。

二、主要观点及创新

本书在进行实地调研的基础上对存在于我国农村地权上的“国家地权”与农民地权的冲突、农民集体地权与农民个人地权的冲突、农民地权之间的冲突进行深入的分析。全书从贯彻中国新民主主义革命以来形成的农村土地物权属于农民的原则与保护农民的土地物权的立场出发，分析了上述冲突，并提出了完善我国农村土地物权制度的方案。

1. 本书在详细分析了“国家地权”与农民地权之间的冲突的基础上，提出了解决“国家地权”与农民地权冲突的方案。“国家地权”与集体地权冲突的形式表现在很多方面。目前国家通过征收方式直接消灭存在于集体土地上的各种物权而取得所有权，是“国家地权”与农民地权冲突的最主要形式。在集体建设用地使用权流转过程中、农村土地承包经营权流转过程中、农村拆迁与城中村改造过程中都存在普遍的“国家地权”与农民地权的冲突。“国家地权”与农民地权冲突的后果是极为严重的。“国家地权”与农民地权冲突的直接后果是使不可再生的珍贵耕地资源大面积减少，4000 多万农民失去土地成为无地农民，[1]农村土地利益大量流失，同时也造成了信访事件与群体性维权事件持续增加的后果，甚至导致了政府与农民的直接冲突。封建国家公权力恣意行使等造成中国土地权利异常贫困的传统文化观念依然存在，是“国家地权”与农民地权冲突的文化背景原因。我国土地征收制度的严重缺陷，国家垄断土地一级市场制度的推行，我国现行土地管理制度存在重大缺陷，政府管理职能与土地所有者职能重叠与错位，现行农村土地物权制度的不健全等都是造成“国家地权”与

〔1〕 韩俊：《失地农民的就业和社会保障》，载《农业经济导刊》2005 年第 11 期。

农民地权冲突的现实制度原因。由于国家地权与农民地权的冲突彻底冲击甚至改变了近现代革命至改革开放以来形成的地权格局,因此,“国家地权”与农民地权冲突的核心是现行有利于农民的地权格局与地利分配体制的维护问题。主要用来解决城市地权占有不均,地利分配极端失衡的“涨价归公”理论被扭曲地全面应用于我国土地物权制度建设的实践是造成“国家地权”与农民地权冲突的重要理论原因。根源于传统意识形态的国家所有权优于集体所有权的物权优劣理论是“国家地权”与农民地权冲突的直接法理依据。支持“国家地权”优于农民地权的政治哲学理论是国家至上与国家控制市民社会的国家至善理论,但是这一理论早已被近现代以来的国家善恶两面说所取代。解决“国家地权”与农民地权冲突的基本思路是全面限制“国家地权”,强化与完善农村土地物权制度。第一,解决“国家地权”与农民地权冲突必须首先从改革完善现行征地制度,公平补偿农民入手。第二,立法必须彻底放弃违背民法平等原则的国家地权优先原则,本着国家地权与集体地权、个人地权平等的原则来塑造与完善我国的土地物权制度。第三,国家应当退出对农村一级土地建设用地市场的垄断并及时建立起完善的农村建设用地使用权制度,为农村的现代化建设提供有力的地权支持。第四,国家应当在分离政府部门的土地管理者职能与土地所有权人身份的基础上建立起更为独立、垂直而高效的土地管理体系,实现对耕地的有效保护与管理。总之,解决“国家地权”与农民地权冲突的基本思路是全面限制“国家地权”,即改革完善征地制度、回归国家垄断城市土地一级市场的真正含义,建立完善的农村建设用地使用权制度,扬弃传统的“涨价归公”观念,实现国家土地所有权与集体土地所有权的平等,完善土地管理制度严格依法行政等。

2. 本书结合现实,详细讨论了如何贯彻《物权法》的规定,完善我国征地制度的问题。书中指出,首先,为了维护历史形成的有利于农民的地权格局,立法必须通过列举的方式严格限定符合公共利益的用地方式,才能达到避免公共利益标准泛化的目的。其次,我国现行的征地补偿程序必须在实现征地程序公开化,赋予农民知情权、协商权与参与权的基础上,变更为更为完善的申请征地—预公告—协商补偿安置—风险评估—报批—审查批准—公告—实施补偿安置—供地的征地程序。[2]在土地承包经营权与宅基地使用权补偿款数额的确定方面,笔者认为相关补偿款应当占到土地补偿款总数的70%以上,并应当直接支付给农民。法律应当严格限定补偿款支付的时间,立法应当建立补偿款未支付不发生地权变动的制度。笔者认为,无论是货币补偿还是非货币补偿只要农民乐意接受,并能够达到对农民进行充分补偿的目的就是合适的,但是绝对不能采取非货币补偿的方式变相减少对农民的补偿。最后,国家应当努力为失地农民建立养老、失业、医疗等方面的社会保障,从而保证失地农民的生活水平不至于恶化。

3. 本书分析了集体地权与农民地权之间的冲突,提出了协调集体地权与农民地权冲突的农村地权建设理论及其方案。集体土地所有权特殊的主体构造与运行机制决定了集体土地所有权运行过程中可能会形成集体地权与农民成员权的冲突。在集体土地权个人化的过程中、集体土地收益分配与征地补偿分配的过程中,集体地权与农民成员权的冲突都会通过各种形式表现出来。本书采取类型化的方式分析了现实中普遍存在的集体地权与农民成员权冲突的典型类型,并以物权法理论为基础提出了解决方案。书中指出,集体成员资格的判定标准应当是多元的,个体土地物权的享有、户籍身份的有无、对集体的历史贡献与联系等都可以成为判定成员资格的标准。农村土地上存在集体地权与农民个体的地权,

---

〔2〕 国土资源部征地改革研究课题组:《征地制度改革课题总报告》2002年12月。

农村土地物权制度的成功运行需要集体的土地权利与农民个体的土地权利之间的相互配合与协调。集体土地所有权与存在于集体土地所有权之上的土地承包经营权、宅基地使用权存在转化而生的同一性，也存在被限制与限制的矛盾关系。集体以集体土地所有权为基础强制推行承包地调整，是集体所有权与农民个体土地承包经营权冲突的最重要形式。集体收回承包地权利的不正当行使、集体对承包经营权转让同意与否决权的滥用也会造成集体地权与农民土地承包经营权的冲突。解决集体地权与农民土地承包经营权冲突的基本思路是严格限制集体地权行使，建立起完善的集体土地所有权在农村土地承包经营权限制下有效运作的观念与制度。针对集体地权与农民土地承包经营权冲突的各种不同形式，著作详细分析了其成因、危害、法理与制度基础并提出了具体解决思路。目前集体土地所有权与宅基地使用权之间的冲突正随着新农村建设、城中村改造、农村土地整理进程的推进以及建设用地使用权流转实践呈现出日趋严重的趋势，解决这一冲突的基本思路也是限制集体地权并建立集体地权在宅基地使用权限制下行使的法律制度，充分保障农民的土地权利。征地补偿款分配过程中，集体土地所有权的代行主体经常会截留本应分配给农民的对农民土地承包经营权（或宅基地使用权）的补偿款，而导致集体地权与农民个体地权在价值实现形态上出现了冲突。建立起将农民个人地权补偿款直接支付给农民的机制并完善集体土地所有权的运行机制有利于该种地权冲突的解决。集体土地所有权客体范围的不清晰与重叠会引起集体地权与农民个人地权的冲突，该种地权冲突只能在明确集体地权客体的基础上逐步解决。总之，本书认为，要解决集体地权与农民地权之间的冲突必须继续完善集体成员对集体土地的权利，必须建立起集体土地所有权应在土地承包经营权与宅基地使用权的限制下行使的理念与制度，必须更加严格地限制甚至取消集体调整与收回承包地的权利，取消发包方对承包经营权转让的同意权，进一步加强集体土地的确权工作，建立更为完善的集体土地所有权运行机制。

4. 本书指出，农民个人地权之间的冲突主要表现在农民个人地权的设定、农村土地权利的流转或者家庭成员的变动过程中。因设定而引发的农民个人地权冲突包括因设定而引发的农民个体土地承包经营权冲突与因设定而引发的农民宅基地使用权冲突。解决该类地权冲突的基本思路是完善农民土地上物权设定规则，按照土地物权设定规则将土地承包经营权确定为归某一集体成员所有并妥善解决相关问题。农民在通过转让、互换、出租、抵押与入股等方式流转农村土地承包经营权的过程中会形成存在于同一块土地上的多个地权之间的冲突，解决这一冲突的基本思路是建立起完善的农民土地承包经营权的流转制度、农村地权叠加规则与农村土地登记制度。在宅基地使用权伴随房屋转让与出租的过程中，农民个体地权之间的冲突也会呈现。解决该类地权冲突的基本思路是建立起完善的宅基地使用权流转制度，建立起建设类地权叠加与冲突解决的基本规则。此外，著作指出由于土地承包经营权与宅基地使用权都是以户（家庭）为单位进行的主体构造，该种主体构造的方式隐含了家庭变动则地权变动的冲突性。家庭承包方式取得的承包经营权在内部会形成一种共同共有的关系，家庭成员的变动会导致共有财产分割需求的实际产生。与家庭变动相关的地权冲突中存在女性土地权利被侵夺的突出现象。妇女因出嫁、离婚等原因离开原有家庭时，其往往难以要求分割土地或者继续请求获得相关土地权益，形成农民土地权利落空的现实。在制度层面解决该类地权冲突可以采取创造性地将共有财产分割规则应用于土地承包经营权分割的方法，也可以采取建立起新的土地债务制度的方法。农民离开原家庭后可以请求分割承包经营权或者要求将原土地承包经营权转化为土地债务，原家庭内部继续经营土地之人负有持续支付给该妇女一定数额土地出让金之义务。家庭成员的死亡也可能会引起家庭成员之间的地权冲突。立法的趋势是建立起允许地权继承的立法例以避免冲突的扩张。在土地承包经营权的继承问题上,传统的乡土文化与制度实践贯彻的结果经常是由去世者的儿子(们)获得承包经营权。这种实践模式剥夺了妇女的继承权,应当逐步予以改变。本书认为贯彻农村土地物权在登记时设立与变动的规则,将农村土地承包经营权界定为承包人的共同共有,建立统一的农村土地承包经营权继承规则,有利于解决农民之间的地权冲突。

第一章 “国家地权”和农民地权冲突之法律分析

改革开放后，随着中国城市化进程的加快，中国农村土地地权格局形成并完善的同时，也出现了国家通过公权力的行使，不断改变现有地权格局，消灭农民土地物权的现象。这一现象已经造成了农民的土地财产权被非正当地大量剥夺，农民沦为失地农民的严重后果。虽然这一问题的解决主要与公权力的行使方式密切相关，但是由于其也是农村土地物权制度建设中亟待解决的现实问题，因此，本书在此对这一冲突进行简要的研究与分析。

第一节 “国家地权”与农村地权冲突概述

一、“国家地权”和农民地权冲突的界定与由来

从农村土地上的基本物权配置来看，我国农村土地上存在的基本土地物权形态为集体土地所有权、土地承包经营权、宅基地使用权以及农村建设用地使用权。上述土地物权基本上都是农民集体成员、农民个人以及其他民事主体享有的物权，国家除了因历史原因对部分位于农村的土地拥有所有权与建设用地使用权外，不对农民土地拥有任何其他物权。“地权的法权安排，是最重要的国家制度，其之盈亏阴晴，是衡量特定国家人民幸福与否的重要指

标，因而，构建成熟的地权体制，是一切国族走向政治成熟的必经之路。”〔1〕因此，民法意义上的国家（各级政府）在农村的各种土地物权关系中都是承担着不得侵害农民土地权利义务的义务人，而非权利主体。但是，国家拥有公权力可以以公权力为依据而限制土地物权的行使，〔2〕可以通过设定土地税赋的方式取得土地税款，可以通过行使公权力的方式直接改变农村土地归属进而获得土地利益，这就有可能形成国家通过公权力攫取土地利益的情形。

由于土地是重要的生产资料，可以用于农业生产而获得稳定的产出物，因此，在中国历史上政府一直都通过在农业用地上设定税赋而获得相应的土地收入，“皇粮国税”一直是我国农村土地上的一个重要的公法负担。集体土地所有权形成以后，农业税、“乡统筹”曾经作为农村农用地上的负担存在了很长一段时间。直到2006年农业税被废止，农村中的农地集体土地所有权才变为没有公法上税赋负担的所有权。农业的弱质产业与夕阳产业的性质、农民收入较低的状况决定了取消农地上的公法负担是必然与合理的。公法上的负担对农村土地制度造成了显著影响，这一点本书在集体土地所有权部分已经进行了论述。公法税赋负担会从农村土地上直接抽取一定的利益，从而影响到农村土地物权的设置，但是它对农村土地物权制度的影响是间接的，并不会直接起到改变农村土地上物权制度的设置与农村土地支配状况的作用。因此，它一般不会导致国家土地权益与农民土地权益的严重冲突，但是

〔1〕　许章润：《地权的国家德性》，载《比较法研究》2010年第2期。

〔2〕　国家因行使公权力对公民的土地物权进行限制而导致公民土地物权的价值大量降低时，形成对公民土地财产的“准征收”。在此种情况下，国家必须给予公民合理的补偿。当国家对公民土地权利的限制达到使土地的财产价值完全丧失的时候，公民应当有权请求国家征收之，获得相当的补偿来弥补自己的财产损失。

农村土地上的税费负担必须设置合理,否则将会恶化农村土地上的物权配置状况,导致农村土地上物权配置的失效,甚至会最终导致国家与农民之间激烈的政治冲突。对于在农村建设类土地上设定税费负担,也同样必须由法律在综合衡量的基础上最终合理设定,否则也会产生不利的后果。在带有公法负担的农业税与“乡统筹”被取消后,目前农村农地的公法负担已经基本消除,因而,本书在此不再过多论述。

在中国的现实背景下,还存在一种普遍的现实情况就是国家直接通过公权力的行使消灭农村土地上的现有土地物权,从而将农村土地变为国有土地。通常情况下,国家只有通过征收土地,才可以消灭农村土地上的土地物权,将集体所有土地变为国有土地。在理论上,如果征收制度设置恰当,能够有效运作,农民也能够获得合理的补偿,征收并不会导致农民的土地利益大量流失。但是,中国的现实状况是征收制度存在重大缺陷,法律还对集体土地权利施加了过多的限制,国家在事实上基本垄断了土地一级市场,集体土地所有权制度还存在重大缺陷。这就最终形成了“国家地权”与农民地权之间的巨大冲突,即国家不断将集体土地变为国家土地,并通过出让手段获取了大量本应当由农民获得的土地利益。国家通常都是通过征收手段消灭农村土地上的土地物权而获取土地利益的,但是由于中国特殊的历史与制度背景,现实中出现的导致农村土地物权消灭的情形又不限于土地的征收。在土地行政性确权过程中,在农村居民转变为非农村居民的过程中,都存在变相取消农民地权,将土地收归国有而侵害农民利益的情形。因此,中国的现实状况是从农村土地物权制度的基本结构来看,国家本来对农村土地(集体所有土地)并不享有任何物权,但是国家公权力的行使经常使国家成为农村土地物权行使的真正获益者甚至“所有人”。

在此笔者将国家通过公权力而获取土地利益的“权利”统称

为“国家地权”，而将配置给农民的土地物权称为农民地权，具体探讨它们之间的冲突与协调。由于农村农地上公法税赋所造成的国家利益与农民利益的冲突已基本解决，因此，本书在此主要结合中国的现实状况对国家通过公权力消灭农民的土地物权，而产生国家土地所有权并最终享有土地利益的现象进行探讨。从本质属性上来看，我国当前的“国家地权”与农民地权的冲突主要是国家土地所有权对农民集体土地所有权与其他土地物权的兼并。

二、“国家地权”和农民地权冲突的表现形式分析

（一）在土地权属确定方面，“国家地权”排斥了集体地权

由于我国实行土地国家所有与集体所有并存的二元结构，因此，土地不是属于国家，就是属于集体的。按照物权法“一物一权”的原理，同一块土地不是属于集体所有，就是属于国家所有，土地所有权的权属本应当是清楚的。但是，由于中国国土面积广阔，土地确权任务沉重，大量的土地权属都没有确定下来，与之相适应的土地登记与地籍制度也没有完全建立起来，因此，我国农村地区存在大量的权属不清的土地。在土地权属未定的情况下，就存在土地属于国家，还是属于集体的问题。这就造成了国家土地所有权与集体土地所有权在客体范围上的冲突。

对位于农村的土地，如果其权属不明，应当如何确定其所有权的归属？《宪法》第10条实际上确定了一个土地集体所有推定原则。因此，如果位于农村的土地权属不明，则就应当推定为归集体所有，再去确定最终归哪一个集体所有。但是，1995年国家土地管理局印发的《确定土地所有权和使用权的若干规定》则实际上贯彻了国家土地所有权推定原则，即位于农村的土地，如果集体不

能通过证据证明属于集体则推定为国家。[3]这导致国家土地所有权与集体土地所有权之间的直接冲突,也造成了国家所有权客体范围的不断扩张与集体土地所有权客体范围的不断缩小。在土地权属确立方面,优先推定国家所有权存在是传统的国家所有制优于集体所有制,国家所有权优于集体土地所有权的逻辑现实运作的结果,它违背了中国革命及中国建设以来所确立的将农村土地尽量交给农民所有与使用的原则,也与现实的土地所有状况不符。在现实中大量权属不清的土地,长期以来都是由集体占有和使用,集体虽然没有足够的证据证明其归集体所有,但是这种历史性的联系足以推定这些土地是集体所有的土地而不是国家所有。

在现实生活中,因为自然或者人的活动,经常会出现一些无主土地,如河流入海、入湖形成的冲击地,河流改道或水位下降形成的河滩地,围湖造田形成的土地。对于这些新出现的土地存在农民集体是否可以先占取得所有权的问题。先占是一种以取得所有权的意思,依控制支配的事实管领无主物的行为。“第一个占有者通过最先的占有而最早获得这个大地上的某一部分土地。根据权利,他反对任何他人来妨碍他私人使用这块土地,虽然当时仍处于‘自然状态’,不能运用法律手段来做到这一点,因为在此状态

---

〔3〕《确定土地所有权和使用权的若干规定》第4条规定:“依据1950年《中华人民共和国土地改革法》及有关规定,凡当时没有将土地所有权分配给农民的土地属于国家所有;实施1962年《农村人民公社工作条例修正草案》(以下简称《六十条》)未划入农村集体范围内的土地属于国家所有。”这实际上贯彻了农村土地的国家所有推定原则。1999年施行的《土地管理法实施条例》第2条第4项“依法不属于集体所有的林地、草地、荒地、滩涂及其他土地”属于国家所有,则更加明确地贯彻了农村土地国家所有推定原则,而不是《宪法》所确立的集体所有推定原则。

中尚未存在公共的法律。”[4]“我们可以立刻得到这样一个推理：即‘先占’是一个手续程序，通过了这个手续程序，原始世界的‘无人物件’在世界历史中即成为个人的私有财产。”[5]“要使外在物成为自己的，只有在法律的状态中或文明的社会中，有了公共立法机关制定的法规才可能。”[6]“只有那些公共的、集体的和权威的意志才能约束每一个人，因为它能够为所有人提供安全的保证。”[7]“‘先占’最初给予一种针对世人来说是排他性的但又只是暂时享有的权利，到后来，这种权利一方面保持其排他性，同时又成为永久的。”[8]现代对于土地的可否先占取得存在两种立法例，一是不允许通过先占方式取得土地的所有权，无主土地的所有权法定归于国家；二是允许个人通过先占方式取得所有权，如瑞士。笔者认为从便于土地开发、利用的角度，应允许附近农民集体先占取得所有权。允许与这些土地相连的农民集体先占取得可以发挥定分止争的作用，也符合《宪法》第10条所确定的农村集体土地所有权推定原则与现实的习惯做法，历史上许多地区发生的围海围湖造田，包括海滩及湖滩造田，农民集体以此获得的耕地，均在1988年土地登记中获得确认。[9] 对于这些土地的取得如果法律强制规定只有国家才可以先占取得所有权，不具有显著的实

---

〔4〕［德］康德：《法的形而上学原理——权利的科学》，商务印书馆1991年版，第60页。

〔5〕［英］梅因：《古代法》，沈景一译，商务印书馆1959年版，第143页。

〔6〕［德］康德：《法的形而上学原理——权利的科学》，商务印书馆1991年版，第67页。

〔7〕［德］康德：《法的形而上学原理——权利的科学》，商务印书馆1991年版，第67页。

〔8〕［英］梅因：《古代法》，沈景一译，商务印书馆1959年版，第143页。

〔9〕孙宪忠：《论物权法》，法律出版社2008年版，第380页。

践意义，而且只会徒增纠纷；〔10〕因此，只有在没有农民集体通过先占的方式取得这些土地的所有权的情况下，国家才可以取得这些土地所有权。但遗憾的是，很多确定新出现土地权属的规章与批复，依然在贯彻农村土地国家所有推定原则，否定了农民集体以先占取得无主土地所有权的权利，例如，《河道管理条例(1988)》第18条第2款规定，“因修水库、整理河道所增加的可利用土地，属于国家所有”；1995年10月31日国家土地管理局对陕西省土地管理局关于河滩确权问题的请示批复道：“因河流改道而淤积形成的河滩属于国家所有，其使用权可在不违反有关规定的前提下，依照当地习惯和历史确定。”

由于农民集体土地所有权是农民集体成员享有的土地所有权，最初的集体成员都是农民，集体土地所有权被理解为一种以农民身份为基础而享有的土地所有权，因此，在实践中就形成了一种农民身份消灭则集体土地所有权消灭的运作形式，即集体土地所有权成员全部转变为城镇户口后，集体土地则相应地归国家所有。1995年国家土地管理局印发的《确定土地所有权和使用权的若干规定》第14条〔11〕中就包含了这样的一种含义。集体土地所有权是集体成员集体共有的土地权利，在土地仍然存在，集体成员仍然存在的情况下，仅仅因为集体土地所有权的代行主体不存在了，集体成员的户籍改变了就将集体土地所有权变为了国家所有权，是一种直接通过公权力剥夺农民土地权利的方法。在实

〔10〕 笔者在山西运城地区进行调研时，发现该地区因为黄河泥土淤积与河滩形成而发生了很多的集体土地所有权归属与土地承包经营权确定纠纷，允许农民集体通过先占的方式取得集体土地所有权与土地承包经营权将非常有利于这些纠纷的解决。

〔11〕 1995年国家土地管理局印发的《确定土地所有权和使用权的若干规定》第14条规定：“因国家建设征用土地，农民集体建制被撤销或其人口全部变为农业人口，其未经征用的土地，归国家所有。继续使用原有土地的原农民集体及其成员享有国有土地使用权。”

践中很多地方的土地确权规则都贯彻了这一原则，如 1997 年《浙江省确定土地所有权和使用权若干规定》第 10 条就直接规定："农民集体建制被撤销或农民集体建制农业户口已全部转为非农户口，其未经征用的土地收归国家所有。"这种确权规则直接剥夺了农民的集体土地所有权。

（二）国家大量征收集体土地导致农民土地物权消灭

从我国立法来看，"国家"本来并不对属于农民集体所有的土地享有直接的土地权利，但是由于我国存在不完善的土地征收制度与现行的"土地一级市场国家垄断制度"，这些制度不但使"国家"有权获得农民土地增值的利益，而且强制性地实现了土地增值收益只能归属"国家"，农民作为土地所有权人反而不能取得土地增值的利益，甚至不能得到公正的补偿。这就造成隐性的"国家地权"与农民土地权利的冲突。[12]这一冲突突出表现在农村土地征收及随后的土地出让过程中。在征地过程中，国家凭借着属于公权力的征收权，强制消灭农民的土地物权（集体土地所有权与农村土地承包经营权等），而农民仅仅获得土地上的建筑物、附着物、青苗等的补偿费，以及与土地地价相差甚远的土地补偿款和少量的安置费，农民无法获得相当于土地地价的补偿。在国家取得征收土地的所有权后，国家通过招、拍、挂或者协议出让等方式在征收来的国有土地上重新设定建设用地使用权，取得相当于土地地价的土地使用费。在这里，国家通过手里的公权力之行使造成了国有土地所有权对集体土地所有权进行兼并的事实。

因国家大量征收集体土地而导致农民土地物权消灭，是当前"国家地权"与农民地权冲突的最为严重的形式。从 1987 ~ 2001 年，全国非农建设占用耕地 3394.6 万亩，70% 以上通过政府征地

---

〔12〕 孙宪忠：《争议与思考——物权法立法笔记》，中国人民大学出版社 2006 年版，第 429 ~ 430、517 ~ 519 页。

方式取得。这意味着仅在过去的这十年多的时间内，已经有2400万亩农民集体所有的土地变为了国有土地。[13] 国家大量征收集体土地，导致农民丧失了大量的土地利益，制约了农民收入的提高。据相关计算，2010年前的十多年里，低价征地、高价卖地的“剪刀差”高达4万亿元，大体上相当于每年农民收入的15%。而现在农民只获得级差地租的15%左右，如果能够让农民获得其中的50%，农民人均纯收入每年就能够增长5%。[14] 国家大量征收集体土地导致了中国在历史上形成的地权格局与土地利益分配格局被彻底打破。“国家地权”与农民地权冲突的解决成为了中国农村土地物权制度建设继续向前发展必须解决的前置问题。

(三)地方政府采取各种措施变相剥夺农民的土地物权

与国家通过征收权强制消灭农民的土地物权相伴而生的是国家动用公权力变相征收或者准征收属于农民的土地后将其出让给企业或者开发商，从而取得相应的土地收入或者财政收入。由于农用地转为非农用地通常必须经过土地征收，而国家土地管理制度的日益严格，地方政府出于地方经济发展考虑，采用了各种方式规避土地征收制度。为了规避繁琐的征收程序，加快城市建设与招商引资的进程，地方政府采取“先用后批”或“边用边批”等方式变相征用农民的土地，实现地方政府对政绩的追求。[15]

地方政府规避土地征收的方式之一是以租代征，强行与农户签订租地协议，未经土地征收便将农用地转为非农用地。“所谓

---

〔13〕 北京天则经济研究所中国土地问题组:《城市化背景下土地产权的实施和保护》2007年7月，第52页。

〔14〕 曹利群:《推进农业科学发展 延续第三“黄金期”》，载中国社会科学院:http://www.cass.cn/file/20100204257340.html，最后访问日期:2010年2月9日。

〔15〕 杨一介:《土地法律制度在中国农村的实践——问题和矛盾的初步研究》，博士后出站报告(未刊稿)，2006年8月，第71页。

'以租代征'，是指规避法定的农用地转用和土地征收审批程序与缴纳有关税费、履行耕地占补平衡法定义务，租用农村集体农用地进行非农建设，擅自在规划、计划之外扩大建设用地规模的行为。"[16]以租代征对地方政府来说，既不用履行土地征收程序，也无须向农民支付土地补偿费，是一种更为残酷的剥夺农民地权的方式。"'以租代征'行为的特征可以概括为四个规避：(1)规避农用地转用和土地征收审批程序；(2)规避履行新增建设用地土地有偿使用费交纳义务；(3)规避履行征地补偿和安置义务；(4)规避履行耕地占补平衡义务。"[17]"根据国家土地督察北京局近年对华北五省(区、市)的调查，'以租代征'主要有六种表现形式：(1)用地单位和个人直接与村委会签订协议租赁土地；(2)基层政府直接租赁农村集体土地；(3)基层政府转租农村集体土地；(4)基层政府作为土地租赁中介人促成租地行为；(5)村民自行出租自己的承包地；(6)村委会租用农户的承包地搞非农建设。"2005年以来，国务院先后发布了《关于坚决制止"以租代征"违法违规用地行为的紧急通知》(2005年8月22日)、《关于当前进一步从严土地管理的紧急通知》(2006年5月)、《关于加强土地调控有关问题的通知》(2006年8月)等文件，明确要求禁止与查处以租代征等违法行为。资料显示，在2004年，全国立案查处土地违法案件85176件，涉及土地面积70171.39公顷，立案率为74.37%。2007年10月至2008年10月，在中国新增建设用地中，除重点项目外未能提供合法用地手续者有1.3万宗，涉及土地面积约24万亩，占新增建设用地之22%，有8个城市违法用地面积

[16] 杨在明、黄艳编著：《房屋拆迁议案说法实用指南》，北京大学出版社2010年版，第19页。

[17] 杨在明、黄艳编著：《房屋拆迁议案说法实用指南》，北京大学出版社2010年版，第21页。

比例高达80%以上。[18]

农民在这种变相征地面前只能被迫接受微薄的所谓“土地补偿款”。由于这些所谓的“征地补偿款”又往往被村、组干部盲目投资、注入企业或者私分、挥霍，农民获得的利益很少，这就恶化了农民与基层政权之间、政府与农民之间的关系。例如，安阳市北关区工业园区考虑征地成本相对较高，手续也相对繁杂，对该区内的工业用地多采取以租代征的方式。通常的做法是由北关区政府出面租赁农民的土地，租期通常有20年、25年等。然后北关区政府再将这些土地转租给用地单位，交给农民的租金通常为800～1200元不等。从该地的粮食种植收益角度来看，租金基本能够弥补农民粮食种植的损失。该村多种植小麦与玉米等粮食作物，粗略计算，一亩地上两季一年内大约产出大约800斤左右的小麦与800斤左右的玉米，扣除农民的各种投入，净收入大约也在1000元左右。在以租代征的过程中部分农民不同意或者反对出租自己的承包地，他们主要的理由如下：一是部分农民仍然希望自己种植，这样大体上可以获得满足一家人生活的粮食，对于外出打工的不确信与茫然增强了农民以土地为基本生活保障的意愿。虽然租金大体相当于农民种植粮食的收入，但是农民依然对于能否按时领到租金存在疑惑，农民担心再经过一年或者两年的按时发放租金后，因受到企业效率的影响而不能按时拿到租金。二是由于土地已经被占，农民担心到那时他们也将难以收回土地，特别是在农地已经转为工业用地的情况下，再恢复土地的农业用途将会非常困难。三是该村离市中心仅仅有20分钟的车程，土地增值较快，改革开放以来很多地段升值了数十倍。巨额的土地增值利益使农民认识到了维持自己已有的土地权利而尽可能保持原有土地状况

---

〔18〕 刘颖、蒋建秋：《关于我国土地执法困境与成因的再思考》，载《法学杂志》2009年第6期。

的必要性,农民希望能够在未来分得部分的土地增值利益。基于上述情况,农民反对出租自己的土地,反对将农用地转为工业用地,并采取了一些措施试图维护自己的土地权利。

地方政府变相征收农民土地的另一种方式是将农民原来的农村户口变为城市户口,从而消灭原来的"农民集体",实现集体土地所有权向国家土地所有权的转变。《土地管理法实施条例》第2条第5项规定"农村集体经济组织全部成员转变为城镇居民的,原属于其成员的集体所有的土地"归国家所有,该规定错误地将集体土地所有权的存在与否同户籍联系在一起,成为了地方政府剥夺农民土地权利的一个重要依据。通过农转非,农业户口转为非农户口,村民委员会转居民委员会,迫使农民因失去农业户口而失去土地。农民的户口改变后,集体所有的土地变为了国有土地,而不必启动土地征收程序。无锡市政府曾于2003年出台《关于市区部分镇集体土地转为国有土地的意见》(锡政发〔2003〕311号)将无锡市部分镇的集体土地直接转换为国有;山西省于2003年发布《山西省"城中村"集体土地转为国有土地管理办法》(试行),在将"城中村"村民成建制转为城市居民后,将村范围内的集体土地直接转变为国有;深圳市于2004年颁布《深圳市宝安龙岗两区城市化土地管理办法》(深府〔2004〕102号)将宝安龙岗两区956平方公里的集体土地转变为国家所有。[19] 为了避免失地农民与政府之间的直接冲突,地方政府一般为这些失去土地的农民提供区或小城镇的最低保障。土地补偿、真正的市民待遇与就业安置成为这类失地农民迫切需要解决的问题。

目前在农村土地权利放弃过程中也存在"国家地权"与农民地权之间的冲突。随着城乡一体化进程的加快及城乡建设用地增

---

〔19〕 宋志红:《城市化进程中集体土地的整体转权》,载《国家行政学院学报》2010年第4期。

减挂钩的展开,土地与社保、就业等之间的置换成为了国家地权与农民地权之间冲突的新形式。地方政府颁布了许多政策鼓励农民放弃宅基地使用权及土地承包经营权,同时政府给予农民一定的补偿及社会保障措施,但是在这一过程中,出现了政府强迫农民放弃土地权利的新一轮“国家地权”与农民地权之间的冲突。在成都正式成为国家统筹城乡综合配套改革试验区之前,温江区已经开始施行“双放弃,三保障”政策。具体而言,所谓“两放弃”是:农民自愿放弃土地承包经营权和宅基地使用权的,在城区集中安排居住,并享受与城镇职工同等的社保待遇。“三保障”则是指农民变成市民需要的三个保障条件,一是能够在城市的二、三产业就业;二是在城市拥有自己的住宅,家属能够在城市居住;三是能够享受城市居民的社会公共服务。“三保障”和“两放弃”互为条件,农民有了“三保障”,必须“两放弃”;要农民“两放弃”,就必须给农民“三保障”。在这里,农民变市民不仅是身份的交换,实际上也是一种物质的交换,即农民以承包地来换城市的就业和社会保障,以宅基地来换城市的住宅。为了确保“三保障、两放弃”后农民的利益不受损害,成都市温江区制定了《关于鼓励农民向城镇和规划聚居区集中的意见(试行)》和《关于放弃宅基地使用权和土地承包经营权农民参加社会保险实施细则(试行)》,并启动了“限制条件”。一是农户年人均纯收入必须达5000元以上,其中80%以上来自非农产业。这样在自愿“两放弃”后,能够承受城镇居民社保的缴费水平。二是优先考虑城区规划的优先发展区、城市的基础设施建设即将延伸的区域、在“拆院并院”过程中整体成片集中区内居住的农民。在土地补偿项下,温江区规定:“农民应得土地补偿,按所在村组的宅基地、林盘地、承包地、自留地人均面积应补偿额计算。农户的宅基地和林盘地上的附着物,在实施搬迁时根据协议约定数额进行补偿;自留地和承包地上的附着物,在实施搬迁以前,由农户耕种经营,在实施搬迁时,由农户自行处理,政府不再予以补偿。”

（四）其他形式的“国家地权”与农民地权冲突

1. 集体建设用地使用权流转中的“国家地权”与农民地权冲突

在集体建设用地使用权的设定与流转中同样存在“国家地权”与农民地权之间的冲突。在集体建设用地使用权入市流转的过程中，有些地方按照城镇规划将土地划分为城市规划区、建制镇规划区范围内和这一范围以外的土地。位于规划区外的集体建设用地，符合规划要求且依法经批准取得建设用地使用权的，不需要改变集体所有性质，可以由土地所有者将一定年限的集体建设用地使用权以出让、租赁或作价入股等方式提供给土地使用者使用，土地所有权人可以获得土地收益。城市规划区、建制镇规划区范围内的集体建设用地使用权需要流转的，需要将集体建设用地先行变为国有，并补办国有土地出让或租赁手续，按相关规定取得使用权。对位于规划区内的土地，上述办法实际上变相地实现了对集体所有土地的征收，浙江省杭州、湖州、台州等很多地方都推行这种办法。另外在浙江的宁波、温州和江苏的常州等地区，集体建设用地也可以依法进入市场流转，但是流转时集体建设用地的所有权必须变为国有，并补办国有土地出让和租赁手续，但收取的土地收益大部分返回给集体经济组织。[20] 这同样是一种变相征收农民土地的做法。在其他地方试点的集体建设用地使用权入市流转中也存在“国家地权”与农民地权之间的冲突与协调问题。例如，苏州市的集体建设用地使用权流转中，集体建设用地使用权第一次设定时，必须按照苏州市政府确定的保护价的30%向政府缴纳土地收益；再次流转时，必须向政府缴纳土地流转增值费（增值超过20%的部分，按30%收取），缴纳的土地收益费在市、县和乡镇政府三级之间进行分配。苏州市政府定额每平方米获得1.5

---

〔20〕 陈红霞：《中国城乡土地市场协调发展的制度研究》，哈尔滨工程大学出版社2007年版，第155页。

元,其余在县级市、乡镇之间按3∶7的比例分配。同时,县级市的政府审批部门按集体建设用地使用权流转的总额的2%收取业务费。[21]

2. 农村拆迁中的“国家地权”与农民地权的冲突

随着城市的加速扩张和中央的土地严管、房地产信贷政策的收紧,农民宅基地成为了地方政府和房地产开发商觊觎的对象,地方政府尤其乡镇政府以乡镇规划与乡镇建设为幌子开始新一轮的对农民宅基地使用权的剥夺。由于宅基地使用权在性质上为存量建设用地,以旧村改造和新农村建设为名义开发宅基地,可以达到增加建设用地的容积率与避免建设用地管制指标的目的,于是东部发达地区争先恐后,中西部地区纷纷效仿,开始了对农民宅居用地的改造。开发利用农民宅基地的合理性在于可以盘活存量建设用地,避免新增建设用地占用新的耕地,但是,宅基地使用过程中普遍存在的问题是地方政府与乡镇政府以宅基地是福利划拨为由无补偿或者低补偿地消灭了农民的宅基地使用权,使农民失去了住所。随着城市化的推进,一些经济发达的省市规划区内的建设用地严重不足,当地政府通过县改市、市改区等行政区划调整,行政中心搬迁,以及村委会改居委会、村民变居民的方式,将宅基地变为规划区内的国有建设用地,实现了国有土地对集体所有土地的兼并。

3. 土地承包经营权流转中的“国家地权”与农民地权冲突

土地承包经营权流转中也存在“国家地权”与农民地权的冲突,地方政府部门直接通过公权力强制干涉农民承包地的流转,也获得了相关的土地利益,并侵害了农民的土地承包经营权。规模经营过程中出现的问题是地方政府公权力强迫农民出租或者转让

〔21〕 陈红霞:《中国城乡土地市场协调发展的制度研究》,哈尔滨工程大学出版社2007年版,第147页。

承包经营权,从而造成农民土地权利的落空。目前的规模经营过程中出现的地方政府与商业资本合谋实现对农民地权的兼并,与历史上出现过的富豪大户凭其政治、经济实力上的优势强取豪夺兼并自耕农的土地如出一辙。

三、"国家地权"和农民地权冲突的后果分析

"国家地权"与农民地权冲突的结果是:一方面,国家最终取得了一定范围的集体土地所有权或者相关地权,并获得了巨大利益;另一方面,农民的土地物权消灭与土地利益丧失。由于国家通过确权规则等形式改变乡村地权的状况比较有限,目前"国家地权"与农民地权冲突的主要方面是国家通过征收方式或者其他方式变相剥夺了农民的土地物权,导致农村的土地利益的巨额流失。

(一)导致耕地锐减,农民失地

国家土地所有权对集体土地所有权进行兼并的后果是极其严重的。"国家地权"与农民地权冲突造成的第一个严重后果就是导致耕地锐减,大量农民失业。

改革开放四十多年来,我国已经出现了三次大规模的"圈地运动",它们分别发生在20世纪80年代、1992年前后和20世纪末到2003年上半年。每次"圈地运动"最直接的表现就是大量的耕地被征为非农用地,耕地锐减,土地危机产生,粮食安全受到严重威胁。在"圈地"浪潮中,1992年全国设立各类开发区1951个,1996年增至4210个,到2003年达到6866个,总规划面积达到了3.86万平方公里,远远超过了历史上形成的城镇建设的总面积3.15万平方公里(至2002年)。6866个各类开发区中,经依法批准设立的只有1186个,其中国务院批准设立的202个,省级政府批准设立984个,其余5680个开发区都是违规设立的,占到开发

区总数的82.7%。[22]有学者指出，如果任这股圈地之风蔓延下去，短则到2010年，长则到2015年前后，沿海地区，特别是珠三角、长三角、京津唐三大都市圈，将出现“无地可用”的危机。另据国土资源部统计，到2002年年底，我国沿海14个省市的实际占用耕地数量都突破了规划指标，其中有的城市2010年的建设用地指标在2001年已基本用完。[23] 有关统计数据表明，属于集体所有的耕地占中国耕地总面积的90%以上，即中国绝大部分耕地依法是属于农民集体所有的。[24] 这说明保障农民的集体所有权就是保护我国的耕地。“政府的统计资料显示，从1978～1996年，中国耕地的总面积减少了4%，平均每年要损失8000公顷农地。”[25]据统计，1997～2002年，全国征用土地9542万亩，通过复垦和土地整理补充土地3300多万亩，净减少土地6242万亩，年均减少土地1040万亩。[26] 2003年人均耕地由0.098公顷，降为0.095公顷，2004年查出往年已经建设但未变更上报的建设用地14.77公顷，2005年在多项因素的作用下我国净减少耕地1848万亩，2006年全国继续减少耕地1011万亩，截至2006年10月31日，全国耕地

---

〔22〕 李龙浩：《土地问题的制度分析——以政府行为为研究视角》，地质出版社2007年版，第46页。

〔23〕 陆晓春、李琦：《国土资源领域的重大现实课题——改革征地制度 保障可持续发展》，载《自然辩证法研究》2006年第1期。

〔24〕 张全景、欧名豪：《中国土地用途管制制度的耕地保护绩效研究》，商务印书馆2008年版，第223页。

〔25〕 [荷]何·皮特：《谁是中国土地的拥有者？——制度变迁、产权和社会冲突》，林韵然译，社会科学文献出版社2008年版，第13页。当然，该书第14页也指出，学者研究表明“截至目前，农业结构的内部调整是造成土地流失的最主要原因（比方说耕地变为林地、牧场或是水产养殖地等等）……中国流失的耕地中50%属于这种情况”。

〔26〕 王景新：《现代化进程中的农地制度及其利益格局》，中国经济出版社2005年版，第25、39页。

面积仅为 18.27 亿亩。[27]“据国土资源部发布的数据，在跨入 2009 年的那一刻，全国耕地面积为 18.25 亿亩，和 10 年前相比，减少了 1 亿亩。”[28]开发区、大学城、工业园区、大机关、大广场、宽马路等形象工程占用了大量的耕地；有些省份甚至出现“预征”土地的圈地热，先把土地列入开发区规划，既不给农民补偿，也不进行开发，让农民仅进行临时性耕种，政府保留随时征收的可能。在此情形下，下一步的城市发展将只能被迫占有耕地。这就形成了十分糟糕的恶性循环。与征地运动相伴存在的是土地资源的大量浪费，2004 年国土资源部对 160 个国家级开发区的检测表明平均有 1/3 的土地尚未充分利用，省级和省级以下开发区的土地资源闲置浪费问题更加突出。[29] 农地过度非农化对国家粮食安全和社会经济可持续发展造成了极大的负面影响。粮食播种面积是决定粮食产量的关键因素，“粮食播种面积从 1998 年的 17.1 亿亩，降至 2003 年的 14.9 亿亩，再恢复到 2007 年的 15.8 亿亩，粮食年产量相应地经历了 5123 亿公斤、4307 亿公斤和 5016 公斤的波动过程”。[30]

与耕地锐减相伴而生的是大量农民在未获得充分补偿的情况下失去土地成为无地、无业、无保障的“三无”农民。“中国社会不均衡分层结构中，最醒目的是失地农民这一社会群体。该群体在社会转型过程中，因为无以作为独立的社会力量与其他社会阶层

---

〔27〕 数据参见国土资源部发布的相关公告。夏珺：《我国耕地面积逼近 18 亿亩红线》，载《人民日报》2007 年 4 月 13 日，第 1 版。

〔28〕 《中国耕地 10 年减少 1 亿亩　未来将现严重土地赤字》，载中国社会科学院农村发展研究所：http://rdi.cass.cn/show_News.asp? id = 28922，最后访问日期：2010 年 9 月 10 日。

〔29〕 李龙浩：《土地问题的制度分析——以政府行为为研究视角》，地质出版社 2007 年版，第 155 页。

〔30〕 国务院发展研究中心农村经济研究部课题组：《中国特色农业现代化道路研究》，中国发展出版社 2012 年版，第 125 页。

进行对等的利益博弈，在社会资源重组、分化、竞争中不断败北，逐步被社会边缘化。”[31]“失地农民没有随着城市化进程改变身份成为产业工人，其中一部分生成一种特殊的阶层——农民工（法律身份是农民，职业是雇佣工人），还有的彻底成为‘三无人员’，即无地可种、无业可就、无保可享。”[32]2006年2月22日记者招待会上，中央财经领导小组办公室副主任陈锡文透露，城市建设和工业建设，每年征用土地近20万公顷。每年因征地而失去土地的人口达200多万。20世纪90年代以来的土地征收，累计造就了4000万～5000万失地农民，其中无土地、无工作、无保障的“三无”农民达1000多万人，占失地农民的20%。[33] 从1999年到2003年年底，浙江省被征地农民已超过200万人。[34] 国土资源部的研究课题“21世纪中国耕地资源前景分析及保护对策”也指出，在严格控制的前提下，2001～2030年30年间将新占用耕地5450万亩，新增失地农民7800万人。[35] 据报道，“国务院发展研究中心曾选取北京市朝阳区、山东省滕州市、四川省双流县的39个村庄的1106户农户进行调研，结果显示，55%的原有地农户家庭征地后完全失去了土地，70%的家庭属于失地农户”。[36]“失地使农民处于了一个相当尴尬的境地，回到社会的主导产业已没有可能；

---

〔31〕 赵树坤：《社会冲突与法律控制：当代中国社会转型期的法律秩序检讨》，法律出版社2008年版，第97页。

〔32〕 赵树坤：《社会冲突与法律控制：当代中国社会转型期的法律秩序检讨》，法律出版社2008年版，第100页。

〔33〕 韩俊：《失地农民调查报告》之序言，参见王国林：《失地农民调查报告》，新华出版社2006年版；韩俊：《失地农民的就业和社会保障》，载《农业经济导刊》2005年第11期。

〔34〕 洪凯：《广东省新农村建设问题研究》，知识产权出版社2008年版，第29页。

〔35〕 王艳阳：《农村土地自治权亟待优化与制约》，载中国社会科学院：http://www.cass.cn/file/20091222253351.html，最后访问日期：2010年1月11日。

〔36〕 张意轩：《2012年深化农村改革加速三大任务倒计时让农民分享土地增值收益》，载《人民日报》（海外版）2012年5月11日，第8版。

回到原来那种稳定的就业制度中去也没有可能;朝阳产业不给他们提供多少就业机会。事实上,他们成了社会中的被淘汰者,已经成为被甩到社会结构之外的一个群体。"[37]"改革进入'社会力量博弈'阶段,农村的生力军——农民越来越力不从心:农民在城乡分割的社会结构中,在资源占有上处于劣势,这种劣势使农民进一步失去与社会结构中其他力量进行博弈的条件和可能性,从而不断被边缘化,并越来越成为改革代价的承担者而非社会发展的受益者。"[38]

"国家地权"与农民地权之间的冲突导致耕地减少,危害了我国的粮食安全;导致农民失业,危害了农民最根本的生存利益,必须坚决予以制止。"土地的社会价值中最主要的是农用土地为社会提供粮食以确保社会稳定的价值和对农民的就业生存保障价值。除了个别人口小国可以依赖粮食进口外,任何时代、任何国家都会将粮食安全作为首要的政治问题、经济问题和社会问题。无粮不稳是一个政治常识、经济常识和社会常识。"[39]

(二)加剧了社会矛盾,导致政府与农民之间的冲突

"国家地权"对集体地权的兼并加剧了社会矛盾,导致大量上访事件甚至是政府与农民直接进行对抗的事件。进入20世纪90年代以来,征地引发的问题已经成为上访的热点。2002年上半年群众反映征地纠纷、违法占地等问题,占信访接待部门受理总量的73%;其中40%的上访人诉说的是征地纠纷问题;国家信访局2003年受理涉及土地征收的书信上访4116件,大部分集中在失

〔37〕 孙立平:《断裂——20世纪90年代以来的中国社会》,社会科学文献出版社2003年版,第2页。

〔38〕 赵树坤:《社会冲突与法律控制:当代中国社会转型期的法律秩序检讨》,法律出版社2008年版,第97页。

〔39〕 孟勤国等:《中国农村土地流转问题研究》,法律出版社2009年版,第7页。

地失业问题上。[40] 据北京市2003年上半年统计，土地问题的信访量分别占农民信访总批次和总人次的51.6%和58.2%。[41] 2004年土地问题的上访已经占据农民上访的第一位，[42] 在2005年农业部信访中，土地问题信访占到总量的43.7%，位居第一，其中绝大多数涉及征地问题。[43] 信访制度在解决政府与农民土地冲突中处于一种极其尴尬的地位，“信访者成功的概率越高，事实上对政府威信的打击越大。信访成功产生的感激是对个人(清官)的，而受到打击的却是现行制度与政府行为的正当性。因为它敞开大门向民众提供了一种在法律系统外部解决问题的途径，同时它为党政、行政对司法活动的干预提供了制度化空间和正当渠道”。[44] “作为中国法律体系的一部分，并且清楚地反映出了法院体系的弱点，信访体制清楚地表明：哪里存在实际权力，哪里就是无地农民和权利被侵害的其他市民寻求保护救济的地方，如同他们寻求法院诉讼程序保护一样。信访制度有利于农民的权利主张，但是只有独立而高效的法院体制才能真正保障农民所主张的土地权利。”[45] 即使目前的形势不再恶化，2000年至2030年，

---

〔40〕 朱秋霞：《中国土地财政制度改革研究》，立信会计出版社2007年版，第124页。

〔41〕 许惠渊等编著：《产权理论与农村年集体产权制度改革》，中国经济出版社2005年版，第131页。

〔42〕 樊平：《2004年农民发展研究报告》，载中国社会学网：http://www.sociology.cass.cn/shxw/shgz/shgz12/P020050117253494370804.pdf，最后访问日期：2008年3月3日。

〔43〕 王乐军：《健全涉农纠纷处理制度切实维护农民利益》，载农业部产业政策与法规司编：《农村政策法规调查员研究2006》，中国农业出版社2007年版，第421页。

〔44〕 赵树坤：《社会冲突与法律控制：当代中国社会转型期的法律秩序检讨》，法律出版社2008年版，第109页。

〔45〕 Eva PILS, “Land Disputes, Rights Assertion, and Social Unrest in China: A Case from Sichuan”, in Obligations and Property Rights in China, TJ International Ltd., Padstow, Cornwall, p. 392.

国家控制的建设用地总量达到5450万亩，其中征地3800万亩，按已有经验保守预计，也将产生8000万以上的失地农民，[46]这导致更为严重的社会矛盾，会造成政府与农民之间的冲突。

在很多地区政府与农民之间的冲突已经升级为了农民与警察之间的暴力冲突，并最终导致众多农民死伤的严重后果。“个人是镶嵌在社会结构中的个人，个人的理性依然不是功利主义真空里的‘理性’。所以，在土地征收、征用过程中，农民很容易作出政府‘克扣’、补偿低等认识。再加上没有有效的知情渠道，有利的维权途径，就可能出现群体性的现实冲突。”[47]“近年来，群众上访和群体性事件更成为我国的日常风景。一般估计，群众上访的数量在1000万人次以上，群体性事件在3万起以上。其中与农村土地征用相关的在30%以上……围绕农村团队征用的公开抗争，可以说已经成为当前社会矛盾突发高发的主要导火索。”[48]

“在群体利益受损相当明显的情况下，人们很可能在无须任何动员的情况下就采取集体行动。此时，群体行动的发生，既可以说是‘自然的’，因为它是集体利益受损的必然结果；也可以说是‘突然的’，因为群体行动具体会以什么形式出现、何时出现、因何导火索出现，都是即时发生的，并无充分准备。”[49]政府直接干涉、镇压农民为维护土地权利而进行的抗争，违反了基本的政治伦理道德，严重地削弱了政治公信力。

---

〔46〕 孔祥智主编：《城镇化进程中的失地农民的“受偿意愿”（WTA）和补偿政策研究》，中国经济出版社2008年版，第1页。

〔47〕 赵树坤：《社会冲突与法律控制：当代中国社会转型期的法律秩序检讨》，法律出版社2008年版，第81页。

〔48〕 张林江：《围绕农村土地的权力博弈——不确定产权的一种经验分析》，社会科学文献出版社2012年版，第128页。

〔49〕 应星：《群体利益的表达行为与社会稳定》，载徐昕主编：《纠纷解决与社会和谐》，法律出版社2006年版，第48页。

(三)引发了农民违法转用农地的行为

“国家地权”与农民地权的矛盾刺激了农民,促使农民采取各种措施将农用地转为建设用地。在农民看到国家征收土地的目的也是进行商业开发,而且可以轻松获取了巨额利益之后,农民们对农地用途管制制度的正当性产生了怀疑。为了获得更多的利益,并减少土地被征收的可能性,他们逐渐学会采取措施私下与用地单位进行谈判,将土地出租或者出让为建设用地。“村集体利用土地生财为集体谋福利的冲动十分之强。他们面临两种选择:一是由国家征用,征完后农民集体彻底失去土地,村集体获得一次性土地占用补偿和安置补助,承包人获得地上附着物和青苗补偿费。但补偿的标准要远远低于市场价,而且资金到位慢。二是农村集体违反法律规定(因为国家法律禁止农地非农用)私下‘卖地’或‘租地’,双方是可以讨价还价的,价格水平基本有一个当地公允的市场价,一般多为现金交易即时结清。这样一对比,农民集体‘卖地’或‘租地’都是再正常不过的经济行为了。”[50]农民私自将土地转为建设用地虽然违反土地用途管制的规定,但是客观上起到了避免土地被征收而获得微薄的土地补偿款的后果,也使农民获得了更多的土地利益。笔者在实地调研中发现,农民非常珍爱自己的土地,而且农民对土地的珍爱也经常随着年龄的增长与日俱增。同时,农民也深切理解并支持国家为保护耕地、防止粮食危机而对农用地实行的土地管制制度,农民将农地转变为非农用地出租虽有从事农业生产的收入较低的原因,但更重要的是担心自己的土地会被不正当征收。为了避免自己的土地被国家征收,农

---

〔50〕 张林江:《围绕农村土地的权力博弈——不确定产权的一种经验分析》,社会科学文献出版社2012年版,第70~71页。

民理性地选择了出租或者出让自己的土地。[51] 土地出租后农民既可以继续保留自己的土地权利,又可以获得相对稳定的收入,最重要的是避免了自己的土地被征收的现实危险。农地农用的收益很低,增产往往难以增收,另外,农民集体违法出租农地作非农用的行政成本低,这些是造成农民违法出租转用农地的重要原因。"农民集体的地'卖'或'租'出去以后,如果政府及土地管理部门来查,受到处罚的将是'买(用)地人'。农村集体的违法成本趋向于零。即使被查处,土地恢复原状后还得交由原村集体耕种。更何况工商企业都要盖房架屋进行经营,他们会以各种方式来保护自己的权益,农村集体只是一个'搭车'者。"[52] 土地管理部门必须严查政府非法征收或者变相剥夺农民土地权利的行为,依法追究相关责任人的行政甚至刑事责任,避免政府部门对农民土地权利的侵害,在此基础上再通过各种途径对农民进行说服教育,纠正农民非法出租、出让土地的行为。

除此之外,"国家地权"与农民地权之间的冲突还深刻地影响着农民的各种非经济权益及社会伦理道德观念。农民土地权利的丧失会严重影响甚至剥夺农民从事农业生产通过农业技能谋生的个人生存和发展权利;农民土地权利的丧失深刻地改变了农民在传统的乡村社会中形成的紧密人际关系与社会规则意识;深刻影响了农村社会的传统的生活方式与文化观念,冲击了农民传统的道德观念及其对国家与社会公平正义的认同,带来了一系列的社会问题。在经济相对不发达的地区,农民进行的农业经营和活动

[51] 在很多非农就业机会较多,农业收入在农民收入中所占比重不大的地方,农民对土地的珍惜程度也大不如前,很多农民也渴望摆脱掉土地,过上类似城镇居民的生活。

[52] 张林江:《围绕农村土地的权力博弈——不确定产权的一种经验分析》,社会科学文献出版社2012年版,第71页。

已经沉淀成了一种社会生存方式，深深嵌入农民的社会心理，土地征收无疑会给农民带来大量的心理阵痛与文化伤痕。

第二节 “国家地权”与农民地权冲突之原因分析

一、“国家地权”和农民地权冲突之历史原因分析

“国家地权”与农民地权的冲突根植于我国的历史传统之中。从中国的土地物权制度的发展历史来看，中国是一个中央集权制度异常早熟与发达的国家，国家的公权力异常强大。在中国历史上，很早就形成了专制主义的中央集权国家。同时，中国传统的封建社会又是一个小农盛行的社会，国家创建并维护小农的小土地所有权或准土地所有权，并将编户齐民的小农作为国家统治的基础。在皇权及封建政府权力主宰一切的中国社会，农民根本无法以自己的名义来保护自己的利益，“他们不能代表自己，一定要别人来代表他们。他们的代表一定要同时是他们的主宰，是高高站在他们上面的权威，是不受限制的政府权力，这种权力保护他们不受其他阶级的侵犯，并从上面赐给他们雨露和阳光”。[53] 中国传统社会“小农的政治影响表现为行政权力支配社会，从而导致我国社会生活中根深蒂固的行政权力本位观”。[54] “公共行政权力即公权力，作为社会生活秩序的权杖，历来被视为社会生活的主导

〔53〕《马克思恩格斯选集》(第3卷)，人民出版社1972年版，第693页。

〔54〕窦炎国：《公权力与私权利——社会利益与个人利益的政治伦理学考察》，载单继刚、孙晶、容敏德主编：《政治与伦理——应用政治哲学的视角》，人民出版社2006年版，第122页。

者。尤其是在具有强烈的社会本位的东方社会，公权力一直被理解为是第一性的、对民众具有决定和支配作用的力量。”〔55〕“这种一方面盲目崇拜领导者的公共权力，一方面强烈压抑民众权利的封建观念，事实上在中国一直没有清理过。”〔56〕中国官僚政府几乎拥有不受限制的绝对权力的事实与欧洲历史上政府权力曾经因各种因素与力量的存在而几乎处处受到限制形成了鲜明的对比。“‘并非所有东西都归国王所有’，是欧洲政府思维的基石。从私有财产权出发，衍生出人权观念，是西方价值的核心。政府权力必须有所限制，这样的观念之所以勃兴，其实是因为这些政府从一开始就处处受限。”〔57〕

封建国家及皇帝拥有大量作为国家“私产”的国有土地，孕育了一种国家通过公权力获取土地财富的危险政治倾向，这一政治倾向促使公权力成为了消灭私人权利的工具。封建专制国家公权力的行使长期以来都没有受到应有的限制，国家公权力对个人的土地权利保护不足，侵害有余。在没有宪政约束的制度条件下，公权力总会干涉到土地制度的建设进程之中，有时甚至肆无忌惮地剥夺私人的土地所有权将其转变为国家土地所有权。这就造成了中国农村土地物权的贫困。“最高所有者不应该拥有任何私人产业，无论是为他私人使用或是供应他的朝廷使用。因为，如果他有私人产业的话，占有多少就全凭他的高兴了，这么一来，该国就会出现危险，因为所有的土地都被拿到政府的手中，所有的臣民都将被当作土地奴隶来对待。这是由于这些所有者所占有的东西，完

〔55〕 窦炎国：《公权力与私权利——社会利益与个人利益的政治伦理学考察》，载单继刚、孙晶、容敏德主编：《政治与伦理——应用政治哲学的视角》，人民出版社2006年版，第121～122页。

〔56〕 孙宪忠：《中国物权法总论》（第2版），法律出版社2009年版，第3页。

〔57〕 [澳]约翰·赫斯特：《极简欧洲史》，席玉萍译，广西师范大学出版社2011年版，第29页。

全是别人的私有财产,那些失去财产的人便将可能因此被剥夺一切自由,并被看成是农奴或奴隶。对于土地的最高所有者,可以这样说,他不占有任何东西作为他自己,除了他自身而外。如果他和其他人一样在国家中也占有资料,就有可能因为那些资料而与他人发生争执或诉讼,但却不会有独立的法官去审判这种案件。”〔58〕中国历史上每一个朝代建立之后,国家总会通过公权力的干涉形成大量的国有土地。通过公权力剥夺私人的土地物权将之变为国有土地的思维以公私之辨(公大于私)的简单逻辑流传了下来,并为国家借助公权力侵夺集体地权孕育了潜在的社会文化背景。中国没有形成良好的尊重农民个体土地权利的历史传统成为了“国家地权”与农民地权冲突的历史传统因素。因此,革新传统的蔑视农民私权保护的滥用政府权力的观念,将农民的土地权利视为在历史的进程中农民本身必然应当享有的受到法律保护并在任何情况下都不被无端剥夺的权利,对农民土地权利的保护意义重大。

如何将社会主义的传统理想与中国实际相结合,是新民主主义革命胜利后中国农村土地物权制度建设的最重大实践问题。合作化运动后,为了防止农村土地物权状况自动向新民主主义理想回归,国家公权力全面嵌入集体土地所有权之中,集体土地所有权处在了国家公权力的全面制约之下,甚至沦为国家公权力的附庸。这就形成了我国历史上新一轮的农民私权利公法化,公权力过度挤压私权利,私权利依附公权力的现象。人民公社时期土地物权制度建设的潜在目标是要实现农村土地的国有化,只是考虑到新民主主义革命时期形成的政治契约而没有最终过渡为国家所有权。人民公社的“政社合一”制度使农村土地所有权不是按照物

〔58〕 [德]康德:《法的形而上学原理——权利的科学》,商务印书馆 1991 年版,第 153 页。

权法的规则来运作，而是按照政治与行政权力的级别而运作。农村土地所有权不再是为了土地所有权人的利益而存在，而是为了实现国家的政治与经济目标而存在。集体土地所有权制度行使状况保证了国家不断从农村土地上汲取农业剩余，同时也造成了农村土地权利的极端贫困与农民的长期贫困。政治权力渗入农村土地权利，国家公权力渗入农村权利的实践形成了一种国家公权力可以国家利益为由任意干涉和消灭农民土地权利的思维。在国家建设需要使用农村土地时，基本上都是由公权力行使来实现所有权的转变。人民公社时期，城市化进展相对缓慢，没有形成大规模剥夺农民土地权利的情形。改革开放后，虽然公权力已经逐步从土地私权利中抽身，集体土地所有权等物权的私法属性逐步显现，但是国家权力控制土地权利，行政权力干涉农民土地权利的状况并没有彻底改变，政府依旧习惯于通过征收等公权力的行使方式来实现农民地权向"国家地权"的转变。由于我国土地征收制度存在重大缺陷，随着国家城市化与工业化的发展，城市用地需求的增减，"国家地权"与农民地权的冲突也就日趋严重。在国有土地使用权有偿使用制度建立以后，土地出让的巨大收益给政府征收农民土地提供了新的动力。"国家地权"与农民地权的冲突也因此加剧。20世纪90年代随着国有土地有偿出让制度的发展，国家垄断城镇一级土地市场的制度在实践中的形成与扩展，"国家地权"与农民地权的冲突成为了当前农村土地物权制度建设最为紧迫的一个问题。

二、"国家地权"和农民地权冲突之制度原因分析

"一切历史冲突都根源于生产力和交往形式之间的矛盾"。[59]"国家地权"与农民地权冲突的直接根源在于制度安排

〔59〕《马克思恩格斯全集》(第1卷)，人民出版社1995年版，第115页。

的缺陷,是人们在实现自身利益过程中所依赖的社会制度本身造成的。从制度分析的层面来看,“国家地权”与农村地权冲突是由农村土地确权规则不合理、土地征收制度存有重大缺陷、国家垄断土地一级市场、土地管理制度不完善与集体土地物权制度不完善、宪政体制没有有效运行等多种原因造成的。由于土地征收制度是造成当前“国家地权”与农民地权冲突的最重要、最直接的原因,本书将在下一章中集中探讨这一制度的缺陷与完善,此处仅对征收制度进行简单说明,同时也对引发“国家地权”与农民地权冲突的其他制度原因进行分析。

(一)土地征收制度与国家垄断土地一级市场制度

在1982年《宪法》颁布直至1992年长达10年的时间里,非农建设占地并不需要进行征收。改革开放初期,国家鼓励农民利用集体土地创办乡镇企业,农地进入建设用地市场的通道仍然保持开放。1987年的《土地管理法》仍明确允许农地进入非农建设:只要符合乡村建设规划并得到县级政府审批,就可以从事农民住宅建设、乡镇企业建设、乡村公共设施、公益事业等乡镇建设;如果全民或城市集体所有制企业同村集体经济组织共同投资举办联营企业,既可以征收,也可以由集体经济组织按协议将使用权作为联营条件,而城镇居民在经县级政府批准后,也可以使用集体所有的土地上建造住宅。

在国有土地使用权有偿出让制度建立之后,地方政府为了保证自己稳定的土地出让收益,就已经开始颁布相关的地方性规范,开始限制集体建设用地使用权的设定,特别是限制在集体土地上新设定建设用地使用权并投入房地产开发中。1992年中共中央、国务院《关于当前经济情况和加强宏观调控的意见》出台,逐步关闭了集体建设用地市场。在十四届三中全会确立了国家垄断城镇土地一级市场的土地政策,且被《城市房地产管理法》贯彻以后,国家垄断城镇土地一级市场的制度在实践中被不断扩大，事实上成为了国家垄断一级市场的制度。国家垄断一级市场的制度目的在于实现土地利益的共享，实现社会的公平与共同富裕；同时，该制度还有利于实现政府对市场的监管与宏观调控，但是该制度适用范围的扩大与强化却带来了剥夺农民土地权利的不利后果。1998年修改后的《土地管理法》确认并强化了在事实上形成的国家垄断一级市场制度。按照这一制度，除了乡镇企业建设等用地外，各用地单位如果需要建设用地，必须向政府申请或者购买建设用地使用权，而不能从农民集体或者个人那里取得集体建设用地使用权。由于国有土地的范围有限而且其上多已经设定了建设用地使用权，[60]因此，国家垄断土地一级市场制度指向的重点不是未开发的存量国有土地，而是增量国有土地。增量国有土地从何而来？我国国家土地所有权与集体所有权并存的二元结构决定了增量国有土地只能从减少集体土地中来。由于我国法律禁止土地所有权的买卖，因此，增量国有土地的获得并不是国家按市场价值对集体土地进行购买的结果，而是地方政府对集体所有土地进行征收的结果。"《土地管理法》第43条关于'国家征收是农用地转为建设用地的唯一途径'和第54条关于'国家按有偿原则向城市建设单位出让土地'的规定[61]确保了我国土地一级出让市场由国家垄断，甚至明文规定政府可以先以公共管理者的身份按照'被征收土地的原用途——当然就是农地的农业用途'给予补偿进行征地，再以市场主体身份按照'土地的城市建设用途'市值把

〔60〕 由于国有土地上已经设定了建设用地使用权，国家能通过征收手段消灭国有土地上的原有建设用地使用权等物权从而恢复国有土地所有权的原初状态后，再重新出让国有建设用地使用权。国家通过征收等手段整理原有国有土地并重新出让的成本会远远大于国家征收农村土地而进行出让的成本。整理存量国有土地和取得新增国有土地成本之间的巨大差异推动了地方政府通过征收手段消灭农民地权，创设新的国有土地所有权的行为。

〔61〕 2019年修改前的《土地管理法》第43条和第54条。

征得的土地批租出去。”[62]“买进的集体土地是农产品 15 年的价格,卖出的是 40 年到 70 年的工业用地或商业用地或建筑用地价格。这种‘一征一售两种年限定价’定价之差确保了国家在价格上的控制地位。”[63]政府实施的土地市场垄断政策在征地与供地之间制造了利益空间,客观上形成了土地征占越多、政府利益越大的激励机制,极大地刺激了政府利用公权力征用土地的欲望。[64] 2001 年土地财政收入占地方政府财政收入的 19.7%,此后土地财政收入占地方政府收入的比例一直都远远高于这一水平。2005 年,全国土地出让收入总额达 6458.69 亿元,占同期地方政府本级财政收入总额的 54.8%。[65]“十一五”期间,“土地出让金收入也大幅度上升。2006 年全国土地出让金才 5587 亿元,2007 年即猛增至 9333 亿元,2009 年达到 1.59 万亿元,2010 年达到 2.71 万亿元,2011 年达到历史性的 3.51 万亿元,有些城市土地财政收入占到地方财政收入的一半以上,超过地方政府的公共财政收入”。[66] 此后,有学者测算,2012 年土地财政收入 2.69 亿元,约占财政收入的 42.1%,[67]2013 年地方政府土地财政收入达到 4.1 万亿元,

---

〔62〕 刘道远:《集体地权流转法律创新研究》,北京大学出版社 2011 年版,第 39 页。

〔63〕 刘道远:《集体地权流转法律创新研究》,北京大学出版社 2011 年版,第 39 页。

〔64〕 钱忠好:《中国农村土地制度变迁和创新研究(续)》,社会科学文献出版社 2005 年版,第 160 页。

〔65〕 张立彦:《中国政府土地收益制度研究》,中国财政经济出版社 2010 年版,第 3 页。

〔66〕 贺雪峰:《地权的逻辑Ⅱ——地权变革的真相与谬误》,东方出版社 2013 年版,第 99 页。

〔67〕 上海易居房地产研究院:《2012 年全国土地财政降温:房地产税收增长土地出让金下跌》,载新地产财经网:http://estate.caijing.com.cn/2013-03-29/112633090.html,最后访问日期:2014 年 2 月 12 日。

再创历史新高。[68]张清勇先生运用了《中国国土资源年鉴》(1999—2010)、《2010中国国土资源公报》、《中国统计年鉴2011》等数据进行测算得到的结果显示2004年至2010年土地财政收入占财政收入的比重在2008年的16.7%至2010年的32.6%徘徊。

表1－1　张清勇先生测算土地出让金收入情况[69]

年度	2004	2005	2006	2007	2008	2009	2010
出让金收入(亿元)	6412	5884	8078	12217	10260	17180	27100
财政收入(亿元)	26396.47	31649.29	38760.20	51321.78	61330.35	68518.3	83101.51
占地方财政收入比(%)	24.3	18.6	20.8	23.8	16.7	25.1	32.6

"地方政府都在想方设法通过征地和出让谋取土地剩余，形成了具有中国特色的'土地财政'现象。'以地生财'、'经营城市'成为各地普遍的发展'秘笈'，'征农村土地—储备整理—招拍挂—补充财政不足'成了地方政府名正言顺的收支渠道。2009年全国土地出让收入1.6万亿元，约占当年地方本级财政收入的48.8%，2010年土地出让收入高达2.9万亿元，相当于地方本级财政收入的71.4%。按官方统计，2010年我国地方政府各类融资

[68] 范辉：《去年全国卖地收入4.1万亿住宅地价同比涨9%》，载凤凰网房产：http://house.ifeng.com/industry/land/detail_2014_02/12/33719361_0.shtml，最后访问日期：2014年2月12日。

[69] 张清勇：《中国农地转用开发问题研究》，商务印书馆2013年版，第104页。2004~2009年的数据来自《中国国土资源年鉴》(1999—2010)，2010年数据来自《2010中国国土资源公报》；财政数据来自《中国统计年鉴2011》。

平台,总负债10.7万亿元,其中绝大部分以土地为抵押或质押,属于土地金融。”[70]“根据统计,从1999年至2011年13年间,全国土地出让收入总额约12.75万亿元,几乎年均1万亿元。财政部《关于2010年中央和地方预算执行情况与2011年中央和地方预算草案的报告》表明,2010年全国国有土地使用权出让收入29109.94亿元,征地补偿、拆迁补偿等成本性支出13395.6亿元。这意味着当年地方政府的纯收益超过1.5万亿元,土地出让收益率超过50%。”[71]“卖地成为众多的地方的第二财源已经是公开的秘密。既然卖地是政府经营城市的主要手段,经营者当然是价高者售之,这点上,市长们与街头小贩无异。”[72]国家垄断土地一级市场制度保证了政府可以出让土地方式稳定地获得巨额土地利益,而土地征收制度保证了政府可以通过公权力的介入获得廉价的农村土地,两者相互配合形成了新时期国家对集体所有土地“统购统销”。由于中国的征收制度设置不合理,集体土地物权无法抵抗来自国家公权力方面侵害或者获得公正的补偿,农村集体土地所有权事实上变为弱势的、极端贫困的土地权利。国家垄断土地一级市场的制度还极易导致政府腐败行为的发生。由于用地单位和个人必须从国家机关取得建设用地的使用权,拥有土地审批权和出让权的政府机关和官员就极易成为权力牟利者和用地人行贿的对象,土地腐败行为频繁发生。

地方政府积极推行“统购统销”政策目的在于实现地方政府的原始积累,建立政绩工程。地方政府实行的对土地统购统销与

---

〔70〕 黄小虎:《中国土地制度改革的路径——从土地财政和土地金融说起》,载财新网:http://opinion.caixin.com/2012-04-27/100385096.html,最后访问日期:2014年2月12日。

〔71〕 张林江:《围绕农村土地的权力博弈——不确定产权的一种经验分析》,社会科学文献出版社2012年版,第6~7页。

〔72〕 王才亮:《反思中国房地产制度与实践》,法律出版社2008年版,第82页。

中国历史上曾长时期实行粮食统购统销如出一辙，粮食统购统销政策是通过低价的粮食收购体系为国家工业化提供原始积累，而“统购统销”的土地政策则是通过低价的土地收购体系为正在进行的城市化进程的原始积累。[73]“中国之所以取得快速经济发展成果的一个重要原因，是土地非农使用增值收益可以通过土地财政的形式建设城市基础设施，从而可以做到地利共享。”[74]“良好的城市基础设施不仅可以为中国制造提供竞争优势，也可以为中国创造提供成长的良好环境条件。”[75]“统购统销”虽然在一定程度上实现了地利的共享，有助于城市基础设施建设进程的推进及经济的发展，但是也存在巨大现实问题。土地统购统销的结果比粮食统购统销更为严重，因为粮食统购统销所针对的是土地的产出物，而土地统购统销则针对了农民生存的根本——土地。土地统购统销制度实行的结果是地方政府获得了巨额的财政收入，而农民只能失地失业，甚至造成了政府与农民之间的激烈对抗。

对土地的“统购统销”与国有土地所有权制度的构造密切相关。在理论上，国有土地的所有权属于国家，由国务院统一行使，但是，现实中土地所有权都是由各级地方政府来行使。在国有土地出让制度中，地方政府可以出让国有土地并获得出让收益的绝

---

〔73〕 杨一介：《土地法律制度在中国农村的实践——问题和矛盾的初步研究》，博士后出站报告（未刊稿），2006 年 8 月，第 70 页。

〔74〕 贺雪峰：《地权的逻辑Ⅱ——地权变革的真相与谬误》，东方出版社 2013 年版，第 166 页。

〔75〕 贺雪峰：《地权的逻辑Ⅱ——地权变革的真相与谬误》，东方出版社 2013 年版，第 12 页。

大部分的出让实践,[76]在事实上认可了地方政府享有的土地权利。在对农民的土地进行征收过程中,地方政府也都懂得土地征收的前提必须为公共利益、必须经过法定程序、必须给予农民以合理的补偿,但是,地方政府不但是一个经济人,而且是一个追求政绩的政治人。在土地征收费用远远低于土地再次出让的收入,征地制度本身存在缺陷的情况下,政府也乐意并且积极采取这种“统购统销方式”来获取土地收益。既然法律制度在安排上提供了这种可能性,政府又何乐而不为呢?政府以征地的名义对农民的土地进行统购统销,获取类似于工业和农业剪刀差的土地剪刀差,这样既可以增加财政收入又可以提升政府的政绩。有关研究机构分析,从20世纪80年代初期至2004年,政府通过对农村土地的征收与再出让至少从农村获得2万亿元以上的收益。[77] 著名经济学者吴敬琏先生指出,“因为旧型城镇化整个是由赚取土

---

〔76〕 1989年最初形成的国有土地出让收益分配格局是中央政府获得土地出让收益的32%,地方政府获得68%。但是地方政府对此种收益分配格局的抵制,迫使中央政府不得不作出进一步的让步。1990年下发的《国有土地使用权出让收入上交中央部分有关问题的通知》中规定,对地方上交中央的土地出让收入,根据不同地区上交的情况,分批酌情返还,最高返还比例可达99%。1992年中央政府再次作出让步,规定土地出让收入按5%上缴中央,其余全部留给地方。但是,在实际执行的过程中,中央政府连土地出让收益的3%都拿不到。1998年修改的《土地管理法》确立新增建设用地有偿使用费30%归中央,70%归地方,存量建设用地收益全部留归地方的格局(李龙浩:《土地问题制度分析——以政府行为为研究视角》,地质出版社2007年版,第138、139页)。2019年新修订的《土地管理法》将第55条第2款重申:“自本法施行之日起,新增建设用地的土地有偿使用费,百分之三十上缴中央财政,百分之七十留给有关地方人民政府。具体使用管理办法由国务院财政部门会同有关部门制定,并报国务院批准。”

〔77〕 李龙浩:《土地问题制度分析——以政府行为为研究视角》,地质出版社2007年版,第140页。国有土地出让金的数额是巨大的,2004年全国土地出让金为5894亿元;2005年,在国家收紧“地根”的情况下,达5505亿元。2006年,达到了7000多亿元。参见吴瑞鹓:《万亿土地出让金用途应当向公众公开》,载《中国青年报》2008年4月23日,第7版。

地差价推动的,这些年来,大概从这个差价得到的收入有不同的估计,最低的估计30万亿”。〔78〕

国家对土地的统购统销制度与现行的房地产制度相结合压抑了农民的土地权利,使农村的建设用地使用权无从发展,最终也抬高了城市的房价。“2001年,我国开始全面实行土地收购储备制度,在这一制度下,地方政府通过土地收购储备机构成为了土地一级市场的垄断供应者。在土地储备制度之外,还辅之以招拍挂,招拍挂下‘价高者得’,以保证地方政府成为土地出让收益的最大受益者。但客观上,价高者得的成交规则,在土地供给紧张的情况下,直接推动了地价上涨。”〔79〕“造成中国房地产局面的因素很多。就土地而言,政府负有不可推卸的责任。长期以来,政府行政限制土地供应量,搞寡头式垄断,利用卖地收入弥补地税不足。同时,政府所推行的‘招拍挂’制度也阻碍着竞争性土地供应市场的形成。很显然,各级地方政府的卖地财政提高了土地价格;为了消化高价土地,开发商就抬高房价。”〔80〕土地供给的政府垄断、房屋建设及供给的房地产开发商垄断与在此基础上形成的房地产业最终由大商人垄断的格局形成了房价上涨的产业链格局。“从20世纪20年代开始确立的房地产制度,核心是‘一个支柱’、‘三个垄断’,即房地产业成为支柱产业;土地,政府垄断;房屋,开发商垄断;房地产业,大商人垄断。这三个垄断表现在房地产法律制度之中,是诸多矛盾中起决定作用的主要矛盾。”〔81〕对我国现实中普遍出现的小产权房的清理,虽然有保护农民利益、维护土地与房地产

〔78〕《专家称近年政府造城卖地拿走农民30万亿》,载新浪新闻中心:http://news.sina.com.cn/c/2013-03-25/033726627992.shtml,最后访问日期:2013年3月25日。

〔79〕王才亮:《反思中国房地产制度与实践》,法律出版社2008年版,第85页。

〔80〕郑永年:《未竟的变革》,浙江出版联合集团、浙江人民出版社2011年版,第21~22页。

〔81〕王才亮:《反思中国房地产制度与实践》,法律出版社2008年版,第81页。

市场秩序的积极一面,但也存在维护土地供给垄断与房屋开发垄断进一步助推房价的消极方面。“从 2007 年 6 月始,一场讨伐小产权的‘斗争’在北京率先响枪,市民们城市里买不起房,躲到乡下买房也不行。这场斗争的核心说到底,还是在维护‘三个垄断’的房地产制度。”〔82〕

对土地的“统购统销”与分税制度下中央政府与地方政府之间的权责不相匹配相关。自 1994 年分税制以来,财力开始逐步上移到中央政府,但责任并没有相应移转。地方政府的财政收入有限,却负有向地方居民提供各种公共服务及进行大量基础建设投资的任务。地方政府以追求 GDP 为中心的经济建设需要大量的资金投入,于是卖地也就成为了一种创收机制。据统计,自 2001 年至2009 年,全国土地出让收入占地方财政的比重从 16.6% 上升到 48.8%,2006 年以后甚至一度上升到 50%。〔83〕中央政府要地方分权,使地方政府拥有更大的财税权,或者中央政府承担更多的现在由地方政府承担的责任,这些都有利于地方政府走出卖地财政的误区。20 世纪 90 年代中期的分税制改革〔84〕进一步清晰了中央政府和地方政府的事权与财权的划分,也在事实上使地方政府享有了对取得财产的所有权。分税制的实行强化了中央政府的财政汲取能力,客观上造成了地方政府的财政获取能力不足。“分税制的主要特点就是国家财力向中央倾斜,中央政府分享了地方经济发展的大部分。”〔85〕基层政府的财政收入主要来源于地

〔82〕 王才亮:《反思中国房地产制度与实践》,法律出版社 2008 年版,第 83 页。

〔83〕 《解析土地财政》,载凤凰网:http://news.ifeng.com/opinion/politics/detail_2010_10/06/2707834_0.shtml,最后访问日期:2019 年 3 月 10 日。

〔84〕 改革开放以后我国进行了四次财政制度的改革,最终从 1994 年起在全国范围内形成了“分税制”财政制度,2002 年国家对现行财政制度实行了一次微调,实现了“所得税分享”。

〔85〕 郑永年:《未竟的变革》,浙江出版联合集团、浙江人民出版社 2011 年版,第 206 页。

方税、中央政府的拨款等。地方政府的地方税收入稳定性较差，而且税收收入也难以满足地方政府的行政权力行使的需要。由于地方政府承担着最为沉重的各种具体管理职能，财政支出压力巨大，而且越是下级地方政府其财政压力越大。在巨大的财政压力面前，地方政府选择了土地财政政策，通过征收、出让等途径获取土地收入弥补财政收入的不足。即使没有直接的土地收益，通过低价或者零地价出让的土地对工业发展提供支持，也可以间接获得税收，另外还可以提供就业。此外，地方政府还存在不将或者不完全将土地出让金纳入预算的"模糊预算"或者"模糊财政"现象，"模糊财政"现象进一步强化了地方政府对土地出让收入的偏爱。针对这一问题，国务院2006年颁布的《关于加强土地调控有关问题的通知》对土地出让金纳入预算及使用问题作出了规定，其第3条规定："国有土地使用权出让总价款全额纳入地方预算，缴入地方国库，实行'收支两条线'管理。土地出让总价款必须首先按规定足额安排支付土地补偿费、安置补助费、地上附着物和青苗补偿费、拆迁补偿费以及补助被征地农民社会保障所需资金的不足，其余资金应逐步提高用于农业土地开发和农村基础设施建设的比重，以及用于廉租房建设和完善国有土地使用功能的配套设施建设。"虽然国有土地出让金正日益纳入预算管理，且用途明确，但相关规定的执行情况并不乐观。"2007年国务院发布的《关于规范国有土地使用权出让收支管理的通知》中要求土地出让金应全额纳入地方财政预算，但是由于预算编制手段落后、周期不合理、缺乏监控等原因，实践中这部分资金未完全纳入收入预算，长期游离于预算与监管之外，自由操作空间很大，进而滋生大量寻租腐败行为。"[86]既然土地财政政策可以迅速积累资金、满足城市建设对

〔86〕 刘颖、蒋建秋：《关于我国土地执法困境与成因的再思考》，载《法学杂志》2009年第6期。

廉价土地的需求,可以迅速推高地方的GDP,提升地方政府的政绩,那么地方政府选择这种“统购统销”的土地政策就是一种相当不错的理性选择了。“被视为公共利益代表的相关部门实质也是理性经纪人,地方机关首长也会处于自身政绩方面的政治利益驱动,而过分追求土地带动的地方GDP经济增长获得的额外政治利益(又可转化为一定经济利益呈现)。与此同时,地方经济发展带来的自身使之利益增加,也促使地方机关的政治方向日益经济化。”〔87〕改变传统的以经济指标为核心的地方政府考核体制,重视社会建设和社会管理等考核指标,强调农地保护、农业发展等指标在政府官员考核指标中的位置,将有利于改变政府不断以地生财的现实状况。

不合理的土地征收制度是造成“国家地权”与农民地权冲突的最重要的直接原因,而国家垄断土地一级市场制度则是推动“国家地权”与农民地权冲突升级的罪魁祸首,要实现保护农民土地物权的目的,必须首先完善农村土地征收制度,并废除国家垄断土地一级市场的制度。

(二)土地管理制度存在缺陷与政府职能错位

我国目前对农村土地进行公法限制与管制的制度主要有农村土地用途管理制度及与之相配合的土地利用总体规划制度、基本农田保护制度。除此之外,城乡规划制度也对农村土地物权的设置与行使造成一定的限制。理论上,上述制度的有效运作会在限制农村土地物权行使的同时,起到保护农村土地物权的作用,但是事实上,上述制度并没有有效运作也难以有效运作。

新中国的土地管理经历了多次变革,在20世纪80年代初期《土地管理法》颁布之前,土地管理基本上采取城市、农村和部门

---

〔87〕 刘颖、蒋建秋:《关于我国土地执法困境与成因的再思考》,载《法学杂志》2009年第6期。

三大系统分别管理的形式,各个部门的用地,一般由各个部门分别负责管理。1986 年《土地管理法》颁布后,国家成立了土地管理局,建立起全国土地、城乡地政集中统一管理的体制。总体而言,从 1986 年至 1998 年《土地管理法》修改前,土地管理主要实行分级管理,上级政府检查和批准下级政府作出的土地征收和用途转变的决定,但由于地方政府主要出于经济利益的考虑,上级政府的检查和批准的效果不明显。"在这种分级管理体制中,地方土地管理部门在业务上受上级管理部门的指导,按照上级核定的用地计划,安排建设用地,执行土地的管理职能。由于地方土地管理部门主要领导人的人事任免权在本级地方政府,因此,地方土地管理部门不得不听命于地方政府,土地管理部门的规划管制、计划控制用地审批等管理措施的落实受到严重干扰。"[88]"自九十年代中期以来,尽管中央政府采取了一系列意在强化自身权力的改革,主要包括 1994 年以后实行的分税制和 1998 年开始的中央银行制度改革,但总体上分权和全球化赋予了地方政府更大的权力。中央政府现在单单靠任命省委书记、省长等主要地方领导人来掌控地方,表面上看能够控制地方,实际上地方领导人的任免越来越受地方利益的影响。原因很简单,地方领导人可以任意调动,而地方利益则是永恒的。"[89]1998 年《土地管理法》修订以后,分级管理体

---

〔88〕 操小娟:《土地利用中利益衡平的法律问题研究》,人民出版社 2006 年版,第 238 页。

〔89〕 郑永年:《未竟的变革》,浙江出版联合集团、浙江人民出版社 2011 年版,第 41 页。

制被取消,而实行用途管制制度。[90]用途管制制度旨在对以农用地为主的农村土地进行特殊的保护,以保证土地的合理利用与粮食生产的安全。但是上述制度并没有达到保护耕地,合理利用土地的目的。地方政府在“占补平衡”的名义下隐瞒耕地占用面积、越权批地,向异地购买基本农田和建设用地指标,使土地规划制度失灵,越到基层土地征收中的违规或违法行为越严重。[91] 同时,地方政府在承担土地管理职能的同时,也承担着城镇国有土地所有者的职能,地方政府的土地管理者身份与土地所有权者身份形成混同,地方政府土地所有者与土地利益的汲取者身份干扰了地方政府的土地管理者身份的行使。在现行土地制度下,我国城镇实行国有土地所有制,法律虽然规定国务院是国有土地所有权的唯一主体,但是不可避免的是城镇国有土地所有权必然要由县(市)人民政府来实际行使,城镇国有土地出让的大部分收益要归地方财政,中央政府只能是法律名义的国有土地所有者,而不能成为经济上的国有土地所有者。地方政府承担着国有土地所有者的职能,使地方政府拥有了“以地生财”的权利。“统计数据显示,2011 年我国土地财政占地方财政收入比例已经高达 50% 以上,个别地方土地出让金甚至占到财政收入的 80% 。尤其是在房地产最火爆的 2007 年,土地市场更是呈现疯狂的局面,十大房地产企

〔90〕 1998 年修订的《土地管理法》第 4 条规定,“国家实行土地用途管制制度。国家编制土地利用总体规划,规定土地用途,将土地分为农用地、建设用地和未利用地。严格限制农用地转为建设用地,控制建设用地总量,对耕地实行特殊保护”。按照 1986 年《土地管理法》的有关规定:下级土地利用总体规划应当依据上一级土地利用总体规划编制,地方各级政府编制的土地利用总体规划中的建设用地数量不得超过上一级土地利用总体规划确定的指标;只有中央政府和省级政府才有权批准农用地转用和土地征收;批准农用地转用必须依据规划,即只有已经规划为建设用地的现状的农地才可以批准转用;征收基本农田,35 公顷以上的耕地必须经过国务院批准。

〔91〕 王景新:《现代化进程中的农地制度及其利益格局重构》,中国经济出版社 2005 年版,第 111 页。

业的销售额达到1532亿元,而拿地就花去了1515亿元,比例达到了99%。"[92]国土资源部2012年《中国国土资源公报》显示,2012年全国出让国有建设用地32.28万公顷,出让合同价格2.69亿元,同比分别减少3.3%和14.7%。其中,招标、拍卖、挂牌出让土地面积29.30公顷,占出让面积的90.8%;出让合同价款2.55万亿元,占出让合同总款的94.8%。地方政府作为公共管理者的同时,也是管理领域逐利的"局中人"。地方政府在管理土地问题上,往往发生双重角色的混乱,甚至利用这种角色来牟取利益。地方政府以公共管理者的身份动用土地征收权,低价征收农民集体土地并将之变为国有土地,然后再将国有土地出让,从中获取土地增值收益充实地方财政,或者在征地后低价出让国有土地使用权以变相获得合法或非法的租金收入。这实际上也导致了在土地问题上中央政府与地方政府之间的冲突。由于土地征用带来的农地非农化会彻底改变历史上形成的地权格局,动摇中央政府执政为民的根基,会对国家粮食安全、土地资源的可持续利用、社会的稳定等全局性问题产生巨大的负面影响,因此,中央政府非常重视农地非农化,特别是耕地的保护问题。但是,地方政府由于在土地征收中拥有巨大的利益,而且更加关注地方的经济发展与财政收入,因而对农民的土地承包经营权等物权保护认识不足,甚至成为通过征收消灭农民土地物权的直接推动者与执行者。

中央政府与地方政府在土地物权保护方面的目标差异,造成了中央政府与地方政府在土地政策推行方面的矛盾。"中国的体制名义上高度集权,但这个高度集中的中央权力被成千上万个高度地方化的政权和组织所瓜分。"[93]"从结构方面来说,中国是一

---

〔92〕 周小苑:《京沪地价大幅跳水卖地财政走向尽头——地方发展开始告别"坐地生财"》,载《人民日报》(海外版)2012年5月17日,第2版。

〔93〕 郑永年:《未竟的变革》,浙江出版联合集团、浙江人民出版社2011年版,第5页。

个集权的单一制国家,所有的权力从原则上说属于中央政府……但实际上,地方政府并不是上级政府的派出机构,它已然成为一级政府,具有自己的利益,根据地方的实际情况来进行统治。中央政府也是容许地方这样去做的。这样,中央政府在权力和政策实施过程中没有自己的直接深入地方的机构,只能依靠地方政府层层下达权力和政策。由于地方利益的存在,权力和政策每下降一层,中央性往往就减少一层。很多权力,到了地方就完完全全没有了中央性,成为地地道道的地方政策。”〔94〕20 多年来,土地过度占有—清理检查—土地再度过度利用—再次清理检查的怪圈是中央政府与地方政府在推行土地政策方面存在矛盾的反映。“政府在实现经济利益最大化的同时,又可以获得‘政绩’形式的政治利益。这样,作为经济人的政府一方面没有内生动力去完善土地征收制度,另一方面反而会滋生出抵抗改变现存结构的力量。当权力已成为一种可以增值的资本时,就意味着权力超出了其为社会提供社会资源的定位,而成为获取利益的手段。”〔95〕国家垄断一级市场的制度推高了城市的房价,也造成了大量的土地闲置撂荒。

为了进一步强化对土地的管理,2004 年在省级以下实行土地部门的垂直管理,实现了土地管理机构人事权力的上收,但是省级以下垂直管理的方式仍然存在巨大的不足。由于土地管理部门的职工在财政、工资事务等各方面受制于市县政府,派出垂直土地管理仍然无法摆脱地方干扰。土地管理部门一方面受到上级土地管理部门的指导,在分级土地利用总体规划控制下,按照上级土地管理部门的指导,在分级土地利用规划控制下,按照上级用地计划指

〔94〕 郑永年:《中国模式——经验与困局》,浙江出版联合集团、浙江人民出版社 2010 年版,第 126 页。

〔95〕 赵树坤:《社会冲突与法律控制:当代中国社会转型期的法律秩序检讨》,法律出版社 2008 年版,第 99 页。

标安排建设用地，开发补充耕地，执行土地资源利用公共管理职能；另一方面，地方土地管理部门还要按照地方政府对经济社会发展规划和实际需要保障各类建设用地，按照地方政府的要求代行国有土地管理职能。作为地方政府的部门，地方管理部门领导的人事任免在本级地方政府，土地管理部门不得不听命于本级地方政府，贯彻本级地方政府的方针政策，实现其“以地生财”的土地财政计划。因此，许多的违法用地都得到了地方政府的默许，甚至一些地方政府的土地管理部门在本级政府压力下和用地者合谋变相转用、占用耕地。为了避免因身份重合所产生的矛盾，应当从制度上对地方政府的身份进行严格定位。但从目前的制度安排来看政府的土地管理者身份与土地所有者身份并未完全分开，政府角色如何扮演实际上取决于政治人的偏好。而一旦政府选择追求自身利益最大化的行为取向时，政府承担土地所有者的职能在实践中就会演变为政府“以地生财”的权力。政府本应是土地公共管理政策的制定者和执行者，实践中却成为了土地利益最大的追逐者，形成了政府角色的错位。

国务院2004年发出开展土地市场治理整顿、严格土地管理的紧急通知，明确要求暂停审批农地转非农建设用地；暂停设计农田保护区调整的各类规划修改，暂停修改涉及土地利用的各类规划。对部分地区的调查进一步表明，中央政府的土地管制措施产生了良好的效果，各级地方政府对土地的清理和对土地市场的整顿对规范土地管理和土地交易秩序产生了积极的作用。同时也应当看到，中央政府严格的土地管理措施使土地征收的可能性减少，土地征收的程序日益严格，对农民利益的保护也日益强化，但一些地方政府为追求经济利益而规避土地征收的行为仍然存在，甚至出于商业开发的目的而以农业综合开发的名义占用耕地的行为也仍然存在。因此，有必要赋予土地行政管理部门更加独立的职权，同时改革土地征收制度尽量避免政府不正当地成为农村土地的所有权人。

按照依法行政原则的基本要求,政府必须依法行政,积极保证公民人身权与财产权。但是,地方政府显然没有履行自己的职责。此外,从土地管理运行的实践来看,人大及常委会对政府土地管理行为的合法性监督几乎流于形式,司法机关对政府土地管理行为的监督不涉及决策合理性与合法性方面的监督,虽已仅限于征地程序方面的监督,但仍未运行到位甚至空置。因此,必须改革政治体制,构建司法对政府土地管理及征收权力运行的监督体制,完善人民代表大会、常务委员会、人民对政府土地管理行为的监督程序,完善选举程序,将政府的行为完全纳入法治轨道。

(三)农村土地物权制度不够完善

从土地物权的地权结构来看,"国家地权"与农民地权冲突的一个重要原因就是农村土地物权制度不够完善。农村土地上存在集体土地所有权、土地承包经营权、宅基地使用权以及建设用地使用权等多种形式的物权,土地利用关系相对复杂。这些物权制度都是在新中国成立后,甚至是在改革开放以后才发展形成的,因此,它们都不够完善与健全,与之相对应的尊重与保护农村土地物权的观念,也没有真正形成并为政府始终秉承。就"国家地权"与农民地权的冲突而言,农村集体土地所有权制度与农村建设用地使用权制度不完善是促成"国家地权"与农民地权冲突的最重要原因。

首先,农村建设用地使用权制度没有有效地建立起来,是造成"国家地权"与农民地权冲突的一个重要原因。就农村建设用地使用权制度而言,1986年《土地管理法》将农村建设用地使用权的设定范围限制在满足农村进行住宅建设、[96]公共设施建设、公益事业建设与乡镇企业建设用地的需求上,由于农村进行公共设施

〔96〕 农村住宅建设的用地需求主要通过宅基地使用权来满足。

建设、公益事业建设在很多情况下都不需要设立建设用地使用权，因此，设定农村建设用地使用权的情形大多是在进行乡镇企业建设。乡镇企业是一个范围宽泛而没有准确定义的概念，从1996年《乡镇企业法》对其所作的界定来看，乡镇企业是由集体经济组织或者农民投资控股或者起到实际支配作用的企业。[97]1986年《土地管理法》的这样一种规定事实上是禁止了集体为非农村因素的市场主体设定建设用地使用权，因此，农村建设用地使用权的设定仅仅只局限在一个狭小的范围。1998年《土地管理法》允许农村在发展乡镇企业时设立建设用地使用权，但是长期以来法律并没有明确农村建设用地使用权的内容、效力、设定方式。除了部分地区政府颁布一些规章与规范文件对集体建设用地使用权的设定进行了规范外，农村建设用地使用权的设定在实践一直处于一种以习惯为依据进行运行的状态。1998年《土地管理法》第63条更是直接实现限制了农村集体建设用地使用权的出让、转让，仅仅允许集体用地使用权因破产、兼并等情形而被迫发生变动。2007年的《物权法》着重对国有土地上设定的建设用地使用权进行了规范，对集体土地上设定建设用地使用权的情形几乎是有意忽略过去的。[98]集体土地上难以设定建设用地使用权就使农民难以通过设定建设用地使用权的方式分享城市化与工业化的成果，也使农村城镇化与工业化的用地需求难以得到满足。马晓河先生指出，

---

[97] 乡镇企业的前身大多是农村的社队企业，改革开放后才逐步改成乡镇企业。从地域范围上来讲，乡镇企业的最大特征是位于农村地区。1996年通过的《乡镇企业法》对“本法所称乡镇企业，是指农村集体经济组织或者农民投资为主，在乡镇（包括所辖村）举办的承担支援农业义务的企业。前款所称投资为主，是指农村集体经济组织或者农村投资超过百分之五十，或者不足百分之五十，但能起到控股或者实际支配作用。乡镇企业符合企业法人条件的，依法取得企业法人资格。”

[98] 《物权法》第151条仅规定：“集体所有的土地作为建设用地的，应当依照土地管理法等法律规定办理。”

“如果不允许集体土地进入市场，完全有可能对另一集团造成空间，就是利用土地所有权的缺失来剥夺农民。”〔99〕现实的状况也正是如此。农村建设用地使用权制度的不完善也为国家垄断一级市场制度以及土地征收制度的推行创造了条件，也成为了中国城市房价长期不断攀高的助推因素。在农民集体难以通过出让土地设定建设用地使用权时，政府也只能通过征收手段将集体土地转变国有土地而再设定建设用地使用权。

其次，集体土地所有权制度不够完善。由于集体土地所有权制度正处于发展变化之中，所以长期以来，法律对集体土地所有权的主体、性质与运行机制问题的规定就不够清晰。实践中集体土地所有权的代行主体往往被理解为真正主体，它们代行集体土地所有权的权利没有处在集体成员的有效监督与制约之下。在《物权法》颁布以前，集体成员对代行主体享有什么样的监督权利始终是不明确的。因此，在土地征收过程中，出现了集体土地所有权代行主体与政府相互配合共同消灭集体的土地所有权与农民个体的土地权利的情形。集体所有权中所蕴含的“‘集中统一’管理或‘统分结合’管理模式，‘统’的权力本质上跟政府权力扭结在一起，并为乡政府和村委会这些行政机构干预农业经济提供了制度基础，甚至成为其寻租的制度基础。因此，当‘统’与‘分’的权利设置和各方的行为规范不明确，当事实上代为行使集体所有权的行政性组织没有完善的民主制约和民主监督机制，就容易发生‘统’对‘分’的侵犯，侵犯农民利益”。〔100〕按照集体土地所有权的运行机制，建设用地使用权设定时应当由集体成员先形成共同的设定意志，再由代行主体与潜在的建设用地使用权人签订协议而

〔99〕吴敬琏、江平主编：《洪范评论》（第3卷第2辑），中国政法大学出版社2006年版，第11页。

〔100〕刘道远：《集体地权流转法律创新研究》，北京大学出版社2011年版，第27页。

最终设定建设用地使用权。但是在现实中,集体土地所有权代行主体往往未经集体成员讨论而单独与潜在的建设用地使用权人签订协议设定建设用地使用权,最终也未将设定建设用地使用权而获得的土地出让金交由集体成员共同支配。这造成了立法部门与政府对集体土地所有权能否正常行使设立建设用地使用权的担心,也为立法与政府限制农民的土地权利提供了口实。

三、“国家地权”和农民地权冲突之理论原因分析

(一)冲突的核心——地权格局的维护与土地利益的归属

地权格局维护与地利归属是“国家地权”与农民地权冲突的核心。在长期的历史演进过程中,特别是在经过新中国成立后长期的探索之后,中国最终形成了一种具有中国特色的、符合中国需要的以土地物权形式表现出来的土地地权格局。这种土地地权格局中的一个最为重要的方面就是将农村土地通过集体土地所有权形式确定为归属农民集体成员所有,并通过土地承包经营权与宅基地使用权等物权形式将农村土地交由农民来占有、使用、收益并享受相关的土地利益。这一利益格局是在承继中国近现代革命中的土地物权建设的理想的基础上,融入社会主义理想的传统价值因素并在社会主义建设的长期实践探索中逐步形成的。这一土地地权格局的政治伦理正当性最初源于共产党与农民之间缔结的缔造新中国的政治契约,并在农民与共产党、政府缔结的“还权于民”的创设农村土地承包经营权的新一轮“与民立约”中得到了进一步加强;集体所有权的伦理价值、农村土地物权制度长期自发演进的历史都为农民享有农村土地地权与利益提供了历史的支撑。近现代革命以来形成的农村地权格局的核心是以物权的形式将农村中的土地利益分配给农民,形成正当化的土地利益享有机制。

历史上,粮食的统购统销制度、农业税以及国家权力对农村土

地制度的嵌入保证了国家在维持原有地权格局的情况下稳定地从农村土地上获得剩余与工业建设所需的资金。随着统购统销制度的废除,国家通过流通领域的剪刀差获取农业剩余的制度机制正在被修正,国家工业建设的资金积累也已经基本完成。20世纪80年代以后,中国迎来了工业化与城市化发展的新浪潮。工业化与城市化进程发展需要大量建设用地,形成了对建设用地使用权的强烈需求。随着国有土地有偿出让制度试点的成功,国家在20世纪90年代初逐步建立了国有建设用地使用权有偿设立制度。[101]但是,长期以来,政府在计划经济体制下借助于公权力取得土地作为建设用地的思维与习惯并没有改变。此后,国家事实上垄断一级市场的制度逐渐形成,1998年修改的《土地管理法》对集体土地所有权的权能进行了限制,禁止农民集体在符合城乡规划的情况下初始设定建设用地使用权(除兴办乡镇企业、进行公共设施以及公益性设施建设、农民建造住宅),只许可政府通过出让措施在国有土地上设定建设用地使用权,形成了国家垄断土地一级市场的制度。由于存量的国有土地极为有限,大多位于原有的城市建成区,因此,存量建设用地难以满足工业化与城市化建设的需求。由于集体土地所有权不能流转,因此,不存在政府通过公平的市场买卖手段来获得集体土地所有权的可能性。在这种情况下,政府选择了通过征收手段来强制性消灭农民土地物权。

土地征收是政府按照一定的程序、在给予农民一定的补偿前提下通过公权力消灭农民土地物权的行为。由于土地征收的对象指向农民的土地,征收的本质特征是通过公权力强制性消灭农民的土地物权,改变现有土地地权分配格局。由于我国征地制度存

---

〔101〕 从1987年起,国有土地使用权有偿出让制度先后在深圳、上海、福州、厦门等地试点并取得了成功。1988年的《宪法》与《土地管理法》修改后允许了土地使用权的转让。1990年国务院发布了《城镇国有土地使用权出让和转让暂行条例》,建立国有土地使用权有偿出让与转让制度。

在严重的缺陷，征地的前提标准公共利益泛化，征地程序并不合理，征地补偿极为不充分，征地制度造成了农民土地利益的流失，伴随着土地征收与土地出让的进行，大量的土地利益流入城市，为城市的建设与扩张提供了资金。因此，“国家地权”与农民地权冲突的核心表现为原有地权格局的打破、新的地权格局的形成以及相伴而生的土地利益的重新分配。国家通过公权力征占集体土地，将集体土地变为国有土地，再通过出让建设用地获取了大量的资金，形成了新一轮城市对农村的剥夺、地方政府对农民的剥夺。根据国务院发展研究中心课题组的调查，在因土地用途转变而带来的土地增值收益的分配中，地方政府与开发商得到了60%～70%，只有20%～30%留在乡以下，农民个人只得到了5%～10%。[102]很多相关的调研数据可以与国务院发展研究中心的数据相互佐证，如有学者研究，如果以成本价（征地价加上地方各级政府收取的各类费用）为100，则拥有土地承包经营权等物权的农民个体只得到5%～10%，代行集体土地所有权的村级经济组织得到25%～30%，60%～70%为政府及各部门所得。[103]“国研中心调查显示，征地之后土地增值部分的收益分配中，投资者拿走40%～50%，政府拿走20%～30%，村级组织留下25%～30%，而农民拿到的补偿款，只占整个土地增值收益的5%～10%。”[104]政府和失地农民之间“土地交易”的不公正，利益分配机制的扭曲，使失地农民不仅未能从城市化中受益，反而成为城市发展中的“牺牲品”。据专家测算，改革开放以来的土地征收中，政府最少

---

〔102〕萧华：《解冻之路》，载《中国土地》2007年第4期。

〔103〕胡志刚：《不动产物权新论》，学林出版社2006年版，第165页。

〔104〕张意轩：《2012年深化农村改革加速三大任务倒计时让农民分享土地增值收益》，载《人民日报》（海外版）2012年5月11日，第8版。

从农村无偿获取了2万亿元以上的土地收益。[105]。改变并打破当前极其扭曲的土地收益分配格局,回归土地作为生产要素的市场属性和土地作为农民财产权益的财产属性,让农民充分分享土地增值收益已经成为了当务之急。

(二)"涨价归公"理论——导致冲突的重要理论

国家通过行使公权力的方式消灭本属于农民的土地物权,形成国家土地所有权,并进而获得土地利益,为何具有正当性?很多的经济学家与学者都指出这是"涨价归公"的必然要求。"涨价归公"理论的基本观点是土地增值利益并不是由土地所有者进行劳动投入而创造的,相反,它是社会进步与经济发展的客观结果;由土地所有权人取得这些土地收益,有违公平原则,因此,必须要由代表社会的国家取得这些土地收益,并将之用于公益用途。

在农耕文明下,土地主要是用于农业生产;土地收益也主要是农业地租。农耕社会虽然也存在工商业,但是工商业在国民经济中没有重要地位。因此,国家关注农业土地的均衡政策,大体上就可以解决社会的基本问题。但是,在人类社会进入近现代的工商业社会后,情况发生了根本改变。近代商业、工业以及城市的发展,使土地不再仅仅作为农业生产的手段,而且也成为商业、工业、

---

[105] 参见《2005年中国农民发展报告》,载中国网:http://www.china.com.cn/chinese/zhuanti/06fxyc/1095870.htm,最后访问日期:2008年3月3日;陈锡文先生在讲话中也明确指出:新中国成立以来,通过价格"剪刀差",政府从农民手中拿走了6000亿~8000亿元,而改革开放以来,在征地中从地价这一环节政府又拿走了大约20000亿元(胡志刚:《不动产物权新论》,学林出版社2006年版,第165页)。有学者估算,1990~2003年,农民集体在国家工业化、城市化过程中在土地征收环节贡献值约为3.53亿元,扣除政府基础设施对地价影响后的增殖,实际贡献值为2.5万亿元,如果从1980年算起,至2003年则增至总额达到了4.3万亿元(朱道林、强真、毕继业:《中国农地征转用的价格增值分析》,载《中国土地科学》2006年第4期)。党国英推算从1952年至2002年,农民无偿向社会贡献的土地收益为51535亿元(党国英:《土地制度对农民的剥夺》,载《农业经济导刊》2005年第10期)。

建筑业以及采矿业生产的重要的物质条件。非农土地的大量出现并且在国民经济中发挥重要作用促进了城市的出现，而城市化进程的推进又进一步提升了城市地价。因此，城市中的土地所有权人凭借其对土地的垄断地位往往可以获得远远超过传统农业地租的各种形式的级差地租，城市土地也因此而具有了更高的资产价值。由于地租与城市地价的抬升部分主要不是因为连续的劳动投入而形成，而是以土地的地理位置差异、城市中基础设施以及工商业的发展为基础，因此，私人取得这些土地收益并不公平，由国家代表政府取得这些土地收益更加符合社会公平与正义的要求，即“涨价归公”。

不可否认“涨价归公”具有一定的正当性，特别是在地权状况分配极为不均的情况下，“涨价归公”可以有效调节因私人垄断土地支配权而最终导致的财富在私人之间分配的不平等。国家理性地将通过“涨价归公”手段获得土地收益应用于工农业发展以及市民生活所必需的领域可以起到促进经济发展、社会稳定并最终推动社会进步的作用。孙中山先生提出的“平均地权、涨价归公”的理论要点是“土地所有权应该平均由社会的人享有，然后在土地因为非劳动因素涨价时，涨价的部分通过一定的措施（如增值税）收归社会。这一理论的核心，是将土地这种有限的自然资源在社会的人中间依据法律理解的公平观念予以配置。这一观念带有强烈的社会主义色彩”。〔106〕从国际上通行的方法来看，“涨价归公”实现的通常手段是征收包括土地增值税在内的土地税，通过税收的途径来实现“涨价归公”，而不是我国现在推行的通过改变土地权属的方式来实现“涨价归公”。“从经济效率方面看，理论上，土地利用用途的转换所发生的增值在相当程度上来自具有

〔106〕　孙宪忠：《物权法的实施第二卷城镇拆迁与物权法》，社会科学文献出版社2013年版，第4页。

‘外部性’的城市基础设施和产业发展，而非土地原使用者的投资，因此，抽取一定比例的土地增值税用于促进城市发展做出贡献的迁移人口之福利和城市基础设施建设具有经济效率方面的合理性。”[107]通过增值税方式实现“涨价归公”是相对比较温和的方式，可以达到既保障原有权利人的土地权利，又增加国家与政府的财政收入的作用。“涨价归公”的直接目的是调节土地收入的差距，防止因地权过度垄断而导致的土地利益的垄断；“涨价归公”的最终目的是促进社会进步与经济的发展。但是，观察我国“涨价归公”的贯彻我们发现，我国目前通过消灭农民土地权利，创造国家土地权利，最终实现的“涨价归公”，背离了“涨价归公”的直接目的与最终目的。首先，“涨价归公”原则不符合弥合中国城乡二元分离体制的现实需要。长期以来，工业对农业的过度挤压，城市对农村的过度索取，造成了我国现在严重的城乡对立。农民在新中国成立后为中国的工业化与城市化作出了巨大贡献，也付出了巨大的代价。据测算，国家通过1950～1978年的总“剪刀差”从农业中获取资金5100亿元，通过1979～1994年的“剪刀差”从农民身上强制取得积累达15000亿元，同时，农民还承担了总额为12986亿元的税费。[108] 改革开放后，国家又通过土地征收从农村土地上获得了不少于2万亿元的土地资本。[109]也有学者测算，我国自改革开放以来通过低价从农民那里征地，然后高价出售，估计

[107] 黄季焜等：《制度变迁和可持续发展——30年中国农业与农村》，格致出版社、上海人民出版社2008年版，第250页。

[108] 朱秋霞：《中国土地财政制度改革研究》，立信会计出版社2007年版，第66页。

[109] 参见《2005年中国农民发展报告》，载中国网：http://www.china.com.cn/chinese/zhuanti/06fxyc/1095870.htm，最后访问日期：2008年3月3日。

从农民那里拿走了5万亿元。[110] 工业从农业长期汲取，城市从农村长期汲取的结果是形成了城市的高度发展与农村的绝对落后。现在城市居民收入明显高于农民居民，城市居民享有养老、医疗、保险等各种社会保障措施，而农村居民收入水平低且基本上没有什么社会保障。在这种情况下，实现“涨价归公”，则实际上是再次对农民的土地财产及其财产价值进行剥夺，用农民的土地增值收益来支持富裕的城市的发展，是一种彻头彻尾的劫贫济富。因此，我国目前实现的“涨价归公”是从最贫穷的农民那里取得土地利益，是“涨价归城”。“涨价归公”原则在现实中正在起着不断从最贫穷的农民手中抽取土地利益，补贴相对富裕的城市居民的作用。很多的统计数据都显示，在土地征收的过程中，政府获得了60%以上的土地利益，而农民个体得到的土地利益不足10%。浙江省一项调查表明，如果征地成本价是100%，被征土地收益分配格局大致是：地方政府占二成至三成，企业占四成至五成，村级组织占近三成，农民仅占5%～10%。从成本价到出让价之间所生成的土地资本巨额增值收益，大部分被开发商或地方政府获取。[111] 因此，可以说目前实行的“涨价归公”的实质是“涨价归城”，是劫贫济富。“涨价归公”原则贯彻的结果是土地增长的价值被政府拿走，被城市拿走。“涨价归公”论者不管用多么高的道德价值与华美的伦理说教来说明都不能掩盖其对农民进行剥夺的内在价值取向。将土地增值利益留在农民手中，有利于缓解中国农村的贫困与落后，有利于实现农民的土地利益与社会保障，才是

〔110〕 党国英推算从1952年至2002年，农民无偿向社会贡献的土地收益为51535亿元，参见党国英：《土地制度对农民的剥夺》，载《农业经济导刊》2005年第10期。

〔111〕 陈芳、张洪河：《每年数百亿资金流失　谁在土地出让中获利最大？》，载新华网：http://news.xinhuanet.com/newmedia/2004-08/11/content_4480455.htm，最后访问日期：2006年10月15日。

真正的“涨价归公”。其次,我国当前实现的“涨价归公”主要是通过改变土地权属剥夺农民的土地物权的方式实现的,它违背了通行的通过增值税等税收方式实现“涨价归公”的原理。

(三)物权优劣理论——冲突的另一理论基础

通行的“涨价归公”的方式是征收以土地增值税为主的土地税,但是我国何以要通过改变土地权属的方式来实现“涨价归公”呢?这就必须考察曾经在我国盛行的物权优劣理论。

在我国的主流的意识形态中,存在这样一种根深蒂固的认识:社会主义就是在否定和推翻剥削阶级私有制的基础上建立以劳动者共同所有生产资料的公有制为基本经济特征的社会,社会主义公有制就是社会主义全民所有制与社会主义的劳动集体所有制。集体所有制是指一定范围内劳动群众对生产资料的共同占有、由劳动群众集体组织享有生产资料的所有权。社会主义全民所有制是社会主义公有制的高级形式,集体所有制是公有制的低级形式,它要不断地向全民所有制过渡。“社会主义公有制是建立在一国范围内的公有制,在国家存在的前提下,全民公有制则采取了国有制的形式,由国家代表全体人民所有的生产资料。由于生产力发展水平的不同,社会主义国家不可能在全国范围内实行单一的全民所有制(国有制),而是针对农业、手工业等落后的生产力水平,采取集体所有制,规定集体范围内的土地等生产资料归集体范围内的劳动群众集体所有,以区别于国有制。但同时认为集体所有制是社会主义公有制的低级形式,集体所有制必然要向全民所有制过渡,这就为国家控制集体所有制经济留下了理论依据。国家在控制全民所有制经济的同时,也以同样的方法控制集体所有制经济。”[112]

---

[112] 韩松:《集体所有制、集体所有权及其实现的企业形式》,法律出版社2009年版,第21页。

与这样的一种意识形态相适应,我国从苏联引进了所谓的社会主义经典所有权理论,即社会主义国家的所有权应划分为国家所有权、集体所有权和个人所有权;这三种不同的所有权反映着生产资料的不同发展阶段,国家所有权反映着生产资料的最高社会化阶段,集体所有权反映着生产资料的一般社会化阶段,个人所有权反映着私人占有生产资料的阶段,因此,国家所有权应当受到优先保护,集体所有权应当受到一般保护,而私人所有权应被限制。[113] 在这里,传统的意识形态对物权优劣作出了一个判断,即国家所有权应优于集体所有权和私人的所有权。由于我国的土地物权领域内仅存在国家土地所有权与集体土地所有权,因而,按照传统意识形态的判断是国家土地所有权优于集体土地所有权。在这样的一种物权观念的支配下,国家总是千方百计地运用自己手中的公权力来促成集体土地所有权向国家土地所有权的转变。

人民公社时期,政治权力全面嵌入集体土地所有权的行使过程中。这样做一方面是为了达到防止集体土地所有权再退回到个人土地所有权的状态,另一方面也是试图促进集体土地所有权升格为国家土地所有权。直到改革开放后,集体土地所有权才最终恢复了民法属性,成为一种与国家土地所有权并列的土地所有权形态。但是,国家所有权优于集体土地所有权的观念仍然根深蒂固地存在,并在实践中获得进一步发展。国家所有权优于集体所有权的进一步发展,就是国有土地上的物权优于集体土地上的物权,即国有土地上的建设用地使用权优于集体土地上的土地承包经营权、宅基地使用权与建设用地使用权,特别是国有土地上的建设用地使用权优于集体土地上的建设用地使用权。

在国家所有权理论优于集体土地所有权理论的推动下,政府总是千方百计地通过各种途径来限制集体土地所有权的行使,限

---

〔113〕 孙宪忠:《论物权法》,法律出版社2008年版,第225页。

制集体建设用地使用权的设定,甚至通过公权力的行使来消灭集体与农民的土地物权,创设国家土地所有权。由于按照民法规则难以实现集体土地所有权向国家土地所有权的变动,国家、各级政府则通过公权力的行使达到这一目的。很多似是而非的土地确权规则、行政性限制集体土地所有权的规定都在这种理论的指导下出台。在国有土地有偿使用制度建立起来以后,行政性的限制集体土地所有权行使的各种政府规章,旨在限制集体土地所有权人通过出让集体建设用地使用权的方式获得土地收益的规则陆续出现。“我国土地所有权二元制的制度特点是国有土地所有权优于农村集体土地所有权,这种优越地位寄托于现行法律对集体所有权处分权能的限制和剥夺,农村土地权利的私法规范被淹没于土地经济法、行政法等公法规范中;国家土地所有权由于浓厚公权力色彩而超越一般民事权利。”〔114〕国家所有权优于集体所有权这种基本思维方式为征收条件中的公共利益标准的泛化打下了基础,也为国家垄断一级土地市场制度的建立与运作提供了所谓的理论支持。

依据所有制判定物权优劣的理论为国家通过行政权力甚至立法权力限制集体土地物权奠定了理论基础。在这一理论的指引下,各级地方政府开始大胆地通过行政权力来扩张国家土地所有权的实践,造成“国家地权”与农民地权之间的冲突。

(四)回到近现代中国地权建设的构想

现在普遍流传的“涨价归公”与物权优劣理论普遍指向了农民的土地物权,为国家消灭农民集体与个人土地地权,从农民集体那里获取土地利益的正当性进行了辩护。这种做法是否合理,必须从中国近现代革命,特别是新中国成立后的土地制度设想中寻

---

〔114〕 郭洁:《土地所有权一体保护立法研究》,知识产权出版社2011年版,第64页。

找答案。因此,我们再次回到中国近现代革命以来的农村土地物权制度建设构想看“国家地权”与农民地权的冲突。

在传统农耕社会中,土地是最重要的生产资料,也是社会财富最为重要的代表。土地的集中代表着财富的集中与农业资源的集中。在人地关系高度紧张的情况下,土地的过分集中,农民大量失去土地,会危及社会的稳定与农业生产的利益。而地权的相对分散与稳定,有利于农业生产的发展与社会问题的解决。鸦片战争以后,中国的土地地权呈现出向大地主等私人手中集中的趋势,自耕农与佃农享有的地权极其有限(土地所有权与永佃权),这就造成了农民的贫困与农村的落后。与此同时,城市住宅建设与近现代工商业在城市中兴起。针对这种现实状况,以孙中山先生为代表的革命者首先提出了“平均地权”与“耕者有其田”的口号。孙中山先生在观察城市中的土地价格不断升高,地主凭借其对土地所有权的垄断不断获取土地利益的现象之后,指出“土地价值能够增长的理由,是由于众人的功劳,众人的力量,地主对地价的涨跌的功劳是没有一点关系的”,[115]因此,应当采取措施实现涨价归公。“涨价归公”的手段是由地主呈报地价,政府征收土地税,在土地升值时照价收买,实现城市土地的国有化。孙中山先生提出“涨价归公”思想是在清朝末年与民国初年。这一时期,土地私人所有是一种主流的土地所有权形态,而且中国的地权分布状况极端不平均,地主控制着全国大部分的土地,部分大地主甚至拥有上千公顷的土地。在这种背景下,孙中山为了解决未来城市发展所带来的土地价值攀升而造成财富分配不均的问题,提出了涨价归公的思想。“涨价归公”的对象主要是土地价值会随着城市的发展而不断攀升的城市土地,而非农村土地,更不是农业用地。孙中山先生及其追随者最初设想的“涨价归公”的方式是在核定地价,

---

〔115〕 黄彦编:《孙文选集》(上册),广东人民出版社2006年版,第624页。

征收土地税,而“涨价归公”的最高理想就是照价收买,实现土地的国有化。针对中国农村的土地地权相对集中,农业是弱质产业,农村土地增值相对缓慢的状况,孙中山最初的主张是对地主的地权进行限制,后来发展为实现符合农民土地要求的“耕者有其田”。总之,在孙中山先生那里,“涨价归公”是针对城市土地问题的,“耕者有其田”则是针对农村土地问题,“涨价归公”与“耕者有其田”并行不悖,前者不是排斥后者的手段。中国共产党人全面继承了孙中山先生的土地主张,与农民阶级缔结了政治契约,共同完成了新民主主义革命。新民主主义革命胜利后,中国在城市建立了国家土地所有权,在农村通过土地改革实现了孙中山先生的“耕者有其田”的主张。“为了让正义表现为看得见的公平,上述‘耕者有其田’之‘有’,不仅指对土地的经营与使用,而且是包括占有、使用、处分和收益各项权利在内的完整所有权。”[116]毛泽东同志在孙中山先生的“平均地权,涨价归公”的基础上又进一步提出了“统一地权、平均地利”的地权改革方案。根据这一思想,我国开始在农村和城市实行社会主义改造,最后建立了土地的公有制,建立了集体土地所有权与国家土地所有权。从现在看,实现地权的统一具有历史的进步性与一定的现实必然性,但是也带有一定的脱离现实的理想主义色彩。

“统一地权、平均地利”是通过城市与农村并行的两种不同的地权制度来实现的,国家土地所有权与集体土地所有权并列存在。改革开放之前,我国在城市地区实行“统一地权、平均地利”原则,是通过立法将城市土地统一收归国有,然后无偿或者近乎无偿地调拨给用地单位和个人使用,让他们实际享有城市土地使用权来实现的。“平均地利”原则在城市的贯彻使城市中的国家机关、事业单位、各种企业(尤其是国有企业)以及普通老百姓在用

---

〔116〕 许章润:《地权的国家德性》,载《比较法研究》2010年第2期。

地住房方面都获得了各种实惠。这种平均地利的方式是基于传统社会主义的内在价值所采取的举措。对于广大的农村地区来说,“统一地权,平均地利”的最基本的要求是在保证土地归属于农民的前提下,实现农民对土地进行农用的利益,在土地有相关增值利益的情况下土地增值利益也应当因此而归属全体集体成员,由集体成员共同来享有。

改革开放后,“统一地权,平均地利”的原则在实践中获得新的发展。在城市中,国家在事实上承认了城市市民在历史上获得的各种形式的个人地权(建设用地使用权),从而使城市地利通过现实地权的承认之方式获得平均。在城市地权统一属于国家的情况下,国家又通过出让设定建设用地使用权而获得土地利益,再最终将土地收益用之于民而达到“平均地利”的目的。在房地产市场兴起和形成后,国家还通过无偿划拨土地用于经济适用房及廉租房建设等方式来实现土地利益的共享。以 1998 年 7 月 3 日国务院《关于进一步深化城镇住房制度改革加快住房建设的通知》(国发〔1998〕23 号文件,以下简称“98 住宅原则”)公布实施为标志,实现了我国由计划经济体制下的实物分房、福利分房制度,向社会主义市场经济体制下住宅分配货币化的转变。文件明确提出,城镇住宅制度改革的一个主要目标就是:“停止住房实物分配,逐步实现住房分配货币化;建立和完善以经济适用房为主的多层次城镇住房供应体系。”《经济适用房管理办法》第 7 条规定:经济适用住房建设用地以划拨方式供应。经济适用住房建设应纳入当地年度土地供应计划,在申报年度用地指标时单独列出,确保优先供应。对于廉租住宅,根据《廉租住房保障办法》的规定,“廉租住房建设用地,应当在土地供应计划中优先安排,并在申报年度用地指标时单独列出,采取划拨方式,保证供应。廉租住房建设用地的规划布局,应当考虑城市低收入住房家庭居住和就业的便利”。2007 年 8 月 13 日公布的国务院《关于解决城市低收入家庭住房困难的若干意见》(国发〔2007〕24号文件)明确规定:“廉租住房和经济适用住房建设用地实行行政划拨方式供应”,“对廉租住房和经济适用住房建设用地,各地要切实保证供应。要根据住房建设规划,在土地供应计划中予以优先安排,并在申报年度用地指标时单独列出”。这些规定体现了廉租住宅和经济适用住宅建设用地的保障性和优先性。通过划拨方式对经济适用房及廉租房进行土地供应,正是“平均地利”原则在城市贯彻的现实体现。[117] 在我国农村地区,农民获得的宅基地使用权得到进一步承认,农民个体的土地承包经营权也在实践中重新建立起来。“统一地权,平均地利”以集体土地所有权与宅基地使用权、土地承包经营权并行的方式存在。同时,农村的“统一地权,平均地利”还内在地支持了集体通过设立建设用地使用权的途径,取得土地利益,并最终平均分配给集体成员。

因此,无论是在伟大的民主革命先行者的设想中,还是在老一辈无产阶级革命家的构想中,城市地权与农村地权都相对独立地存在与运作,都没有提出过任何剥夺农民地权来实现“国家地权”的方案。而且按照“统一地权,平均地利”的方案,集体土地增值利益应当在农民集体成员内部进行较为平均的分配才符合社会主义内在的价值构想。

---

〔117〕 住房和城乡建设部住房保障司副司长张学勤透露受惠于保障住房建设的总人数:截至2011年年底,约3000万户,将近1亿人。这3000万户中,有2650万户城镇低收入和中等偏下收入家庭的住房困难通过实物解决,此外还有近450万户通过货币补贴形式受益。2011年,全国计划开工保障性住房和各类棚户区改造住房1000多万套,实际全年开工1040多万套;截至2012年6月底,2012年全国保障性住房已开工470万套,占年度计划的63%,比去年同期提高6.5%;基本建成260万套,占目标任务500万套的52%;完成投资5070亿元,比去年同期增加770亿元。参见赵展慧、叶晓楠:《惠及3000万户1亿人实现安居梦》,载《人民日报》(海外版)2012年8月7日,第1版。

（五）冲突之政治伦理正当性分析

“地权讲述的是人民彼此之间以及与自己的政体之间相互承认法权，既是政治本身或者说政治的核心内容，更是形成政治秩序的重要方面。经由地权为纽带所表白的相互承认，诉诸特定的法权安排，是国家对于自己的国民兑现政治共同体的道德承诺的仪式，而表征政治秩序承载道德的意愿和能力。因而，重复一句，土地制度与土地所有权是一个国家理性和国家德性的问题，直接关乎全体人民能否在政治上和平共处，绝非冷冰冰的‘产权’所能轻易打发。”[118]国家地权的安排反映了一个国家的政治伦理情操，是一个国家道德性的集中体现。

改革开放以后，我国逐步建立了国有土地使用权有偿出让制度，国家（政府）以统一的城市地权为基础，通过出让建设用地使用权的方式取得巨额的土地出让金，并由政府支配用于各种用途。这一实践促使“涨价归公”理论重新涌动，政府官员和一些学者纷纷鼓吹将集体地权重新统一为国家地权，并实现对农民集体与农民个人地权的“涨价归公”。新的“涨价归公”论认为，农地转变为非农建设用地后身价倍增，这并非是土地权利人经营的结果，而是各种影响地价的因素共同作用的结果，是交通设施、能源、通讯等基础设施与城市综合发展的结果。这种增值是社会投资长期积累的结果，是各种外部因素辐射到农村土地上所引起的巨额增值，这些利益应当由国家和社会取得，而不应当归属于集体土地上的地权人。新“涨价归公”理论认为应当通过国家公权力介入的方式改变原有的地权格局最终将这些土地利益归属于政府（中央政府或者地方政府）。

笔者认为新“涨价归公”理论所推动的政府通过公权力实现

---

〔118〕　许章润：《地权的国家德性》，载《比较法研究》2010年第2期。

“国家地权”对农民地权的兼并,并最终由国家取得农村土地利益的行为,不具有任何伦理正当性。首先,农村土地地权较为平均地归属农民是中国农民投身到近现代革命以来浴血奋斗了一百多年才争取到的一种地权安排,它具有不可剥夺的历史正当性。农民与中国共产党人缔结政治契约进行革命才最终建立新中国,因此,新生的民主共和国具有维护农民土地权利的工具价值理性。中国革命的历史脉络表明,新生的国家是实现农民土地权利的工具,以维护农民土地权利为其存在正当性根基。在这里,农民地权是本,而国家则是维护农民地权之工具,“涨价归公”思想违背了新中国建立之初所具有的维护农民土地地权的工具理性。国家通过公权力消灭农民的土地承包经营权等地权的行为背离了共产党、政府与农民之间在改革开放后所进行的“与民立约”。土地承包经营权的伦理属性是共产党人、政府与农民缔结的尽量回归到新民主主义革命理想的新一轮“与民立约”。新一轮“与民立约”的结果是产生了土地承包经营权,土地承包经营权产生后就一直作为农民最基本的土地权利存在。国家通过公权力消灭农民的土地承包经营权等物权,违背了执政党与政府赋予农民长期而稳定的土地使用权的承诺,会导致农民对执政党与政府执政能力与信誉的怀疑。新一轮“与民立约”的结果是使农民拥有了实现自我保障与生存保障的基本地权,这一地权是农民生存的底线与根本。

其次,现行的农地物权体系是当代社会公平正义的基本结构,维护农民的土地权利是实现国家和社会和平相处的政治底线。“正义的主要问题是社会的基本结构,或者准确地说,是社会主要制度分配基本权利和义务,决定由社会合作产生的利益之划分。”[119]中国人地关系高度紧张,人均地权极其有限的国情决定了

---

〔119〕 [美]罗尔斯:《正义论》,何怀宏、何包钢、廖申白译,中国社会科学出版社1988年版,第5页。

政府不能通过以所谓的"涨价归公"理论为依据消灭农民的土地物权,否则将会加剧社会的不平等,导致大规模的社会冲突。农民是处于社会最底层的弱势群体之一,社会物权结构变动制度的安排不应当再不利于处于社会最底层的农民,国家社会各项制度的安排应当更加有利于为农民提供更多公平正义的社会机会,应当更加有利于农民土地权利的维护。"产权和地权所牵扯到的国家德性质问,要求启动政治正义的建设过程,以政治正义化解具体法律正义不足所引发的政体正当性不足问题,从而实现地权的复位,即'耕者有其田',把土地还给栖息于大地的耕者和居者。反向来看,即是以地权的复位,来实现政权的正当化。"〔120〕

最后,国家通过公权力获取农民土地牟利,违背了启蒙运动以来形成的"公权不得牟利"的原则。"政府可不可以利用自己掌握的公共权力谋取利益?对这一问题,在启蒙运动之前是没有人讨论的;但是在启蒙运动中,这个问题被尖锐地提出来了,因为在那个年代,人民已经认识到,政府并不自然代表公共利益,因为政府也是由一些具体的人组成的,这些具体的人会有自己的个人利益。而且政府作为公共权力的拥有者和行使者,如果把政府的所有取得利益的行为神圣化并神秘化,那就会导致民众利益的灾难。"〔121〕在我国现实的背景下,政府违背"公权不得牟利"的原则与社会中处于弱势的农民群体争利,既会造成公权力压抑农民土地私权利的不利局面,也会造成严重的社会不公,产生激烈的社会矛盾与冲突,进而形成政府合法性的危机。

(六)冲突之政治哲学基础分析

在政治哲学上,"国家地权"优于农民地权的背后隐藏着的是

---

〔120〕 许章润:《地权的国家德性》,载《比较法研究》2010 年第 2 期。

〔121〕 孙宪忠:《物权法的实施——第二卷:城镇拆迁与物权法》,社会科学文献出版社 2013 年版,第 40 ~ 41 页。

国家至上与国家控制市民社会的政治哲学。政治国家与市民社会本来应当在两个独立的领域平行运作,而各种社会团体及政治国家建立并运作的重要目的就是维持并保护市民社会的利益。“国家与市民社会分化过程的结果,便是二元结果的确立,即作为政治设置的制度空间由国家占据,在此以外则是私域和非官方公域这两大基本的独立领域,即市民社会”。[122] 市民社会是“物质生活关系的总和。”[123]“市民社会是在西方制度化政治体制中产生和发展起来的一种社会群体,同制度化政体一样,它最根本的基础是公民权及其观念。制度化政体是建立在公民群体的基础上,它保障公民的政治与社会权利,并且要求公民积极参与政治生活,因而就形成了一个以政治生活为纽带的公共领域。”[124]“中国的市民社会乃是指社会成员按照契约性规则,以自愿为前提和以自治为基础进行经济活动、社会活动的私域,以及进行议政、参政活动的非官方公域。”[125]“从国家的角度看,其对市民社会的作用主要表现在两个方面:第一,国家承认市民社会的独立性,并为市民社会提供制度性的法律保障,使其具有一个合法的活动空间;第二,国家对市民社会进行必要的干预和调节;这种活动又可分为两个层次:一个层次是国家抽象的立法行为,为市民社会的活动确立对人人适用的普遍规则;另一个层次是国家对市民社会自身无法解决的利益方面的矛盾和冲突进行具体的仲裁和协调。”[126] 对于政治团体及政治国家负有的保护市民社会的义务,1789 年法国《人权

---

〔122〕 邓正来:《国家与社会——中国市民社会研究》,北京大学出版社 2008 年版,第 9 页。

〔123〕《马克思恩格斯选集》(第 2 卷),人民出版社 1972 年版,第 82 页。

〔124〕 黄洋:《追溯“市民社会”的历史渊源》,载《读书》1997 年第 5 期。

〔125〕 邓正来:《国家与社会——中国市民社会研究》,北京大学出版社 2008 年版,第6 ~7 页。

〔126〕 邓正来:《国家与社会——中国市民社会研究》,北京大学出版社 2008 年版,第 12 页。

宣言》第 2 条规定:“一切政治结社(assosication politique)的目的在于维护人的永久存在的(imprescripble,不因时效而消灭的)、与生俱来的权利(naturel,自然权利)。这些权利是自由、所有权和反抗压迫的权利。”1982 年 1 月 16 日宪法委员会特别重申:“虽然说自 1789 年之后到今天,行使所有权的最终目的与条件已经发生了变化,这种变化的特点表现为所有权的适用范围明显扩张至新的个人领域,又表现为整体利益所要求的限制,但是,《人权宣言》所宣告的原则本身,无论是从所有权的基本特征来看,还是从给予这种权利的持有人的保证以及公共权力机关的特权来看,都具有完全的宪法价值。保护所有权是政治社会的目的之一,所有权被放在与自由、安全和反抗压迫相同的地位。”〔127〕

因此,除了对市民社会提供必要的保护外,本来公权力的运作领域与市民社会私权利的运作领域作为两个不同的领域就应当区别看待,按照不同的规则运作。只有在市民社会运作失当或者市民社会需要寻求救济的时候,国家才介入市民社会的领域,来恢复市民社会运作的本来正义;只有在政府迫于公共利益需要并无法通过市民社会的运作规则来获得土地时,才通过公权力对市民社会的渗透来实现自己的目的。“从市民社会的方面看,其对国家的作用也主要表现在两个方面:从消极意义上说,市民社会具有制衡国家的力量,亦即市民社会在维护其独立自主性时力争自由并捍卫自由,使自己免受国家的超干预和侵犯……另一方面,在民主政治尚未确立之前,市民社会可以通过各种非官方安排的渠道对国家的各种决策予以重大的影响,进而逼近民主决策的目标。”〔128〕但是,由于我国市民社会长期以来发展并不完备,市民社会难以起

---

〔127〕 [法]弗朗索瓦·泰雷、菲利普·森勒尔:《法国财产法》,罗结珍译,中国法制出版社 2008 年版,第 181 页。

〔128〕 邓正来:《国家与社会——中国市民社会研究》,北京大学出版社 2008 年版,第 13 页。

到抑制国家权力过度膨胀的作用，相反，国家权力的过度膨胀还导致了国家控制市民社会思想的产生。这种国家控制市民社会的政治哲学，否认了市民社会自己的运作规律，强制性地否认市民享有的权利，通过公权力的介入来达到控制市民社会的目的。国家控制市民社会的政治哲学的运作会导致公民民事权利的全面减损与消失。“‘不是所有的东西都属于国王’，这是欧洲自由和繁荣的基石……欧洲君主的征税细水长流、手法温和，以免杀死了下金蛋的母鸡；亚洲国家的统治者比较独裁，征收苛捐杂税之余，手头拮据时甚至直接把商家的货品没收充公。”〔129〕“近代西方，市民社会中的精英操纵政治国家制定对己有益的法律，从而使法律有发展的可能性，且同时反过来促进政治国家沿着符合社会变迁的内在要求的方向进行必要的转化，并进而促进社会变迁相适应的法律发展，走上了良性循环。东方却不同，由于自身品格的局限性，市民社会始终被政治国家所奴化，并只有依赖于政治国家才能生存，从而想产生能对政治国家的各种行为形成必要的遏制，制定符合社会生产力发展水平提高的总方向，并因此而符合推动社会变迁的要求的法律是不可能的。”〔130〕“东方传统社会是完全依附或曰奴役于国家的，当下国家应当控调、导引、关怀社会使其具有必要的自立性和与国家相分离的能力，并力求两者形成协调与良性互动，而不是非理性、自耗式的对立。”〔131〕抱有意识形态偏见的美国学者在批评中国人权缺陷时说：“今日中国的思想还局限于前霍布斯哲学的世界观阶段。国家利益凌驾于任何既定的个人利益和

---

〔129〕［澳］约翰·赫斯特：《极简欧洲史》，席玉萍译，广西师范大学出版社 2011 年版，第 224 页。

〔130〕唐宏强：《国家与社会：传统东方法律的运行机理》，人民出版社 2008 年版，第 37 页。

〔131〕唐宏强：《国家与社会：传统东方法律的运行机理》，人民出版社 2008 年版，第 4 页。

权利之上。”〔132〕“中国的宪法看上去对这一观念陌生:依据这一观念,所有权是一种自然制度,所有权不能被虚拟的政治或者是经济原因而人为的取消。”〔133〕

“国家地权”优先原则背后还隐藏着“国家至善”的理论。历史上曾存在“国家至善”的理论,既然国家是“善”的,国家自然可以代替社会取得由社会发展而带来的利益。“国家地权”优先原则的贯彻正是“国家至善”原则与“家父主义”原则。中国在千年的历史进程中形成的皇权至上观念及国家官僚理性是“国家至善”原则与“家父主义”原则的重要理论基础。“与西方文明不同的是,没有其他特别是近代理性主义所具有的要素来支持官僚体系、或与之相抗衡。(中国的)官僚体系是被接植于古老的地基上而延续下来的,而此种地基在西方早就因古代城邦的发展而崩解了。”〔134〕农民不能通过自己的民事活动享有地利的现象背后,隐藏的是对农民民事能力的不信任,以及国家的善良家父可以代替农民把事情办好的“父权主义”思想踪迹。“在洛克时代,菲尔麦(Filmer)反对政府起源于人民同意的主张,他断言,上帝授权亚当以父亲般权威以及统治整个地球,否认契约论者的政治义务和财产起源观点。”〔135〕但是,“国家”这一家父并未尽到“善良”之义务,而且农民也有管理自己事务的能力。“一个爱国的政府又与父权政府不同,后者是所有政府中最专制的,它对待公民仅仅像对待孩

---

〔132〕 R. P. Peerenboom, “What ’ s wrong with Chinese Rights? Toward a Theary of Rights Chinese Characteristics”, *The Harvard Human Rights Journal*, 1993. 6, p. 40.

〔133〕 Bin Li, légitimité, légalité, et effectivité La protection de la propriété en Chine, l’Harmattan, 2011, paris, p. 129.

〔134〕 《韦伯作品集·中国的宗教·宗教与世界》,康乐、简惠美译,广西师范大学出版社2004年版,第219页。

〔135〕 王立深:《契约方法论——以公法哲学为背景的思考》,北京大学出版社2007年版,第53页。

子那样。一个爱国政府却是这样的一个政府,它一方面把臣民当作大家庭的成员,但同时又把他们当做公民对待,并且依据法律,承认他们的独立性,每个人占有他自己,不依附于在他之外的或他之上的绝对意志。”〔136〕“儒教的乐观主义最后的结论是:通过个人的伦理的力量,以及通过有秩序的行政力量,希望能达成纯粹是地上的完美。不过这终究会造成某种紧张性,因为另一个同样是儒教的基本观点:个人与全体民众的物质的福利与伦理的福祉,最终是由统治者的卡理斯玛禀赋所决定,而他的正当性则是由上天以及其官吏的福利政策所赋予的。”〔137〕历史上所存在的大量的国家政府侵犯公民利益的事实使“国家至善”理论最终破产了,取而代之的是国家的善恶两面说,即国家既有“向善”的一面,也有“从恶”的可能。〔138〕“我们已经指出了市民社会历史中各种失败的实验,从该诸实验中可以导出不可辩驳的结论:国家不是扩展、保障超历史的真理与平等的一个机构,更不是一个超历史的机体主义、行进在地上的神的代表、母亲或父亲、一个种族或一个阶级的国家。”〔139〕近代社会,“由于私有制摆脱了共同体,国家获得了和市民社会并列的并且在市民社会之外的独立存在”,〔140〕“由于来自政治革命和商品经济的双重冲击,西方封建社会结构才发生了巨大的分化并发生变革,社会经济摆脱了国家的强制和干预,国家和

〔136〕 [德]康德:《法的形而上学原理——权利的科学》,商务印书馆 1991 年版,第 143 页。

〔137〕 《韦伯作品集·中国的宗教·宗教与世界》,康乐、简惠美译,广西师范大学出版社 2004 年版,第 292 页。

〔138〕 高在敏:《商法的理念与理念的商法》,陕西人民出版社 2000 年版,第 84 页。

〔139〕 [德]罗尔夫·克尼佩尔:《法律与历史——论〈德国民法典〉的形成于变迁》,朱岩译,法律出版社 2003 年版,第 152 页。

〔140〕 《马克思恩格斯选集》(第 1 卷),人民出版社 1972 年版,第 69 页。

社会由此走向二元化”，[141]“国家与社会并不对立，没有超越于社会之上的、超越历史的任务”。[142] 同时，政府作为私法主体时，它们也各自拥有自己的利益，存在利益不一致的方面。“政府是公共利益的天然代表者”这一观点在实践中并不成立，新制度经济学已经证明“政府也是经济人”。[143] 布坎南认为，国家不是神造物，它并不具有无所不在和正确无误的天赋。因为国家乃是一种人类的组织，它并不一定比其他任何社会组织的规则和结构更加正确无误，因为在这里做决定的人——政治家和官员与其他人没有什么差别，既不更好，也不更坏，这些人一样会犯错误。[144] 在政治过程和市场过程中，任何人都在寻求存进自己利益的目标，而在个人目标之外，根本就不存在任何类似于“社会目标”、“国家目标”和“社会福利职能”之类的东西。[145]“被设想为从任何历史社会的道德生活中分离出来的道德国家其实没有真正的公共属性，由于事实上没有力量保证国家政权透明的行动，而且由于没有什么能防止那些控制国家权力的人不把这种权利当作私人资本来使用”，[146] 所以在自由国家中通常存在“政治势力和经济势力之间

---

〔141〕 唐宏强：《国家与社会：传统东方法律的运行机理》，人民出版社 2008 年版，第 251 页。

〔142〕 [德]罗尔夫·克尼佩尔：《法律与历史——论〈德国民法典〉的形成与变迁》，朱岩译，法律出版社 2003 年版，第 154 页。

〔143〕 新制度经济学认为，国家也是一种组织，它也要实现自身利益最大化，这实际上揭示了国家也是“经济人”，因而国家的行为也要由成本——收益的比较来决定。诺斯说：“国家的存在是经济增长的关键，然而国家又是人为经济衰退的根源。”这就是所谓“国家悖论”，又称“诺斯悖论”（参见张惠芳：《土地征用问题研究》，经济科学出版社 2005 年版，第 136 ~ 137 页）。

〔144〕 张惠芳：《土地征用问题研究》，经济科学出版社 2005 年版，第 145 页。

〔145〕 [美]詹姆斯·布坎南、理查德·瓦格纳：《赤字中的民主》，刘延安等译，北京经济学院出版社 1998 年版，第 4 页。

〔146〕 赵树坤：《社会冲突与法律控制：当代中国社会转型期的法律秩序检讨》，法律出版社 2008 年版，第 74 页。

的卑鄙联合,金钱收买政治影响,而权力又吸引着金钱”。[147] 因此,现在的法治国家普遍地限制政府与国家的权力,防止政府与国家的公权力对公民权利的侵害。“国家的最高权力”,[148]“它对于人们的生命和财产不是,并且也不可能是绝对地专断的。因为,既然它只是社会的各个成员交给作为立法者的那个个人或议会的联合权力,它就不能多于那些参加社会以前处在自然状态中的人们曾经享有的权利转让给别人;也没有人享有对于自己或其他人的一种绝对的专断权力,用以毁灭自己的生命或夺去另一个人的生命或财产。”[149] 所以,应当摒弃“国家至善”和“家父主义”,农民集体的土地应当由农民自由地使用、处分进而获取土地收益。

笔者认为“国家地权”优于农民地权背后所隐含的政治哲学观点是危险的,它暗含了国家全面控制市民社会的政治哲学取向,它违背了“以人为本”的原则与科学发展观,它的贯彻会导致人民的财产权的减损与压缩,并最终会造成严重的实践后果。“从现实来看,在强国家—弱社会的格局下,任何产权制度的安排都取决于国家一方信心与决心以及对自身超经济能力的内省与克制,而任何民众(无论其是自为代表还是依托集体为代表)的利益保护都是国家及其利益代理人的恩赐或恩惠。”[150]“中国现行农村管理制度之所以引发诸多社会问题,源于土地管理制度所采纳的国家主义思维和重政府管理效率、轻农民权利保障的土地征收立法

---

〔147〕 曹天予、钟雪梅、廖可斌主编:《文化与社会转型》,浙江大学出版社 2006 年版,第 53 页。

〔148〕 [英]洛克:《政府论》(下篇),叶启芳、瞿菊农译,商务印书馆 1981 年版,第 82 页。

〔149〕 [英]洛克:《政府论》(下篇),叶启芳、瞿菊农译,商务印书馆 1981 年版,第 83 页。

〔150〕 张林江:《围绕农村土地的权力博弈——不确定产权的一种经验分析》,社会科学文献出版社 2012 年版,第 30 页。

理念。"[151]"国家的福祉，作为国家最高的善业，它标志着这样一种那个状态；该国的宪法和权利的原则这两者之间获得最高的和谐。这种状态也就是理性通过绝对命令向我们提出的一项责任，要我们为此而奋斗。"[152]

第三节　"国家地权"与农民地权冲突的解决对策分析

一、改革集体土地征收制度，公平补偿农民

当前造成"国家地权"与农民地权之间出现大规模冲突的一个最主要和最直接的原因就是土地征收制度的不健全。"公共权力的无限扩张，正是大规模的公共权力侵害民事权利情形的根源。盲目鼓吹扩大公共权力的正当性必然造成民权的压抑，这一点在中国是值得吸取的教训。"[153]征地制度改革前，由于给予农民集体和农户的补偿非常低，国家征收来的土地却可以较高的价格出让给土地使用者，因此，政府会滥用征地权，增加地方财政的收入。征地制度的改革，必须将国家征地权的范围严格限制在公益性项目的用地上，根据国家公益性的项目用地来确定征地范围和征地项目；国家必须为失地农民建立生活和社会保障基金和相关制度，切实保障被征地农民的利益；国家必须加大对征

---

〔151〕杨世建：《农村土地管理与农地权利保障——河南省农地管理问题调研报告》，载张千帆等：《城镇化进程中的农民土地权利保障》，中国民主法治出版社2013年版，第244页。

〔152〕［德］康德：《法的形而上学原理——权利的科学》，商务印书馆1991年版，第145页。

〔153〕孙宪忠：《中国物权法总论》（第2版），法律出版社2009年版，第54~55页。

地行为的管理和监控，减少地方政府违法违规行为的发生。所以，征地制度改革的方向是严格限制国家征地权力的行使，将征地项目仅仅限于公益性项目，严格要求政府在行使征地权力时必须给予农民充分的补偿与社会保障。

《物权法》高度重视因为土地征收而带来的问题。《物权法》第42条、第44条对征收、征用作出了概括性规定，第121条强调了征收、征用时对用益物权人的补偿，第132条特别强调了承包地被征收时，应当对承包经营权人进行补偿。《物权法》的上述规定必须在实践中得到严格的贯彻执行，以保障农民的土地权利，避免“国家地权”与农民地权之间的冲突。由于当前农民土地物权的消灭主要是国家征地所导致的，而且我国目前按照《物权法》的规定改革完善我国的征地制度具有急迫性，因此，本书拟在下一节单独对该问题进行讨论。总体来说，需要改革土地征收的程序，明确界定公共利益这一前提，给予农民充分的补偿，以公权力限制征收权的行使。在建立了集体建设用地使用权出让市场以后，即使具有一定公益性的建设项目，也可以由用地单位与集体土地上的地权人进行协商设定建设用地使用权进行建设。在用地方和集体地权人难以达成协议的情况下，政府再动用征地权介入土地征收，将土地征收为国有再在其上设定国有建设用地使用权才更加合理。

西安高新区在征地补偿及城中村改造中采取了充分保障农民利益的高额补偿方案，补偿额度居于全国各省市前列，其相关的经验具有全国性的借鉴意义。西安高新区目前征收土地的土地补偿款在每亩5万～6万元，远远高于重庆市的1.4万～1.6万元的标准；在房屋补偿方面，重庆市及成都市的房屋置换补偿标准为人均17～35平方米；威海平均每户为120～140平方米，大体为两小套房子；西安高新区房屋置换为人均65平方米的居住住房，15平方米的商业住房,达到80平方米以上,[154]户均面积在160~400平方米。

2019年8月26日,十三届全国人大常委会第十二次会议审议通过了《土地管理法》修正案,该修正案全面完善我国的土地征收制度并将于2020年1月1日起施行。具体而言,第一,该修正案通过列举方式明确界定了公共利益。第二,明确了征地补偿的基本原则为保障被征地农民原有生活水平不降低,长远生计有保障并在征地补偿上明确采取了区片综合地价法。第三,土地征收程序上,将原来的征地批后公告改为征地批前公告;建立了多数被征地的农民集体经济组织成员对征地补偿安置方案有异议时,应召开听证会的制度;要求征地报批前,县级以上地方政府必须与拟征收土地的所有权人、使用权人就补偿安置等签订协议。

二、扬弃"涨价归公"观念,平等对待两类物权

(一)扬弃"涨价归公"的观念

"涨价归公"是孙中山先生针对中国近现代发展中的城市土地物权制度建设问题提出的一种观点。它所针对的是地主垄断性占有的土地。在城市建设过程中,土地会不断升值,而地主则会垄

---

[154] 2008年12月1日实施的《西安高新区城中村改造管理实施办法》第30条第3款规定:"产权调换方式是以转户前在册农业户籍人口为依据,每人安置建筑面积65平方米的住宅,另加15平方米以内的生活补贴用房。"同年实施的《西安高新区城中村改造管理实施细则》第43条规定:"产权调换方式是以转户前在册农业户籍人口为依据,根据开发建设市场情况,每人安置建筑面积65平方米的住宅,另加15平方米以内的生活补贴用房。"《重庆市征地补偿安置办法》第23条规定:"住房安置可以采取统建优惠购房、货币安置住房、自建住房等方式,按每人17至20平方米建筑面积标准予以安置。"2009年通过的《重庆北部新区经开园征地补偿安置实施意见》第11条规定:"被征地农转非人员的住房安置,可以采取统建优惠购房或货币安置住房的方式,按每人建筑面积30平方米的标准予以安置。增购一个自然间的标准为建筑面积15平方米。"

断性的获取超额级差地租。“涨价归公”最初针对的是私人土地物权的问题,而不是集体土地物权问题;它针对的是私人垄断性占有土地而享有超额利益的不平等现象,而非针对农村土地物权建设,更不是针对普通农民的土地物权。

中国近现代革命的土地理想是“耕者有其田”,是土地所有权及其利益归属农民。合作化运动及后来的人民公社化运动的目的是“统一地权,平均地利”,它是一种在维护新民主主义革命理想的基础上将土地利益统一归属农民的构想。因此,对于社会发展所带来的土地升值问题不适用带有“涨价归城”原则的“涨价归公”,而是适用涨价归全体集体成员的“涨价归公”。由于集体土地所有权是特定地域范围内的全体成员统一的地权安排,因此,“涨价归公”要求土地增值利益归属于特定集体的全体成员。在集体建设用地使用权有偿出让制度有效建立起来之后,可以由集体通过设定建设用地使用权的方式最终将土地出让给建设用地使用权人,获取土地利益,按照法律与集体成员的共同决定将土地利益用于集体福利的用途,或者将之分配给集体成员真正实现“统一地权,平均地利”。

改革开放后,在保留统一后的集体地权基础上又重新建立了个人地权,个人地权对特定宗地的垄断性支配可能会带来一定的垄断性土地收益,可能会造成土地收益分配的不平等,因此,法律需要通过增值税等土地税的方式来调节土地收入,实现有限范围内的“涨价归公”。在我国要转让土地时,转让人必须按照土地增值额的不同比例缴纳30% ~60%不等的增值税;需要缴纳税率为3% ~5%的契税;此外,还需要缴纳所得税、营业税和印花税。笔者认为这些税负已经足以满足“涨价归公”的要求,现行的税负体系需要经过完善后适用于农村地区,对农民可能出现的收入差距进行调节。

大规模的城市建设和开发区建设必然推动土地升值,其中一部分升值利益应该归于拥有土地所有权及土地使用权的农民。发达国家的经验表明,大城市郊区的农家都比较富裕,或者都可能成为富裕的家庭。城市发展不断提升的土地价值,使那些拥有土地的农家从中分享到相当多的土地利益,最终迅速成为了富裕的市民。但是,我国在“涨价归公”理论的推动下,并没有造就一批富裕的征地户或郊区农户,反而造成了农民土地利益的丧失及农民资产的缩水。“农民实质资产缩水所带来的不良后果是,在工业化、城市化改造传统城乡二元结构的同时,又创造了新的二元结构,就是被城市化的征地户与市民间的二元结构。”[155]

(二)平等对待国有土地的土地物权与集体土地上的土地物权

我国现行土地物权制度的特点是平行存在国家土地所有权与集体土地所有权两个不同的所有权,并在此基础上形成了两类不同的土地物权体系,即在城市中国家土地所有权与国有建设用地使用权并存,再在其上设定抵押权等土地物权;在农村中集体土地所有权与农村土地承包经营权(宅基地使用权或者建设用地使用权)并存,并在其上有限范围内设定抵押权等物权。民事主体的平等性决定了这两类土地物权也应当是平等的,只有实现了两类物权之间的平等才能使这两类物权均能够按照民事法律规则进行运作。这是民法的基本原理,也是基本的常识。

由于受到传统的意识形态与苏联民法的影响,我国建立起了一种土地物权优劣等级观。“苏联法学强调所谓‘公有制的实现阶段理论’,将社会的人及其权利划分为国家、集体和个人三个层次,并给他们不同的政治地位和法律保护。所谓‘公有制的实现阶段理论’,指的是苏联人提出的所谓‘社会主义社会发展基本规

---

〔155〕 方芳:《农地规模经营实现途径研究——基于上海城乡一体化演进视角》,上海财经大学出版社 2008 年版,第 74 页。

律'理论。其基本内容是:国家所有权是社会主义阶段生产关系的高级形式,是人类生产力发展最高阶段的标志,因此国家所有权在社会主义国家居于至高无上的地位;集体所有权是社会主义公有制实现的初级形式,所以其地位虽不及国家所有权,但也是神圣不可侵犯的;唯独私有所有权是私有制的残余,因此应该予以压制以限制其自由发展。从此,中国民众个人的民事权利尤其是私有所有权失去了立法最需要的正当性基础,民众合法地取得财产,也被认为是一种卑劣欲望的表现。"〔156〕“最关键的是,代表所有制的主体因此也产生了身份上的高下之分。其中全民所有主体身份最高,而没有公有制身份者身份很低,其中尤以农民的地位最低下。就这样,苏联法学确立了公然的主体地位不平等这个社会主义法的伦理标准。"〔157〕“在以往的计划经济体制下,国家乃至国家的法律对财产的保护一直采取的是分等级保护,其排列的顺序是:国家、集体、个人。对于这一排列最为通行的解释是,个人服从集体,集体服从国家。"〔158〕按照这一优劣等级观,首先是国家土地所有权优于集体土地所有权,其次是建立在国有土地上的建设用地使用权优于建立在集体土地上的土地承包经营权、宅基地使用权与农村建设用地使用权,特别是建立在国有土地上的建设用地使用权优于建立在集体土地上的建设用地使用权。这就为国家所有权兼并集体所有权,限制集体所有权的权能,限制集体建设用地使用权的转让与流转提供了理论依据。这种观念违背了民法的基本原理与常识,必须被废止。“苏联法学的基本特点,是完全否定人文主

---

〔156〕 孙宪忠:《中国近现代继受西方民法的效果评述》,载《中国法学》2006 年第 3 期。

〔157〕 孙宪忠:《中国近现代继受西方民法的效果评述》,载《中国法学》2006 年第 3 期。

〔158〕 渠涛:《物权法实施中的农民土地财产权保护》,载孙宪忠主编:《王家福法学研究与法学教育六十周年暨八十寿诞庆贺文集》,法律出版社 2010 年版,第 138 页。

义革命的价值,否定以民事权利作为核心的民法在法制社会的基础作用,否定民法作为社会基本法的作用。依据自然法的法理,人人生而平等,自然拥有权利,公权负有平等地保护私权的责任,这就是'以人为本'的法学观;而在前苏联法学那里,权利来自法律的赋予,每个人只能根据其在'所有制'中的地位有区别地得到保护,这样即使是合法财产,也会有法律地位的尊卑之分;更糟糕的是,和这些财产相联系的人,也有了所有制身份的差异。这一点严重地违背了社会主义的理想和本意。"〔159〕"因为从人文主义革命以来,立法上强调所有权的平等保护,首先是为了保障社会底层的劳动者对于其劳动成果的取得权利的平等保护,为了防止公共权力尤其是封建公共权力对于劳动者成果的掠夺。"〔160〕

《物权法》制定前,梁慧星教授曾反复强调:"制定物权法应贯彻的基本原则只能是:凡合法取得的财产无分公有私有,均予平等对待,一体保护。"〔161〕我国《物权法》第3条再次宣誓我国实行社会主义市场经济制度,保障一切市场主体的平等法律地位和发展权利,第4条宣布平等保护国家、集体与个人的土地物权的情况下,我国必须彻底根除国家土地所有权优于集体土地所有权,国有土地上的土地物权优于集体土地上的土地物权的观念,更不能以此为依据通过公权力行使的方式,来促成国家土地所有权对集体土地所有权与农民土地物权的兼并。总之,国家土地物权应优先发展,而集体土地物权应受到束缚的观点违背了物权平等原理,必须改变;在这一观念下建立起来的,不正当限制集体土地物权的制度必须废止;必须在贯彻"同等对待,一体保护"的原则基础上实

〔159〕 孙宪忠:《中国近现代继受西方民法的效果评述》,载《中国法学》2006年第3期。

〔160〕 孙宪忠:《中国物权法总论》(第2版),法律出版社2009年版,第5页。

〔161〕 梁慧星:《制定中国物权法的若干问题》,载《梁慧星文选》,法律出版社2003年版,第519页。

现集体土地与城市土地的“同地、同权、同价”。

三、废除国家垄断土地一级市场的制度

国家垄断一级市场的制度是在国有土地使用权有偿出让制度建立起来以后才逐步建立起来的制度。在国有土地使用权有偿出让制度在全国范围建立起来以后,中共中央十四届三中全会决定建立国家垄断城镇土地一级市场制度。1994 年颁布的《城市房地产管理法》彻底贯彻了十四届三中全会作出的建立国家垄断城镇一级市场制度的决定。在国家垄断城镇一级市场的制度建立以前,各地方政府就已经开始通过颁布部门规章的形式来限制集体建设用地使用权的设定,在国家建立起国家垄断城镇一级市场的制度以后,地方政府出于实现国家对城镇土地一级市场垄断的需要,变本加厉地强化了对集体建设用地使用权设定的限制。《城市房地产管理法》规范的对象是在城市规划区内国有土地上进行的房地产开发,其本不涉及集体土地及其上的建设用地使用权的设定。但是由于该法第 8 条规定“城市规划区内的集体土地,经依法征收转为国有土地后,该幅国有土地的使用权方可有偿出让”在实践中被扩展理解为城市规划区内的集体土地不得依法出让,只有转让为国家土地使用权后才能依法出让,国家垄断城镇一级市场的制度扩展为事实上的国家垄断房地产一级市场的制度。1998 年《土地管理法》第 43 条与第 63 条严格限制了集体土地的出让与转让,进一步强化了在事实操作层面上形成的国家垄断房地产一级市场的制度,并将其扩展为国家垄断土地一级市场的制度(农民集体及其成员进行住宅建设、乡镇企业建设、公用与公益事业建设除外)。

由于我国目前正处在城市化的进程中,城镇正在不断向外扩展,城镇向外扩展导致了城市规划区内国家土地所有权与集体土地所有权并存的情况出现。在国家拥有规划区内的土地所有权的

情形下，贯彻国家垄断城镇一级市场的制度，无可厚非，国家的土地所有人身份决定了只有国家才可以通过出让等途径为他人设立建设用地使用权。国有“建设用地使用权配置的源头由国家控制，国家是唯一能够代表全社会利益的机构，它能够从全社会利益的整体和长远考虑，公平、合理、平衡地配置土地，防止极其珍贵、效益巨大的土地资源为少数人垄断、囤积，以损害社会成员的整体利益。因此，城市的土地由国家享有所有权，国家垄断对建设用地的出让市场是由土地资源本质上宜由社会共同所有和公平配置的属性决定的，也是国家所有的唯一性决定的”。[162] 但是，在国家对新规划区内的土地不拥有土地所有权的情况下，若贯彻国家垄断城镇一级市场的制度必然意味着对农民集体土地所有权与承包经营权的剥夺。实践中出现的情况也正是如此。城市规划区扩展到哪里，国家垄断城镇一级市场的政策执行到哪里，国有土地的范围也就相应地扩展到哪里，最终农民的利益也就相应地因此而受到侵犯。城市扩展则国有土地范围也应相应扩展的理论在事实上误解了《宪法》第 10 条规定。《宪法》第 10 条规定“城市的土地属于国家所有”是针对当时的城市建成区以及部分较大建成镇建成区的，而不是针对未来城市化过程中的城市扩张状况的。因此，国家垄断城镇一级市场的制度必须回归到其本来的含义，即国家因其对土地已经享有的所有权，而进行土地的出让，而不是国家垄断性地进行土地出让。国家垄断一级市场制度是与国家对农村集体物权的限制相关联的问题。国家垄断一级市场制度的执行既意味着对农民土地权利的限制也意味着对农民土地权利的剥夺。国家垄断一级市场制度在城镇规划过程中表现出了其剥夺农民土地权利的本质属性，因此，必须使其回归到其本来的含义，即国家垄断一

---

[162] 韩松：《集体建设用地市场配置的法律额问题研究》，载《中国法学》2008 年第 3 期。

级市场制度的本来含义应当是国家对存量建设用地的垄断，而不是国家通过不断取得增量建设用地的方式对“集体土地”上设定建设用地使用权的垄断。“因此，尽管由国家垄断建设用地市场，禁止农民集体所有的土地直接进入建设用地市场的初衷是尽可能防止农民集体所有的土地特别是耕地大量非农化的趋向，确保农民集体土地对农民的社会保障功能的发挥，确保国家的粮食安全和生态安全利益，确保国家通过土地市场的垄断以有效地进行宏观调控，但事实上，国家对土地市场的垄断并不能有效地达到上述目的，而且还在一定程度上与上述目的的实现背道而驰。因此，解决公共利益目的范围以外建设用地的供给问题，就不能再以国家垄断对农民集体土地的征收和对土地使用权出让市场垄断的办法予以解决，而应当放开对农民集体土地所有权的禁止，允许农民集体所有土地的建设用地使用权直接进入建设用地使用权市场。”〔163〕

土地作为极为稀缺的资源达到有效配置的前提条件是，土地财产权利是可以交易的。即权利人不仅享有自己排他使用财产的权利，而且这种权利是可以转让的，可将财产转让给他人使用。因此，应该加快非农建设用地流转的立法，实现农村集体土地使用权与国有土地使用权的平等。公共选择理论把长期用以研究市场经济缺陷的方法同样用于国家和公共经济的一切部门，作出这样的判断：只有当事实明显地证明市场解决手段确实比公共干涉解决手段代价更高时，才选择国家。公共选择的结论是：只有在一切其他办法都证明确实不能发挥作用的情况下，才有必要采取政府官僚干预这种次佳的办法。凡有可能，决策交与个人自己。〔164〕 因此，政府应退

〔163〕 韩松：《集体建设用地市场配置的法律额问题研究》，载《中国法学》2008 年第 3 期。

〔164〕 [美]波斯纳：《法律的经济分析》，蒋兆康译，中国大百科全书出版社 1997 年版，第 28～29 页。

出土地商业用地使用权市场的垄断，缩小政府征地的范围。凡涉及公益性的用地即公共设施建设和公共事业用地的，在不能通过市场途径取得集体建设用地使用权的情况下，才采取征地的形式；其余经营性建设用地应允许农村集体土地所有人和农民与需用土地人直接谈判，使集体土地进入市场，加快非农建设用地的自由流动。国家征收土地的范围缩小后，政府可通过征收土地使用税的办法调控土地收益的分配，增加财政收入。

1998 年《土地管理法》第 43 条与第 63 条对集体土地出让与出租的不必要限制，对集体建设用地使用流转进行的不必要限制必须废止，只有这样才能避免“国家地权”与集体地权之间的冲突大范围出现，只有这样才能建立我国统一的城乡土地市场。2019 年《土地管理法》删除了原法第 43 条“任何单位和个人进行建设，需要使用土地的，必须依法申请使用国有土地”，新修正的《城市房地产管理法》第 9 条也正式增加了“但法律另有规定的除外”规定，[165] 正式废止了国家垄断一级土地市场的制度。

四、建立完善的集体建设用地使用权制度

在废除国家垄断一级市场的制度以后，就面临着集体土地如何进入市场进行流转的问题。集体建设用地使用权应当与国有建设用地使用权一样直接入市，进行流转。这既符合物权法平等保护的原理，也可以实现农民集体、用地者、政府三方的共赢，最终促进社会的发展。按照物权平等保护的原则，国家土地所有权与集体土地所有权应当一律平等，国有建设用地使用权与集体建设用地使用权应当一律平等，都应当按照物权法的规则设立、流转、变

---

〔165〕 2019 年修正的《城市房地产管理法》第 9 条也规定：“城市规划区内的集体所有的土地，经依法征收转为国有土地后，该幅国有土地的使用权方可有偿出让，但法律另有规定的除外。”

动。农民集体直接以平等主体身份同需要使用建设用地的企业和单位进行谈判，有助于农民的土地利益的充分实现及相关的交易费用的降低；而政府不再通过征收方式获得土地，则可避免参与到土地利益博弈之中成为利益冲突所指向的对象，政府可以集中更多的精力做好土地管理并通过土地增值税等方式获取相应的土地利益。党的十七届三中全会通过了中共中央《关于推进农村改革发展若干重大问题的决定》，该决定作出了推进集体建设用地使用权制度建设的重大方针。决议提出“经批准占用农村集体土地建设非公益性项目”时，“允许农民依法通过多种方式参与开发经营并保障农民合法权益”，“逐步建立城乡统一的建设用地市场，对依法取得的农村集体经营性建设用地，必须通过统一有形的土地市场，以公开规范的方式转让土地使用权，在符合规划的前提下与国有土地享有平等权益”。

充分考虑到我国的基本国情，我国建立了土地用途管制制度与城乡规划制度，农村土地进入市场进行流转的一个重要前提是必须符合用途管制与城乡规划，只有符合用途管制与城乡规划要求的建设用地才能依法进入土地市场进行流转。其他人使用集体土地进行建设，可以采取租赁与设定集体建设用地使用权的方式，因此，在废除国家垄断一级市场的制度以后，我们必须建立完善的集体建设用地使用权制度。在国家制度没有允许农村建设用地入市的情况下，村集体经济组织和农户为获得土地收益而非法转让土地使用权，用地单位为减少成本的支出，愿意使用农村建设用地，因此出现了农村建设用地的隐形市场。这种隐形市场的出现是农民逐渐意识到土地经济属性以后，强烈要求实现自己经济利益的表现形式，具有一定的合理性，但是集体建设用地使用权的出让、设定与流转也必须符合土地用途管制与城乡规划的限制。

向社会公开征求意见的《物权法（草案）》曾在建立详尽的国有建设用地使用权制度后规定，“因设立乡（镇）、村企业或者乡村公共设施、公益事业建设等需要使用集体所有的土地的，依照有关法律规定取得建设用地使权；法律没有规定的，参照本章规定”。笔者认为这一规定基本上是合适的。虽然很多地区已经开始进行建设用地使用权的流转，但是普遍的规则还没有建立起来，由于农村建设用地使用权与城市建设用地使用权具有同质性，因此，参考国有建设用地使用权建立相关制度基本合适。笔者在集体建设用地使用权设定部分已经论及了集体建设用地使用权的设定与流转，在此主要强调在集体土地上设定建设用地使用权必须经过全体集体成员的同意，集体建设用地使用权设定的收益必须由全体集体成员决定如何使用和分配。2019 年修正的《土地管理法》允许集体经营性建设用地在符合规划、依法登记，并经集体经济组织 2/3 以上成员或村民代表同意的条件下，通过出让、出租等方式交由集体经济组织以外的单位或个人直接使用。同时，使用者取得集体经营性建设用地使用权后还可以转让、互换或者抵押，初步建立了相对完善的集体建设用地使用权。[166]

由于从比较收益的角度来看，将土地用于农业生产比之将土地用于工业、房地产开放等行业，相对的比较收益较少。在这种情况下，农民集体和农民个人都会有自发地将农业用地转为建设用地的冲动。对于承担耕地保护、国家粮食安全保障、可持续发展等公

〔166〕 2019 年修正的《土地管理法》第 63 条规定：“土地利用总体规划、城乡规划确定为工业、商业等经营性用途，并经依法登记的集体经营性建设用地，土地所有权人可以通过出让、出租等方式交由单位或者个人使用，并应当签订书面合同，载明土地界址、面积、动工期限、使用期限、土地用途、规划条件和双方其他权利义务。前款规定的集体经营性建设用地出让、出租等，应当经本集体经济组织成员的村民会议三分之二以上成员或者三分之二以上村民代表的同意。通过出让等方式取得的集体经营性建设用地使用权可以转让、互换、出资、赠与或者抵押，但法律、行政法规另有规定或者土地所有权人、土地使用权人签订的书面合同另有约定的除外。集体经营性建设用地的出租，集体建设用地使用权的出让及其最高年限、转让、互换、出资、赠与、抵押等，参照同类用途的国有建设用地执行。具体办法由国务院制定。”

共利益的农民来说,其土地的自由流动只能在不改变农业用途的前提下进行,即农村土地承包经营权只能在维持农业用途的情况下流转。土地用途管制是国家基于公共利益的需要,对农民的土地权利进行限制的行为,其限制已经使农民遭受了一定利益损失。在公法的限制使农民遭受了过多的土地利益损失时,应根据“准征收”或者特别牺牲的原理对农民进行公平补偿。我国应当加快建立和完善一整套农业支持和补贴体系,以弥补土地用途管制制度给农民带来的土地利益损失。

五、完善国家土地管理制度,严格依法行政

由于政府可以通过征地制度与国家垄断一级市场的制度对农民的土地进行“统购统销”,从而最终获得巨额的收益,政府部门不再是贯彻耕地保护的部门,而是成为了圈占耕地,侵害农民土地权利的急先锋,因而形成了一种奇怪的现象:中国的“土地本来非常稀缺,但却拥有世界上最有‘效率’的圈地机制,圈占广州附近的大片膏腴比人家圈内华达沙漠还容易”。[167] 在当前的“国家地权”与农民地权冲突的一个重要原因就是当前的土地管理制度不健全,政府没有做到严格依法行政。政府除行使法定的土地管理职能之外,如制定和贯彻耕地保护政策、土地整体规划政策和土地用途管制政策以及提供公共物品等,应严格限制政府权力,充分发挥市场机制的调节功能,优化资源配置,尊重集体和农民的土地权利。

2004年4月国家作出实行省以下土地管理行政主管部门垂直管理的重大决策,以上一级土地行政主管部门管理为主,地方协助管理,同时加强了对省级政府的监管,强化了中央政府的土地管

---

〔167〕 秦晖:《“中国奇迹”的形成与未来——改革三十年之我见》,载《南方周末》2008年2月21日,第3版。

理职能。2004年10月,国家决定建立国家土地督察制度,设立国家土地总督察,先给地方派驻土地督察专员,监督土地执法行为。2006年7月24日,国务院办公厅正式发布《关于建立国家土地督察制度有关问题的通知》(国发办〔2006〕50号),建立国家土地督察制度,九个国家土地督察局派驻地方,全国省(区、市)及计划单列的土地审批利用,被纳入土地督察局的严格监督之下。〔168〕经过2003年至2005年的土地整顿,全国开发区的数量压缩了70%,用地规模压缩了69%;清理拖欠农民征地款175亿元;追缴地方欠缴新增建设用地有偿使用费123亿元;查出了8万多起土地违法案件,〔169〕有效遏制了"国家地权"与农民地权冲突的继续升温。从2006年10月开始,监察部、国土资源部对2005年1月至2006年9月的新增建设用地逐宗进行全面排查,到2007年年初,各地共自办结案件13059件,涉及土地17500.70公顷,给予党纪处分927人,政纪处分561人。〔170〕 2011年7月,国土资源部与监察部依据《违反土地管理规定行为处分办法》(15号令)和2009年度土地卫片执法检查结果,首次对违法用地严重地区的县级以上地方人民政府负责人和其他责任人启动问责,73名地方政府负责人和国土资源部门负责人被追究责任。国家土地督察制度建立5年来,共计有8471人受到不同程度的党政纪处分,1589人被追究刑事责任。同时,依据"卫片"执法结果对35个违法用地严重地区的县级以上地方政府主要负责人进行了警示约谈。南京大学、中国人民大学、浙江大学以及兰州大学共同发布的《国家土地督察制度实施五周年绩效评估报告》揭示国家土地督察制度取得如下绩

---

〔168〕 周珂主编:《住宅立法研究》,法律出版社2008年版,第251页。

〔169〕 李龙浩:《土地问题的制度分析——以政府行为为研究视角》,地质出版社2007年版,第37页。

〔170〕 伊歌:《"地政风暴"为啥奈何不了"地产盛宴"》,载《中国经济体制改革》杂志社主编:《改革要情参阅》(第1辑),新华出版社2010年版,第27页。

效:2008~2011年上半年,共发现土地违规违法64366件,涉及土地面积240295.50公顷;2007年以来,共计有8471人受到不同程度的党政纪处分,1589人被追究刑事责任;2009~2011年上半年通过例行督察督促发放征地补偿费29.66亿元,保障了被征地农民权益;2008~2011年上半年全国土地督察机构共督促撤销地方土地管理违规违法文件827份,督促制定土地管理政策文件920份,针对极少数地区土地收储中心违反法律法规等严重违法问题,督促地方政府加以整改,理顺土地管理体制;2008~2011年上半年,通过例行督察共收回闲置土地面积14126.2公顷。[171] 国家建立土地督察制度严格土地执法,有力地缓解了“国家地权”与农民地权的冲突的事实说明,我们必须继续改革土地管理制度,严格依法行政保护农民的土地权利。2019年新修订《土地管理法》在总则中增加了第6条,对土地督察制度作出明确规定:“国务院授权的机构对省、自治区、直辖市人民政府以及国务院确定的城市人民政府土地利用和土地管理情况进行督察。”

在我国采取了极为严厉的行政执法措施以后,我国土地执法形势依然严峻,我国耕地减少势头没有彻底停住。2007年全年建设占用耕地18.83万公顷,灾毁耕地1.79万公顷,生态退耕2.54万公顷;因农业结构调整减少耕地0.49亿公顷,土地复垦开发补充耕地19.58万公顷,当年净减少耕地4.07万公顷。[172] 2010年度国家土地督察公告显示,2010年开展的土地卫片执法检查发现违法违规用地3.42万宗,涉及土地面积73.35万亩,其中耕地占

---

〔171〕 郄建荣:《国家土地督察制度建立五年八千多干部被处分——35个违法用地严重区县主要负责人被约谈》,载法制网:http://www.legaldaily.com.cn/index_article/content/2011-11/24/content_3121117.htm? node=5955,最后访问日期:2019年9月21日。

〔172〕 参见中华人民共和国国家统计局发布的《中华人民共和国2007年国民经济和社会发展统计公报》,人民日报2008年2月29日。

37%，有13个省（区）违法占用耕地超过1万亩。国土资源部2009年、2010年全国国土资源违法案件及查处情况综合数据表明，2010年全国发现的违法用地总数比2009年下降14.5%，涉及土地面积基本持平，占用耕地面积下降14.6%。但2011年上半年全国发现本期发生的违法用地行为同比上升8%，涉及土地面积同比上升14.8%，其中耕地同比上升0.3%。刘艳萍、魏宁指出在中国土地违法问责机制已经启动以后，中国土地违法违规形势依然严峻，并呈现出如下特点：违法用地总量依然较大，数量呈现出东中部下降、西部急剧上升的趋势（2011年上半年东中部地区发现违法用地面积同比分别下降12.5%、1.2%，西部地区发现违法用地面积同比上升50.6%）；政府主导的违法违规问题仍然十分突出，违法案件数量有所下降，但涉及土地面积增加，部分地区耕地保护目标责任落实不到位；重点工程项目和农村建设项目违法用地等问题仍然十分突出。[173]

我国在积极推动政府职能的转变，方向是公共服务型而不是权力集中型。政府转变职能的关键要靠法治，要把本属于公民个人、法人和其他组织行使的权利交还给他们行使，不要行政干预；要把本属于市场手段配置的资源交与市场来调整、配置，不要用非市场的行政手段干预。行政权较多的集中于政府，会使权力寻租的空间加大，妨碍自由竞争，在缺乏有效监督机制的情况下，政府的行为有时会偏离为公共利益服务的方向，而是向社会提供了不恰当的服务。在当代宪法语境下，政府的职责，除了维护社会秩序，还有保护公民基本权利——财产权、居住权的义务，公民财产权和居住权的自由只能服从于公共利益或者公共福利。由于国有

---

〔173〕 刘艳萍、魏宁：《土地违法问责制与耕地保护共同责任机制评价》，载国土资源部法律评价工程重点实验室编：《国土资源法律评价报告2012》，中国法制出版社2012年版，第109～111页。

土地的管理中，存在国家土地所有者身份与管理者身份的混同，这干扰了国家土地管理权的行使。对于集体土地的管理，由于国家是依靠主权进行土地管理，不存在自己的特殊利益，因此，国家应当具有更好的管理好土地的能力。城乡规划应当确立尊重现有农村土地权利的原则，在尽量保证农民现有的土地权利的情况下进行。管理农村地区的基层政权（县、乡）应以指导、扶持、服务农业和农村为其主要经济职能，而不能干预农村集体经济组织的经营、管理自主权，前者为行政权，后者为民事权利，权利性质不同，各有其功能和行使范围，两个权利不应混杂在一起，集体经济组织不能代替国家行使政府管理职能，其不是政府的代理人，应该是民事权利的享有者。

第十一届全国人大常委会第二次委员长会议通过了2008年立法计划，将对选举法进行修改，使城乡选举平等，胡锦涛总书记在十七大报告中提出的“逐步实行城乡按相同人口比例选举人大代表”将会得到实现。2010年，第十一届全国人民代表大会第三次会议在人民大会堂举行第二次全体会议，听取时任全国人大常委会副委员长王兆国作了关于《中华人民共和国全国人民代表大会和地方各级人民代表大会选举法（修正案草案）》的说明，王兆国副委员长在说明修改选举法的必要性时指出，修改选举法，实行城乡按相同人口比例选举人大代表的客观条件已经具备。2010年十一届全国人大三次会议通过了选举法修正案，规定城乡按相同人口比例选举人大代表，实现了城市市民与农民村民之间的政治权利的平等。2011年，首次城乡平等的选举举行，城乡平等选举增加了农民在国家政治生活中的话语权，农民通过选举权的行使对政府官员的行为进行有力制约，有利于农民土地物权的保护。选举制度的完善可以使农民在涉农法律的制定过程中享有一定的立法话语权，也有利于农民团体通过人大、人大常委会来实现对政府土地征收权力的有效监督，避免农民土地权利被剥夺现象的过度出现。

总之,我们应当以立法形式确认集体土地所有权具有与国家土地所有权平等的法律地位,在明确界定集体土地产权主体及其权利内容和权利边界的前提下,实现集体土地使用权与国有土地使用权的同地同权严禁政府行政权力侵犯集体土地产权和侵占集体土地权益。“平等权是现代法治和民主社会的最基本内容,也是最基本的人权表现形式,是一种底线权利或者生存权利。平等权的核心应该是平等对待和机会平等,前者是形式视角的,后者是实体视角的。”〔174〕将集体建设用地纳入城乡土地统一市场体系,改变单一的“征地—出让”市场运行模式,探索低成本和公正平等的城乡土地多种置换形式。城乡土地产权置换中对农民利益的补偿不是对农民的恩赐,而是给不给农民基本的、公平的国民待遇问题。罗尔斯的社会正义论通常被概括为:第一,“最大的均等自由原则”,即每一个人都应平等地享有基本的自由,包括政治、言论、集会、良心、思想、人身、占有个人财产、不受专横的逮捕与剥夺财产的自由;第二,“差异原则”,确立社会和经济的不平等时,应当对整个社会,特别是应当对处于最不利地位的人有利,而且所有的社会地位和官职对一切人开放或提供平等的机会。保障农民的土地权利,公平补偿并保障农民的土地权利是实现当代中国社会正义的一部分。改变无偿、低价或者有条件地剥夺农民土地的状况,平等地对待农民,以市场化和公平的条件取得土地产权,是尊重和维护集体土地所有权的必然要求。〔175〕“在中国,随着社会不安的加剧,越来越多的人认为过去二十年的法律改革一直未能提供足够的渠道解决利益受损市民和政府之间利益和观点的冲突,这些市民在经济发展中一直处于一种不利地位并且他们相信他们的合

〔174〕 于立深:《契约方法论——以公法哲学为背景的思考》,北京大学出版社 2007 年版,第 27 页。

〔175〕 国土资源部征地制度改革研究课题组:《征地制度改革研究课题总报告》,2002 年 12 月。

法权利在这个过程中受到了侵害。”[176]打破政府垄断,明确农民的土地物权,保障农民的土地权益,实现农民对土地的财产权利,推进土地市场化进程,为构建和谐社会创立制度基础,应当成为人们的普遍共识。

[176] Eva PILS, “Land Disputes, Rights Assertion, and Social Unrest in China: A Case from Sichuan”, *Obligations and Property Rights in China*, TJ International Ltd., Padstow, Cornwall, p. 335.

第二章　我国农村土地征收制度及其完善

在当前的“国家地权”与农民地权的冲突中，土地征收是这一冲突中最为关键的一个环节，因此，我们必须对我国的土地征收制度进行研究，以期达到完善这一制度，缓解国家地权与农民地权冲突的目的。

第一节　我国土地征收制度概括分析

一、土地征收的基本原理分析

（一）土地征收的概念与特点

法律保护公民和法人的财产权不受侵犯，非经权利人同意不得被强制转让其财产权，是法律的一般原则，宪政制度建立的重要目的是对政府权力进行制约以防止国家公权力对公民和法人的财产权造成侵害。征收和与之密切相关联的征用，是国家强行取得公民和法人的财产权或者强行使用公民和法人财产的制度，是公权力对私权利进行保障规则的例外。

财产征收即“公用征收”是指基于公共利益的需要，由国家强制取得人民财产权，并给予财产权人相当补偿的行为，其在性质上属于权利剥夺的过程。[1] 在各种财产中，由于土地具有唯一性、不可替代性和永久性，[2] 土地所有权及其相关土地权利成为财产征收的最主要客体，古典的征收理论正是为解决对公民的土地财产进行征收这一基本问题才发展起来的。因此，土地征收是世界各国政府取得必要的建设用地与其他类型的土地权利的一个重要途径，是最为重要的一种财产征收。土地征收从国家角度来看，是国家取得土地所有权或者其他土地权利的过程；从原土地权利人的角度来看，则是其土地所有权和其他土地权利消灭的过程。土地征收的实质是国家凭借公权力取得土地所有权或者其他土地物权，是国家公权力对私权利的强制剥夺，因而不存在强制性土地征收和非强制性土地征收之分，土地征收不需要原土地权利人转移土地权利的意思表示，不属于土地权利的继受取得，而是属于土地权利的原始取得，即土地征收属于非依法律行为发生的物权变动，土地征收所引起的物权变动，不要求具备以法律行为引起的物权变动必备要件，包括享有处分权人的法律行为、物权变动的意思表示以及不动产登记。因此，国家因土地征收而取得土地所有权，为不经登记而取得。其中的原因在于，土地征收不依原土地所有人的意思表示而由国家强制力介入便可发生物权变动，而且物权的状态也已经明确，不经登记并不妨碍交易的安全。[3]

（二）土地征收理论的发展演进

财产征收的现象早已存在，西欧中世纪以及我国古代都存在向公民征收实物和货币的现象。具有保障公民财产权内涵的征收

---

〔1〕 翁岳生主编：《行政法》（下册），中国法制出版社 2000 年版，第 1697～1698 页。

〔2〕 英国的法院一直以来都认为每一块土地都是唯一的、不可替代的和可以永久存在的。参见 Diane Chappelle，*Land law*，Pearson Education Limimited，5th edition，p. 4。

〔3〕 谢在全：《民法物权论》，中国政法大学出版社 1999 年版，第 77 页。

理论与实践都兴起于欧洲文艺复兴运动之后。洛克曾指出:“任何人的财产非经其同意都不得被任意剥夺,如果不能确定这一点就等于人民并不拥有私人财产。”[4] 1789年法国《人权宣言》颁布时就以古典自然法理论为基础宣布“私有财产是神圣不可侵犯的权利,除非由于合法认定的公共利益的明显要求,并且在事先公平补偿的条件下,任何人的财产不能剥夺”。1789年《人权宣言》传播了对公民财产权进行尊重与保障的观念,强调了对财产权的征收必须符合公共需要,并给予公平补偿,深刻影响了征收理论与实践的发展。美国最高法院切斯法官在1798年考德尔诉布尔一案(Calder v. Bull)中阐述道:“联邦或州的立法都不能超越权限。我们是自由的共和国政府,一些确定的重大原则决定着立法权的界限,防止立法权被明显、公然地滥用……征收一个公民的财产转给另一公民,都是毫无道理和违背公正的,这不是人民赋予立法机关的权力。”[5] 德国在18世纪也在自然法思想的影响下,确立了仅仅基于特殊公益上的理由才能剥夺或限制个人既得权利的原则,《普鲁士一般邦法》第74条与第75条对这一原则进行表述。[6] 1874年普鲁士邦公布了吸收了古典征收理论的土地征收法,古典征收理论正式在立法上得以确认与发展。按照古典理论,征收的对象是有体物,包括动产和不动产;征收必须由行政机关以行政处分方式为之;征收的主要目的必须是为了公共利益;征收必须给予全额补偿,补偿的范围不仅限于被征收物的损失,亦包括其他因征收而引起的损失。[7]

随着财产负有社会义务观念的兴起,以及政治、社会、经济上

〔4〕 Laura Mansnerus, “Public Use, Private Use and Judicial Review in Eminent Domain”, *New York University Review*(1983), p. 142.

〔5〕 3 U. S. 386. 388(1798).

〔6〕 翁岳生主编:《行政法》(下册),中国法制出版社2000年版,第1670页。

〔7〕 闫桂芳、杨晚香:《财产征收研究》,中国法制出版社2006年版,第5页。

的变迁所导致的土地观念的变动,20 世纪初期德国魏玛宪法颁布,征收理论也以此为契机得到扩张,征收实践也进入扩张征收理论的时期。“所谓所有权的社会化,具体来说,主要是指作为私人所有者对其土地和某些生产资料的支配和使用应同社会利益相一致,所有权人负有不得以反社会的方式使用其财产;在土地的私人占有与社会利益相冲突时,所有权的排他性应让位于社会公共利益,但应获得公正的补偿。”〔8〕征收理论的扩张表现在以下几个方面:征收的客体不再限于有体物,扩及至具有财产价值的权利;征收的方式不限于以行政处分为之,包括直接以法律规定的征收;征收的目的不再以满足特定公用事业的需要为限,而扩张至一般的公共利益;征收不以所有权转移至国家或其他主体为必要,对财产权的限制,例如对土地使用之限制,或对建筑物外形变更之禁止,也属于公用征收之类型。扩张后的征收与单纯的财产权之限制之间应如何区别,帝国法院提出了个别行为理论的依据,即征收是国家对特定之人的财产权所为之个别的侵害;对于法律适用范围之人或物所为的一般性,一体适用的限制或干预,为财产权之限制。〔9〕受到古典的征收理论与扩张征收理论的影响,也基于保护公民土地权利的需要,世界各国都在法律上明确规定当国家为了公共利益需要征收土地时,必须给予相应的补偿,以便解决公共利益和个人利益之间的冲突。

土地征收的本质是国家利用公权力消灭原有土地上的土地权利而将其转变为国家所有的土地权利。土地征收的这一特征决定在土地征收中要实现对公民土地权利的保护,必须通过限制和规范国家公权力的行使方式来实现。鉴于征收是国家强制取得公民

---

〔8〕 马俊驹、江海波:《论私人所有权自由与所有权社会化》,载《法学》2004 年第 5 期。

〔9〕 翁岳生主编:《行政法》(下册),中国法制出版社 2000 年版,第 1670 页。

和法人财产权的行为,稍有不慎即可造成对公民和法人合法财产的严重侵害,因此必须由法律严格规定征收的法定条件。各国法律所规定的征收的法定条件有三项:一是为了公共利益的目的;二是必须严格依照法律规定的程序;三是必须予以公正补偿。如果被征收的公民和法人对征收的合法性有异议,或者对征收的补偿是否合理有异议,当然有权向法院提起诉讼,请求法院对该征收行为是否合法及补偿是否合理作出裁判。这种情形下,征收的三项法定条件就成为法院审理案件的裁判基准。[10]

(三)土地征收与相关概念之间的区分

与征收密切相关联的概念是征用。所谓征用,是指国家或其职能部门在紧急状态下对私人或集体物品实施暂时的占有或使用,待事态处理完毕后将被征用对象予以归还,并对物品本身的损坏进行补偿。[11] 因此,征用明显不同于政府以行政权力为依据取得自然人和法人的财产权的行为。

征收和征用是两个既有联系又有区别的概念。

其共同点是:(1)两者都属于通过运用国家公权力消灭或者限制自然人或者法人的民事权利的形式。国家依法实施的征收和征用,一般不需要征得被征收、被征用的公民和法人的同意,仅依政府单方面的意思表示(征收命令、征用命令)而发生效力;征收与征用都具有强制取得性。(2)都有一定的目的性限制,或是为了公共利益的需要,或是为了应付紧急情形。(3)都要经过法定程序。(4)都要依法给予补偿。

其不同点是:(1)征收是消灭财产权的行为,而征用仅仅是临时改变财产的利用状况,并不消灭公民的财产权。(2)征收的对象多限于不动产,且征收一般不发生财产返还问题,只发生征收补

---

〔10〕 梁慧星:《宪法修正案对征收征用的规定》,载《青年思想家》2005 年第 1 期。
〔11〕 王利明:《物权法研究》,中国人民大学出版社 2002 年版,第 9 页。

偿问题;征用的对象包括不动产和动产,使用完毕后应当将原物返还于权利人,如果因使用导致原物毁损不能返还的,应当照价赔偿。(3)征收前提是为了公共利益的需要,征用一般是因为临时性的紧急状态或者临时性的公共用途。我国此前的法律曾经对征收、征用不加区分,不恰当地把政府强制取得公民和法人的财产权的行为称为"征用"。2004 年通过的宪法修正案对征收和征用的概念严格加以了区别。

我国目前存在两种关于土地征收与土地征用关系的不同观点:一是征收独立说。该说认为征收完全独立于征用之外,是国家依照法律规定的条件无偿地将集体的某项财产收归国家所有的一种措施,而征用是国家为了某项需要依法以强制方式在一定期间内有偿或无偿地将财产征为公用的一种措施。二是征收与征用混合说。该说并没有严格地区分征收或者征用,而是在名称上统称为"征用"或者"土地征用"。该说认为征用是国家为进行经济、文化国防建设以及兴办社会公共事业的需要,依法将集体所有的土地转为国有。〔12〕征收与征用混合说对我国征收理论与实践均产生了重要的影响,在相当长的时间内,我国的法律体系没有对征收和征用进行界定。1998 年修订的《土地管理法》规定:"国家为公共利益的需要,可以依法对集体所有的土地实行征用。"1998 年《土地管理法实施条例》规定:"国家依法征用的土地"属于全民所有即国家所有。这意味着被"征用"的集体土地所有权发生转移,即这里的"土地征用"实质是"土地征收"。同时,《土地管理法》又规定了临时用地的概念,即建设项目施工和地质勘查可以临时使用国有土地或者农民集体所有的土地,使用期届满后应恢复土地原状,并支付临时使用土地补偿费。这里的"临时使用"则属于"土地征用"的范畴。2004 年 3 月 14 日公布实施的《宪法》修正案

---

〔12〕 闫桂芳、杨晚香:《财产征收研究》,中国法制出版社 2006 年版,第 35 页。

首次明确区分了土地征收与土地征用的概念。其表述是:“国家为了公共利益的需要,可以依照法律规定对土地实行征收或者征用并给予补偿。”《土地管理法》在2004年8月23日已经根据修改后的《宪法》规定的精神,将原有条文中改变所有权的“征用”条款一律修改为“征收”。从此征收和征用正式成为我国法律中相互区分的概念。

另外,我国宪法中还曾经使用过“征购”这一概念。“征购”是指国家依照法律规定的条件强制性购买集体或者公民的合法财产。征购虽然有一定的强制性,但仍和一般买卖关系一样具有等价交换和权利转移的性质。征收与征购有如下的区别:第一,征收是国家单方行使公权力的行为,是强制性剥夺财产权的行为,而征购中则带有购买的形式特征,只是出卖人负有必须出卖的义务。第二,征收中国家与集体、公民之间的权利义务关系不对等,而征购中双方的权利义务则具有一定的对等性。同时,征购与征收也存在一定的联系,在目前世界各国都强调给予财产被征收者合理的补偿情况下,征收在实质上已经近似于征购。

二、我国土地征收制度发展与运作分析

(一)我国土地征收的制度发展历程分析

我国的土地征收及补偿制度的历史可以追溯到新中国成立初期。1950年政务院颁布的《城市郊区土地改革条例》第14条规定:“国家为了市政建设及其他需要征用私人所有的农业土地时,须给予适当代价,或以相等之国有土地调换之。对于耕种该土地的农民亦应给予适当代价,或以相等之国有土地调换之。对于耕种该项土地农民亦应给予适当的安置,并对其在该项土地上的生产投资(如凿井、植树等)及其他损失,予以公平合理的补偿。”该条例采用了征用这一术语来指称国家凭借公权力消灭自然人或者法人土地财产权并给予适当补偿的行为(征收),这一术语为我国

此后的土地征收立法所长期采行,直到2004年《宪法》和《土地管理法》的修改,我国才采取比较符合其基本内涵的术语——征收。1953年中央人民政府为了国防及国家基础设施以及民用工业项目建设需要,制定了《国家建设征用土地办法》(该办法在1957年修订后于1958年获得全国人大常务委员会批准又重新颁布)。该办法规定了国家建设征用土地的基本原则、土地征用程序及征用土地补偿办法和安置办法,对我国土地征用制度产生了深远影响。该办法规定了征地制度的基本原则,“既应根据国家建设的确实需要,保证国家建设所必需的土地,又应照顾当地人民的切身利益”。当时规定的补偿标准是:“一般土地以其最近3年至5年产量的总值为标准,特殊土地应酌情变通处理。”此后,1954年《宪法》第13条规定,“国家为了公共利益的需要,可以依照法律规定的条件,对城乡土地和其他生产资料实行征购、征用或者收归国有”,正式以根本大法的形式承认了土地征收制度在我国的运行。1954年《宪法》的条文将征购、征用和收归国有并列使用,说明法律认为征用是一种介于征购与收归国有之间的剥夺公民财产权的措施。随着1956年3月17日全国人大常委会通过了《农业生产合作社示范章程》,农业生产合作化运动全面展开,高级社致使农村土地由私有转变为集体所有。为了适应这一变化,1957年10月18日,国务院全体会议第58次会议对原有的《国家建设征用土地办法》进行了修正,对征地制度进行了全面调整,并于1958年1月6日经全国人大常委会第九十次会议批准,由国务院颁布施行。新的征地办法与以前相比表现出如下变化:第一,提出节约用地原则,将克服多征少用、早征迟用甚至是征而不用等现象;第二,征地范围由私人土地扩展至农业生产合作社的集体所有土地;第三,征用标准变为“以最近2年至4年产量总值为标准”,有所下调;第四,对不同对象土地补偿费的发放进行了区分,并提出如果不对土地所有人的生活产生影响,经原所有人同意可以不作补偿;第五,提出土地被征用者的安置问题,强调了被征用土地的农民在农业上安置,不要过多地要求转业。[13]“文化大革命”时期,我国土地征收的立法与实践基本上处于一种停滞状态。

1982年国务院颁布的《国家建设征用土地条例》规定,补偿包括土地补偿、青苗附着物补偿及安置补助等三项费用,同时规定了劳动力安置和农转非制度。1986年通过的《土地管理法》对我国土地征收和补偿制度作了更为全面的规定,随后1998年修改的《土地管理法》相应地提高了征地补偿标准,完善了征地补偿制度。但是,我国的征地制度长期以来一直受到计划经济体制的显著影响,并没有完全达到适应市场体制下保护公民基本财产权的要求。2004年3月14日,十届全国人大二次会议审议和通过的《宪法》修正案,明确规定“国家为了公共利益的需要,可以依照法律的规定对土地实行征收和征用并给予适当补偿”,首次对征收和征用进行了区分,明确了征收这一概念。同年修改的《土地管理法》贯彻了《宪法》修改的精神将我国长期在法律习惯使用上的“征用”术语修正为真正符合其内涵的征收,并建立了征收制度。根据2004年颁布的宪法修正案,所谓土地征收,是指国家为了公共利益的需要,根据法律、法规规定,土地征收是强制性消灭集体土地所有权以及其上的其他土地权利,并给予补偿的行为;而土地征用,是指国家为了公共利益的需要,根据法律、法规规定,临时使用公民、法人和其他经济组织的土地,使用到期后予以归还的行为。至此,《宪法》与《土地管理法》正式将土地的征收与征用区分

〔13〕 柴涛修、刘向南、范黎:《新中国征地制度变迁评述与展望》,载《中国土地科学》2008年第2期。

开来。2007 年《物权法》第 42 条[14]以及第 44 条[15]分别对我国的征收制度与征用制度作出了单独规定，完善了上述的两个制度。2019 年新修正的《土地管理法》通过以列举方式界定公共利益、明确征地补偿的基本原则、土地及其房屋等补偿费的确定以及完善征收程序等途径进一步完善了我国的集体土地征收法律制度，相关规定将于 2020 年 1 月 1 日起实施。

（二）我国土地征收制度的特点及其运作状况

同属于土地征收制度，我国的土地征收制度具有世界各国土地征收制度的一些共性特征，即土地征收是国家和政府依法强制剥夺土地权利的行为，土地征收具有强制性和单方性，土地征收都要符合法定的前提条件与程序并要给予补偿。但是由于我国的土地物权制度设计状况与政治、经济、社会、文化条件不同于西方国家，我国的土地征收制度也具有自己的一些特点：第一，在土地征收对象上，征收的对象主要是集体所有的土地。征收的结果是导致了集体土地所有权、土地承包经营权（宅基地使用权或者农村建设用地使用权）等物权的消灭以及新的国家土地所有权的产生。由于世界各国都不存在集体土地所有权以及土地承包经营权等土地物权，因而中国土地征收的对象与后果明显不同于西方各

---

〔14〕《物权法》第 42 条规定："为了公共利益的需要，依照法律规定的权限和程序可以征收集体所有的土地和单位、个人的房屋及其他不动产。征收集体所有的土地，应当依法足额支付土地补偿费、安置补助费、地上附着物和青苗的补偿费等费用，安排被征地农民的社会保障费用，保障被征地农民的生活，维护被征地农民的合法权益。征收单位、个人的房屋及其他不动产，应当依法给予拆迁补偿，维护被征收人的合法权益；征收个人住宅的，还应当保障被征收人的居住条件。任何单位和个人不得贪污、挪用、私分、截留、拖欠征收补偿费等费用。"

〔15〕《物权法》第 44 条规定："因抢险、救灾等紧急需要，依照法律规定的权限和程序可以征用单位、个人的不动产或者动产。被征用的不动产或者动产使用后，应当返还被征用人。单位、个人的不动产或者动产被征用或者征用后毁损、灭失的，应当给予补偿。"

国。第二,我国虽然也将公共利益作为征收土地的前提条件。但是,由于我国曾经长期推行计划经济体制而后实行了土地一级市场国家垄断制度,集体土地所有权人不能够在属于自己所有的土地上自由设定建设用地使用权(兴办乡镇企业、进行乡村公共设施建设、公益性建设、农民进行住宅建设除外),因此,我国土地征收公共利益前提的判定标准极为泛化,土地征收的范围极其宽泛。在计划经济时代,我国工业经济基本实行国有国营形式,国家利益与国有企业的利益高度一致,国家为进行建设所进行的土地征收具有普遍的"公共利益性"。在中国进入市场经济运作模式以后,城市建设中各类市场主体的利益已经与国家利益存在显著的区别,但是传统的征地制度并没有发生实质性的改变,各类不同主体的用地要求依然通过征地、出让这一途径解决。"公共利益"的标准并没有与时俱进适应市场经济运作与民权保障的要求,而是呈现出泛化的态势。第三,我国虽然也要求征收必须遵循一定的征收程序,但是我国征收程序的设计存在很大的不合理之处,并没有达到规范公权力运行、保障公民基本财产权的目的。我国的征地程序有继续予以完善的必要。第四,在征收补偿标准的确定上,我国曾长期按照土地的原用途来确定,而不是按照土地权利的价值或者市场价格来确定。按原相关法律的规定,补偿标准是按照土地年产值的倍数来计算的。在实际当中,补偿标准高低的确定往往与土地征收后的用途密切相连,相邻土地的征收补偿标准往往因土地的经营性用途和非经营性用途而产生巨大区别。通常情况下,土地权利人获得的土地补偿并不能完全弥补其丧失土地权利而遭受的损失。我国土地征收补偿并没有达到公平地补偿公民所遭受的损失的目的。保守的测算显示国家通过土地征收从农村土地上获得了不少于2万亿元的土地资本,而土地学会专家2006年计算则认为每年全国土地征收强迫农民放弃了30万亿元之巨的土地财产。[16] 第五,我国土地征收中,集体土地所有权的消灭与补偿受到一定的重视,但是农民个人所享有的农村土地承包经营权、宅基地使用权等物权并没有受到足够的重视。理论和实践中,均强调对集体土地所有权的补偿,而忽略了对农民个体土地财产权的补偿。在这种背景下,《土地管理法实施条例》将土地补偿费界定为归集体经济组织所有,导致了农民个体在土地征收中难以获得足额补偿。众多的数据显示农民个体仅仅获得了土地财产价值中大约10%的微不足道的部分。2007年《物权法》颁布,农民个体所享有的土地承包经营权、宅基地使用权等物权才真正被立法所重视。《物权法》第42、121、132条[17]第一次把农民个体所享有的土地权利,尤其是土地承包经营权纳入了征收补偿的视野,开启了尊重农民个体土地权利的征收实践。

我国的土地征收制度是我国目前"国家地权"与农民地权冲突中最为关键的一环,它导致了极为严重的后果。"国家地权"与农民地权的冲突表现在国家公权力涉足农民土地物权保有与行使领域,通过公权力剥夺与减损农民的土地物权与土地利益。由于征收是公权力直接剥夺农民的土地物权的形式,它的行使直接导致农民土地物权的消灭,致使农地成为建设用地,农民成为失地农民,因此,它本身就是"国家地权"与农民地权之间最为严重的冲突形式。由于我国土地征收制度存在公共利益泛化、征收程序不够合理及征收补偿不充分的特点,农民在土地征收中遭受了巨大的损失,甚至成为了"三无"农民。据估计,目前中国完全失去土

[16] 参见《21世纪财经报道》2006年6月22日。转引自北京天则经济研究所中国土地问题组:《城市化背景下土地产权的实施和保护》2007年7月,第17页。

[17] 《物权法》第132条规定:"承包地被征收的,土地承包经营权人有权依照本法第四十二条第二款的规定获得相应的补偿。"

地或部分失去土地的农民可能高达4000万~5000万人。[18] 国家强制性大量征地造成的农民生活水平下降、就业无着落等问题日益严重，因征地问题引发的社会矛盾不断加剧。在2005年发生的8万起群体事件中，农民维权事件占30%，其中因征地补偿而发生的群体事件又占农民维权事件的70%。[19] 这严重地危害了安定团结，阻碍和破坏了和谐社会的建设。在某些地方政府动用警察，甚至是雇用暴徒，强制性地剥夺农民的土地权利，征地冲突演化成了极为严重的暴力冲突，冲击了政府的形象，降低了政府的公信力，动摇了工农联盟的执政基础。国家大范围的征地导致了耕地的减少与大量的农民失地，也彻底冲击了中国近现代革命以来所形成的地权格局，减损了中国革命的成果。因此，我国目前的征地制度到了必须进行改革的关键时期。在城市化过程中，部分农地转为城市建设用地具有一定的合理性。但是问题关键在于我们应当采取一种什么样的方式将农村土地转变为城市建设用地。耕地锐减、农民失地以及与之相伴的社会矛盾加剧的真正原因并不是城镇化进程加快，而是中国土地征收制度存在的重大缺陷。中国现行土地征收制度形成于计划经济时代，其主要特征是政府用行政命令机制代替市场机制，土地征收的公权力运行机制与土地出让的市场机制相嫁接，政府通过国家公权力强制性地剥夺农民的土地物权，再通过市场出让机制攫取巨额利益，土地征收沦为政府剥夺农民土地利益的制度工具。土地征收制度在征地前提条件设置与控制、征收程序设置与征地补偿标准的确定等方面的严重不合理以及政府缺乏保护农民土地物权的观念造成了耕地的锐减、农民的失地以及农民土地利益的大量流失这一系列的严重后果。

---

〔18〕 韩俊为王国林所著之《失地农民调查报告》所作的序言，参见王国林：《失地农民调查报告》，新华出版社2006年版，序言部分。

〔19〕 转引自北京天则经济研究所中国土地问题组：《城市化背景下土地产权的实施和保护》2007年版，第18页。

陈锡文认为:“不解决中国的征地问题,无论是对于农业生产能力的保护还是对农民的利益保护,都存在非常大的隐患。农地转为非农用地在中国一个基本的前提是它必须改变所有权,由政府征用集体土地之后才能进入建设用地的市场,这是一个最基本的制度,这个制度在过去引出的矛盾不大,原因第一就是过去城市化的进程很慢,农地转成非农地的规模很小;第二在计划经济条件下政府征用了农民的土地就要改变他的户籍,农转非,提供商品粮,就要给他提供住房,提供工作,都由政府包下了,所以那个时候农民对于国家征地是欢欣鼓舞的。但是现在情况有了很大变化,一是城镇化用地数量急剧扩张,二是市场条件下对农民的补偿和安置对农民来说利益损失很大。”[20]因此应当正视我国土地征收制度的弊病,并在实践的基础上予以完善,建立起适合我国国情的新的征地制度。

(三)我国的土地征用制度简说

2004年《土地管理法》第57条规定:“建设项目施工和地质勘查需要临时使用国有土地或者农民集体所有的土地的,由县级以上人民政府土地主管部门批准。其中,在城市规划区内的临时用地,在报批前,应当先经有关城市主管部门同意。土地使用者应当根据土地权属,与有关土地行政主管部门或者农村集体经济组织、村民委员会签订临时使用土地合同,并按照合同的约定支付临时使用土地的补偿费。临时使用土地的使用者应当按照临时使用土地合同约定的用途使用土地,并不得修建永久性建筑物。临时使用土地期限一般不超过二年。”2007年我国《物权法》第44条规范了征用制度,按照相关规定土地征用必须因紧急需要才能进行,“被征用的不动产或者动产使用后,应当返还被征用人。单位、个

---

〔20〕 王景新:《乡村新型合作经济组织崛起》,中国经济出版社2005年版,第5页。

人的不动产或者动产被征用或者征用后毁损、灭失的，应当给予补偿”。

由于集体土地上普遍存在土地承包经营权、宅基地使用权以及建设用地使用权等土地物权，中国的土地征用直接影响到农民个体的土地权利（农民个体的土地承包经营权、宅基地使用权等物权）或者其他主体的建设用地使用权等物权，以农民个体的土地权利以及其他主体的土地权利为媒介，土地征用会间接地影响到集体土地所有权的行使。对于农村中为数甚少的未被承包的土地，土地征用才直接影响到集体土地所有权的行使，因为土地承包经营权的普遍设立已经使未被农民承包的土地降低到占农村全部土地的5%以下。因此，从实质上讲，中国的土地征用是对农民个体的土地物权及其他主体的土地物权与债权的征用。与之相适应，中国土地征用的补偿也应当首先是对农民的土地承包经营权与宅基地使用权等物权的补偿。由于集体土地所有权的价值已经基本上内化到通过家庭承包方式取得的土地承包权与宅基地使用权之中，因此，土地征用在实质上是在征用这两类土地权利的情况下，土地征用只要对这两类基本的土地物权补偿到位，就达到了对集体土地所有权进行补偿的目的。在集体土地上存在其他的土地物权或者土地债权的情况下，对集体土地的补偿首先是对上述的土地物权与土地债权的补偿。

第二节 我国现行土地征收制度弊端及其完善

《物权法》虽然对土地征收制度进行了完善，但是《物权法》仅在宏观层面对土地征收制度进行了完善，它最终在实践中发挥作用还依赖于涉及土地征收具体制度设定的《土地管理法》等相关法律的修改。考察我国的征地制度运行的实践，我们发现我国征地制度存在公共利益标准泛化、征地程序不合理、征地补偿不到位等弊病。同时，在征地补偿分配体制中，农民个人的土地物权并没有受到足够的尊重。因此，贯彻《物权法》的相关规定解决农村土地征收中的相关问题必须从界定征地的公共利益标准、完善征地程序、健全征地补偿标准与征地补偿分配体制等方面着手。

一、公共利益标准确定及完善

（一）公共利益标准及其在我国征地实践中的泛化

土地征收是政府原始取得他人土地财产权的一种方式，是政府不经当事人的同意强制性取得他人土地财产权的行为。因此，征收在本质上是政府强制剥夺他人财产的行为。通常情况下，政府应当按照民法的原则行事，只有在迫不得已的情况下才能动用征收权。按照法治政府的原则以及公民财产权受法律保障的原则，政府征收公民财产必须具有正当性前提。法国大革命后颁布的《人权宣言》第 17 条规定："财产是神圣不可侵犯的权利。除非由于合法认定的公共需要，并且在事先公平补偿的条件下，任何人的财产不能被剥夺。"对此，美国的法官在相关判决中写道："即使给予了补偿，一个人的财产也不能在没有正当的公共目的的前提下，为了另外的私人利益而被征收。"[21]目前世界各国普遍认可的征收前提条件是为了公共利益（public interest）的需要，即只有为了公共目的（public purpose）或者是为了公用（public use）才能进行征收，为了非公共利益行使土地征收权是违宪违法行为，必须予以摒弃。如《德国基本法》第 14 条第 2 款规定："财产之征收，必须基于公共利益，始得为之。"《日本宪法》第 3 章第 29 条规定："财产所有不得侵犯，财产之内容必须符合公共利益，在公平补偿

---

〔21〕 Thompson v. Consolidated Gas, 300 U. S. 55, 80 (1937).

之下，得收用之。"《人权欧洲公约》(Convention européene des doits)第1号协定书，第1条规定："一切自然人或法人的财产均有权受到尊重。除基于公用并符合法律规定的条件及国际法的一般原则外，所有权不得被剥夺。"[22]为了"公共利益"，国家可通过法律程序授权给政府或法定机构行使征地权，依法征收土地，并给予原产权人公平合理的补偿。我国《宪法》、《土地管理法》及《物权法》都规定，国家"为了公共利益的需要"，可以依照"法律规定的权限和程序"对土地征收，即公共利益的需要是国家进行土地征收的前提，我国采取了概括方式界定了公共利益。

但是问题的关键在于如何在实践中认定公共利益这一标准。我国台湾地区学者陈新民教授认为，公共利益概念的最特别之处在于其概念内容的不确定性。这种内容的不确定性，表现为利益内容的不确定性及受益对象的不确定性两个方面。利益内容的不确定性主要是指对利益形成和利益价值的认定，受利益主体和当时社会客观事实所左右，无法固定成型；利益是价值判断的结果，是人们以感觉肯定其存在之实益，也是民之所好的不定对象。而受益对象的不确定性则是指享有共有利益者的范围难以确定，因为公共一词无法完全清晰定义。[23]"公益与私益之间具有一定的可转化性。依Leisner之见，有三种私益，可以升格为公益。第一，是不确定多数人之利益。第二，具有某些性质(品质)的私益，就等于公益。这种特别性的私益，就是指私人的生命及健康方面的私人利益，这涉及生存保障的私益，国家负有危险排除的义务，易言之，国家保障私人的生命、财产及健康，就是公益的需求。第三，可以透过民主之原则，对于某些居于少数的特别数量的私人，使之

[22] 尹田：《法国物权法》，法律出版社1998年版，第128页。

[23] 陈新民：《德国公法学基础理论》，山东人民出版社2001年版，第185页。

形成公益。"[24]公益和私益之间的关联及不确定性,导致了公共利益准确界定的困难。"'公共利益'并非恒定,而是随着时代的发展而演变,并且在其所处的时代中经常充满冲突,尤其是在当今国家事务多元化的时代,关于什么是公共利益,以及发生利益冲突时如何选择重点,总是疑问重重。"[25]"公共目的或公共利益限定的不足为政府滥用土地征用权创造了条件,导致国家土地征用行为缺乏规范,进而帮助了耕地非农化。"[26]同时,即使公共利益存在,农民的土地权利也不应当总是向公共利益让步,因为,保障维持农民基本生存基础的土地利益是我国宪政制度维持的重要基石,也是我国公共利益的一个重要组成部分。在我国现实的历史文化背景下,公共利益的界定理应包含一种高度保护农民土地利益的利益衡量及相关的思想态度、精神和观念。孟德斯鸠指出,如果"个人利益应该向公共利益让步",那就是"荒谬背理之论"。因为公共利益永远是:每个人永恒不变地保有民法所给予的财产。[27]《法国民法典》第545条规定,"除因公益用途之原因征收财产外,任何人都不被强制转让其财产所有权",同时,该条还补充规定:"但应给予公道及事先的补偿。"[28]"法律对'征收财产之正当理由'之'公益用途',并未做出任何定义,因此,要由行政权威部门来具体评估是否存在这种公益用途,但是,行政权威部门在进行这种评判时要接受行政法院的监督,而且这种监督的范围越来越广。

〔24〕 陈新民:《德国公法学基础理论》,山东人民出版社2001年版,第200页。

〔25〕 [德]哈特穆特·毛雷尔:《行政法学总论》,高家伟译,法律出版社2000年版,第6~7页。

〔26〕 张全景、欧名豪:《中国土地用途管制制度的耕地保护绩效研究》,商务印书馆2008年版,第249页。

〔27〕 [法]孟德斯鸠:《论法的精神》(下册),张雁深译,商务印书馆1963年版,第189~190页。

〔28〕 François Terré, Philippe Simler, *Droit Civil Les Biens*, 8e Edition, dalloz, Paris, 2010, p. 390.

在实践中,对于征收财产的‘适当性’,行政法院法官并不会拒绝用自己的判断来取代行政权威部门已经做出的判断。上述问题导致了在‘新东方城’一案中发展出来一种公益用途的新观念。按照最高行政法院1971年5月28日的判决:‘一项征收行为,从其所提供的利益来看,只有在其对私人所有权的损害所引起的财政代价以及可能引起的社会秩序之不便并不过分时,才能被合法地宣告为公益用途’。”〔29〕但是,保护农民土地利益的重要性并没有被我国学者、立法者及行政司法人员所充分理解。美国法院法官的判决一再被引用成为扩张公共利益,反对对公共利益进行严格限定的基础。“当国家征用权的行使与某种可理解的公共目的存在合理的联系的时候,法庭从未禁止过这种补偿过的夺取行为。如果一些私有企业能够给它所在的城市,乃至国家的经济发展、安置就业、政治稳定都带来好处,支持这种企业就具有公益性。所以本案是国家征用权的恰当行使,而非属违宪夺取。”〔30〕该种界定仅仅适用于特定背景下的美国,而不适合中国的国情。

在我国的土地利用实践中,存在存量国有土地不能满足社会经济发展需要的现实困境,国家下达的用地计划远不能满足各地的实际需要。为了满足国民经济发展中的用地需要,政府采取了利用公共利益概念的不确定性泛化公共利益范围的方法。一切征地的实践都被囊括在公共利益这一标准之中,而实际上他们已经偏离了其本来应有的内涵。在东部工业化程度较高的县市,工业用地占到全部建设用地的30%,而用地主体主要是民营企业;房地产和商业、服务业等经营性用地占总建设用地的20%,这部分用地完全是为了赢利;第三类用地是市政设施和基础设施用地,约

〔29〕 [法]弗朗索瓦·泰雷、菲利普·森勒尔:《法国财产法》,罗结珍译,中国法制出版社2008年版,第594页。

〔30〕 马新彦:《美国财产法与判例研究》,法律出版社2001年版,第335页。

占建设用地的50%。[31] 我们不需对公共利益这一标准进行多么准确的界定,仅仅是根据上述数据进行简要的分析,就可以得出在我国存在公共利益标准严重泛化的问题。合肥市统计显示,2000年、2001年,合肥市向国务院、省政府报批的批次项目用地中,真正用于公共利益的不到10%,大量的是非公益性的房地产开发和工业用地。[32] 在中国几乎所有的"圈地热"都是在"国家建设"的名义下进行的,将农民集体所有的土地征收为国家所有。几乎一切征地项目都可以搭乘公共利益的"便车",随意出让、批租国有土地,各种经营活动也都是以公共利益的名义进行。据调查,征地项目不仅包括交通、能源、水利等基础设施;工商业、房地产等经营性项目征地占到总量的22%,学校、企业用地占到13%。[33] 以2011年商丘市土地征收为例,调查人员发现,在国家批准政府征收的535公顷土地中,仅有95公顷土地属于公共用地,其中公共管理与服务用地2公顷,交通运输用地0.4公顷,其他特殊用地0.6公顷,具有公共利益性质的经济适用房和廉租房用地92公顷。而其他440公顷土地均为商业性质的开发,其中商用住宅用地159公顷,工矿、仓储和商业服务用地为267公顷,其他用地14公顷。[34] "鉴于中国社会对于'公共利益'、'社会利益'、'国家利益'、'政府利益'认识混乱,因此,我们应该明确地将这些利益关系界定清楚,尤其是不能许可随意地编造'公共利益'目的、打着'国家利益'的旗帜,为部分人、少数人的利益行使公共权力,消灭

---

〔31〕 北京天则经济研究所中国土地问题组:《城市化背景下土地产权的实施和保护》2007年7月,第55页。

〔32〕 参见国土资源部征地制度改革研究课题组:《征地制度改革研究课题总报告》2002年12月。

〔33〕 孙宪忠:《物权法》,社会科学文献出版社2005年版,第264页。

〔34〕 杨世建:《农村土地管理与农地权利保障——河南省农地管理问题调研报告》,载张千帆等:《城镇化进程中的农民土地权利保障》,中国民主法制出版社2013年版,第213页。

民众利益。”[35]

目前导致我国征地的公共利益标准泛化的实践因素主要有两个：一是计划经济时代通过计划分配土地资源的长期实践；二是我国在1998年前后建立起来的国家垄断一级土地市场的制度。我国的征地制度形成于计划经济时代，土地和生产要素按照“统一地权、平均地利”的理想，统一处在了国家的支配之下，土地作为一种自然资源由国家按照计划进行调拨。国家为了工业建设的需要几乎可以无偿征收农民的土地。新中国成立初期，国家优先发展工业特别是重工业的战略有力地支持了通过征收手段把农地变为建设用地的实践。不过在当时特定的历史条件下，这种征收基本符合国家长远需要与公共利益的需要。计划经济体制下，由于土地的财产价值无法真正显示出来，补偿仅仅具有象征意义，国家按照经济计划实现农地向建设用地的转变，实现集体土地所有权向国家土地所有权的转变，通过安置补偿等措施来解决农民失去土地的同时所面临的失业问题。在计划经济体制下，用地的主体是国有企业、政府部门或者国家大型基础设施的（如公路、铁路、水利等）的施工方，这些项目由于符合国家经济与社会发展的长远规划，因而带有一定的公共利益性。随着国家建设规模的扩大，公共利益这一标准逐步成为了国家征收一切土地的前提，并为我国的实践所运用。中共十四届三中全会确立了国家垄断土地一级市场的土地政策后，1994年通过的《城市房地产管理法》首先贯彻了这一政策，初步建立了国家垄断城镇一级土地市场的制度。在国家所有权优于集体土地所有权思想的促成下，《城市房地产管理法》的扩展性贯彻排斥了农民集体使用集体土地从事房地产开发的权利。1998年修订的《土地管理法》强化了这一制度，建立起

[35]　孙宪忠：《中国物权法总论》（第2版），法律出版社2009年版，第314～315页。

了彻底的国家垄断一级土地市场的制度，其第43条规定："任何单位和个人进行建设，需要使用土地的，必须依法申请使用国有土地；但是，兴办乡镇企业和村民建设住宅经依法批准使用本集体经济组织农民集体所有土地的，或者乡（镇）村公共设施和公益事业建设经依法批准使用农民集体所有土地的除外。前款所称依法申请使用的国有土地包括国家所有的土地和国家征收的原属于农民集体所有的土地。"根据这一规定，集体土地只能设定宅基地使用权或建设用地使用权来满足村民住宅建设、乡镇企业、公共设施、公益事业等建设用地需要。除此之外，单位和个人所从事的一切建设都必须依法申请国有土地使用权。这种制度设计中包含了相互矛盾的双重目标，即严格保护耕地、防止农地转变为建设用地与保证国家垄断性获得土地收益。这种制度设计使各级政府面临着两难的选择，即要么停止农用地向建设用地的转化，要么只能通过泛化征地的公共利益标准通过征地手段不断地将集体土地变为国有土地，将农地转变为建设用地从而补充城市建设用地的不足。在国家垄断土地一级市场带来的巨大经济利益的刺激下，地方政府利用了土地征收制度的内在缺陷，通过"征收—出让"的土地财政政策，不断地扩展了公共利益这一内涵不十分确定概念的外延，使土地征收的范围扩展到可以满足城镇建设中的一切建设用地需要的程度。

中国的具体国情说明了我国必须改变传统的国家控制一切土地资源的思维模式，必须改变国家垄断一级市场的土地制度，并在此基础上重构我国的土地征收的公共利益这一前提标准。"采用征收方式强制剥夺自然人和法人的财产，应仅限于真正的社会公益目的，并严格依照法定程序，给予公正的补偿。非真正公益目的，如商业用地，不得使用征收，建议改为由国家批给用地指标，再由用地人与土地所有权人谈判签约。”[36]公共利益以外，若国家要获得土地权利，也必须以私人的身份与其他土地权利主体进行谈判，从而依民法的原则最终获得地权。孟德斯鸠认为，“在有关公共利益的问题，公共利益绝不是用政治性的法律或法规去剥夺个人财产，或是削弱哪怕是它最微小的一部分。在这种场合，必须严格遵守民法，绝对不应该凭借政治法采取行动。在民法慈母般的眼里，每个人就是整个国家。如果一个行政官吏要建造一所公共的楼房，或修建一条新道路的话，他就应该赔偿人们所受到的损失；在这种场合公家就是以私人的资格和私人办交涉而已”。[37]

(二)我国土地征收之公共利益的必须明确界定

虽然《宪法》、1998年《土地管理法》及《物权法》都将公共利益作为对土地进行征收的前提，但是何为公共利益仍没有被明确界定。目前各国对公共利益的界定大致有三种方式：其一为一般概括式规定，一般概括式大都在征地的相关法律中规定只有为了公共利益（在表述上除了“公共利益”，还有“公共目的”“公共福利”“公共事业”等）的需要方可以进行土地征收，而不具体列举哪些属于公共利益的范畴，例如美国、英国、法国、加拿大、菲律宾、越南、澳大利亚等国。其二为列举式规定，列举式是通过征地的法律详细列举哪些是可以动用征地权的项目，如日本、巴西、墨西哥、印度、波兰、我国香港特别行政区等国家和地区。其三为概括与列举结合的方式，如我国台湾地区“土地法”。

在我国应当通过何种方式来界定公共利益这一点上一直存在巨大的争论。王利明先生认为，由于公共利益概念的宽泛性、公共

---

〔36〕 梁慧星：《制定中国物权法的若干问题》，载梁慧星：《梁慧星文选》，法律出版社2003年版，第521页。

〔37〕 [法]孟德斯鸠：《论法的精神》（下册），张雁深译，商务印书馆1963年版，第189～190页。

利益内容的发展性、公共利益内涵的不确定性以及公共利益层次的复杂性，法律不应规定公共利益的内涵，也不应对公共利益的内涵通过反面排除的方法来加以定义。〔38〕 江平教授认为，“社会公共利益需要到底能不能以列举的方式列明呢？我认为不宜以列举的方式，因为列举不全”。〔39〕 针对这一观点，马晓河教授针锋相对地指出，对于公共利益“法律应该尽量清晰化而不是模糊化。什么是公共利益？由于列举不清，我们就不列举，那是否会有人去钻这个法律空子。例如，高速路建设有公益性，但它是一个准公共产品，可以高 BOT 转让给私人资本，私人资本一介入，它的公益性就转化为非公益性。但是在征地的时候又是纯公益性，强制低价从农民手里征过来，建设好以后又要收费，变成商品。那这在界定时它是公益性还是非公益性，是公共利益还是非公共利益？如果不采用列举或其他方式界定公共利益，完全有可能又造成一个掠夺农民土地收益的空间”。〔40〕

梁慧星教授指出，所谓“社会公共利益”，应是指全体社会成员的直接的利益。例如，公共道路交通、公共卫生、灾害防治、国防、科学及文化教育事业，以及环境保护、文物古迹及风景名胜区的保护、公共水源及引水排水用地区域的保护、森林保护事业，均属于社会公共利益。在判断是否属于社会公共利益时，特别要注意：只有全体社会成员都能“直接”享受的利益，才属于社会公共利益，建设“经济开发区”“科技园区”，虽可使社会成员“间接”得到利益，仍属于商业目的，而不属于社会公共利益。在宪法明确规

〔38〕 王利明：《物权法草案中征收征用制度的完善》，载《中国法学》2005 年第 6 期。

〔39〕 吴敬琏、江平主编：《洪范评论》（第 3 卷第 2 辑），中国政法大学出版社 2006 年版，第 9 页。

〔40〕 吴敬琏、江平主编：《洪范评论》（第 3 卷第 2 辑），中国政法大学出版社 2006 年版，第 13 页。

定征收的“社会公共利益”要件之后，应当由民法典或物权法进一步明确规定社会公共利益的范围。应当严格限定征收用于社会公共利益的目的，以确保具体的征收行为在目的上的合法性。社会公共利益以外的目的，例如商业目的，绝对不适用国家征收。因商业目的需要取得公民和法人的土地使用权，应当与土地使用权人平等协商，按照合同法的规定签订合同。〔41〕 因此，梁慧星教授在其主持起草的物权法建议稿中采取了一般概括式和列举相结合的方式，即将公共利益界定为公共道路交通、公共卫生、灾害防治、科学及文化教育事业、环境保护、文物古迹及风景名胜区的保护、森林保护事业，以及国家法律规定的其他公共利益；基于发展商业目的的事业，不得适用征收。〔42〕

笔者认为梁慧星教授的观点更值得赞同，更加符合我国的实际与现实需要。“如 W. Leisner 所言的，立法者规定公益内容之时（尤在有公益授权，授权行政机关来执行公益之需求时），应尽可能避免援用空泛及抽象的概念之用语，而是将公益予以类别化、特别化，使立法者所欲规范之公益的内容，能使其在该法律条文中，得悉其公益之内容、动机以及范围。”〔43〕 在《物权法》未对公共利益重新作出界定的情况下，相关的土地方面的立法应当承担起这一重任，明确的界定公共利益的范围，防止对农民土地财产权的不必要征收。十七届三中全会发布的中共中央《关于推进农村改革发展若干重大问题的决定》也明确指出，应当“改革征地制度，严格界定公益性和经营性建设用地，逐步缩小征地范围”。

---

〔41〕 梁慧星：《宪法修正案对征收征用的规定》，载《青年思想家》2005 年第 1 期。

〔42〕 中国物权法研究课题组：《中国物权法草案建议稿》，社会科学文献出版社 2000 年版，第 191 ~ 193 页。我国台湾地区“土地法”第 208 条将下列事项作为土地征收的依据：国防设备、交通事业、公用事业、水利事业、公共卫生、政府机关及地方自治机关与其他公共建筑、教育学术及慈善事业、国营事业、其他由政府兴办以公共利益为目的的事业。

〔43〕 陈新民：《德国公法学基础理论》，山东人民出版社 2001 年版，第 205 页。

首先,维护新民主主义革命以来中国形成的地权格局,需要我们必须从严控制土地征收权的运用。“公益是一种价值的概念,由人类纯粹喜、恶之取舍升华到规范国家制度以及国家行为之目的所在。公益概念既极具抽象性,又是一种正面价值评断的概念,因此,必须以一个变迁中之社会中的政治、经济、社会及文化等因素及事实,作为考量该价值的内容。”[44]“公益的价值标准的取舍,既有各个不同的标准,在其个案中所引起的矛盾及冲突,唯必须寻助一个最高的价值。这个最高的价值,应如拉伦茨(K. Larenz)教授所言,以人民之生存权及人类尊严为最高之价值。”[45]中国近现代革命确定了土地农民所有、农民利用的原则,并缔造了以实现和维护这一土地利益格局为目标的新中国。新中国成立以后,中国农民经过几十年的探索终于找到了符合我国国情的农民拥有土地权利并进而获取土地利益的农村地权享有格局。国家必须维护这一格局,而不能通过公权力的强制性介入将其打乱或者彻底改变。这是维护中国革命与建设成果的根本性要求。

其次,目前我国土地征收中存在的现实问题是公共利益标准的泛化,为了解决这一问题我们必须缩小公共利益的外延。在现实生活中,政府滥用土地征收权力,严重侵害农民的土地权利,造成了日趋严重与恶化的土地纠纷,甚至在某些地方已经演变成了政府与农民之间的直接对抗。政府以公共利益的名义征收了大量的土地并将其用于商业性开发,商业性用地的巨大利润与对被征地农民补偿的不合理、不到位形成巨大反差,极大损害了农民利益。因此,要想从根本上解决这一问题,必须从源头抓起,严格掌握“公共利益”的标准。近年来政府征收了大量的农业用地并将其出让用于房地产开发,而房地产开发是一种典型的商事运作行

〔44〕 陈新民:《德国公法学基础理论》,山东人民出版社2001年版,第205页。
〔45〕 陈新民:《德国公法学基础理论》,山东人民出版社2001年版,第200页。

为,与公共利益的目的相去甚远。同时,政府以公共利益为名还征收大量农业用地并将其出让给公司或者个人让其从事带有商业经营性质的旅游开发和工业建设,造成了公共利益标准的不断泛化。因此,我国土地方面的法律在界定土地征收的公共利益标准时,必须将用于商业开发的土地(经营性用地)原则上排除在公共利益之外。用地人如果需要建设用地使用权进行房地产开发,或者旅游、工业建设,可以在符合土地用途管制与城市规划的前提下与农民集体和个人进行谈判,通过民事途径取得建设用地使用权,从事商业开发,而不再需要进行土地征收。〔46〕

再次,我国人地矛盾突出、土地自然禀赋较差与人均耕地较少的基本国情,决定了我们必须严格控制土地征收,以防止耕地大面积减少。因此,我国法律应当对土地征收涉及的"公共利益"以概括和列举的方式进行界定,从而增强法律的可操作性,避免随意扩大"公共利益"的适用范围。"任何一个公益的产生,必定有一个(或数个)背后之价值要素,而且,这些价值要素可溯源至宪法的理念,因此,在解决这些公益的冲突时,根本之计,可在诸价值要素之间,作一个'价值的比较'。"〔47〕

最后,我国的相关的立法已经逐步对公共利益作出相对适当的范围界定。《人民警察条例》《消防条例》《外资企业法》《中外合资经营企业法》《国家安全法》《戒严法》《行政许可法》等都具体规定了征收、征用的公共利益范围。综合起来,大体可以对公共利益的范围界定如下:第一,交通用途,包括道路、运河、公路、铁路、人行道、桥梁、港口、码头和机场等;第二,公共建筑物建设用途,包括学校、图书馆、医院、低收入家庭的住房等;第三,军事用

〔46〕　孙宪忠:《争议与思考——物权法立法笔记》,中国人民大学出版社2006年版,第534页。

〔47〕　陈新民:《德国公法学基础理论》,山东人民出版社2001年版,第202页。

途；第四，公用事业用途，包括饮用水、排污系统、电力、通讯、燃气、排灌工程、水坝和水库；第五，公园、操场、花园、运动场和公墓；第六，对国民经济至关重要且经国务院批准的重大经济发展项目；第七，其他经国务院批准的重要公共用途等。[48] 因此，相关的集体土地征收方面的法律应当采取概括加列举的方式明确界定“公共利益”：公共道路交通和市政建设、公共卫生、灾害防治、科学及文化教育事业、环境保护、文物古迹及风景名胜区的保护、公共水源及引水排水用地区域的保护、森林保护事业及法律规定的其他公共工程。此类公共事业工程需要使用土地的，国家可以征收农民集体土地。除此之外，国家不能征收农民集体土地。《国有土地上房屋征收与补偿条例》第8条对国有土地上房屋征收公共利益认定问题进行规定，“为了保障国家安全、促进国民经济和社会发展等公共利益需要，有下列情形之一，确需征收房屋的，由市、县人民政府作出房屋征收决定：（一）国防和外交需要；（二）由政府组织实施的能源、交通、水利等基础设施建设的需要；（三）由政府组织实施的科技、教育、文化、卫生、体育、环境和资源保护、防灾减灾、文物保护、社会福利、市政公用等公共事业的需要；（四）由政府组织实施的保障性安居工程建设的需要；（五）由政府依照城乡规划法有关规定组织实施的对危房集中、基础设施落后等地段进行旧城改建的需要”。《国有土地上房屋征收与补偿条例》第8条对公共利益的界定性规定，对集体土地征收中的公共利益界定具有突出的借鉴意义。即便存在为公共利益而征收集体土地的情况，也并不一定要启动土地征收程序，如果可以通过双方谈判的方式实现集体建设用地使用权的设定，就没有启动的必要，只有在协议无法达成，且确实存在公共利益的情况下，才有必要启动这项程序。

最终，2019年新修正的《土地管理法》增加了第45条，采取了

---

〔48〕 聂婴智：《公共利益解读及国际借鉴》，载《法学杂志》2009年第3期。

列举方式对公共利益进行了明确界定。该条规定："为了公共利益需要，有下列情形之一，确需征收集体所有土地的，可以依法实施征收：(一)军事和外交需要用地的；(二)由政府组织实施的能源、交通、水利、通信、邮政等基础设施建设需要用地的；(三)由政府组织实施的科技、教育、文化、卫生、体育、生态环境和资源保护、防灾减灾、文物保护、社区综合服务、社会福利、市政公用、优抚安置、英烈保护等公共事业需要用地的；(四)由政府组织实施的扶贫搬迁、保障性安居工程建设需要用地的；(五)在土地利用总体规划确定的城镇建设用地范围内，经省级以上人民政府批准由县级以上地方人民政府组织实施的成片开发建设需要用地的；(六)法律规定为公共利益需要可以征收农民集体所有的土地的其他情形。"该条规定因军事和外交、政府组织实施的基础设施、公共事业、扶贫搬迁和保障性安居工程建设需要以及成片开发建设等六种情形，确需征收的，可以依法实施征收。自《土地管理法》草案征求意见以来学者们虽然一直对"成片开发建设"是否可以作为列举的公共利益存在巨大争议，但是此次修正通过列举方式界定公共利益对于缩小征地范围，防止政府滥用征地权的意义重大。

在制度上，我国应当建立征收目的公共利益严格的合法性审查机制。"首先，应取消省级以下地方政府的征地审批权。规定国家重点建设项目和地方性大型建设项目需要征地时，必须由国务院审批，其他地方性建设项目由省、自治区、直辖市人民政府审批。其次，借鉴法国、德国等国家的做法，在省、自治区、直辖市人民政府设立由法律专家、经济学家等专业人员组成的专门委员会，对土地征收是否符合公益性目的进行审查，只有经该专门委员会审查通过后，才能提交政府土地管理部门根据国家和市政建设以及土地利用的总体规划决定应否批准其征地申请。"[49]

---

〔49〕　王小莹：《我国农村土地流转法律制度研究》，法律出版社2012年版，第97页。

二、我国农村土地征收程序及其完善

2004年以前，按照我国《土地管理法实施条例》以及国土资源部2002年颁布的《征用土地公告办法》，我国的土地征收采取如下程序：第一步，由需要建设用地的用地单位提出用地申请，由有批准权的人民政府对农用地转用和土地征收项目进行审批，而后再由被征地所在市、县人民政府土地行政主管部门自接到批准文件后10个工作日内进行征地公告。第二步，被征地土地利害关系人在公告规定的期限内持土地权属证书到指定地点办理征地补偿登记手续，自征地公告之日起45日内被征地所在市县人民政府土地行政主管部门会同有关部门拟定征地补偿、安置方案并予以公告。为了规范土地征收公告，国土资源部于2001年11月22日发布《征用土地公告办法》对土地征收公告的内容、形式、时间、地点以及法律责任作了进一步规定。第三步，由被征地利害关系人自公告之日起10日内提出不同意见或要求。

2004年1月9日国土资源部公布了《国土资源听证规定》允许当事人在拟定的征地项目的补偿标准和安置方案报批前要求举行听证。在听取意见或举行听证会后，如果双方达成一致，则被征地所在市、县人民政府土地行政管理部门组织实施征地及其补偿款发放；如果在听取意见或者举行听证会时，未能达成一致意见，则由市县人民政府协调；协调不成由上一级地方人民政府裁决，但征地补偿、安置争议不影响征地方案的实施。最后，征地进入征地实施与征地补偿款发放程序。

首先，按照我国目前的征地程序，是否征地是由有批准权的人民政府在接到申请人申请后自己确定，也就是说在进行征地程序启动决策之时，受征地程序影响最为严重的农民与农民集体并没有权利参与到征地启动程序之中。是否进行土地征收直接影响到土地被征收人的利益，但是土地被征收人却无权参与到这一决策过程,陈述自己对土地征收的意见与建议。这样的征收程序难以保证征收的正当性与必要性。笔者认为,必须给予被征收土地的利害关系人充分的参与权,允许他们参与到征收的决策过程中。在程序上,可以在征收决策的程序中设置一个申请公告程序,即由审批机关将征地申请公告,公告申请征地的目的、征地方案、征地范围等,以此来保证被征地人知晓征地申请的存在并参与到征地程序之中。同时,增加征地机关可以应被征地人要求进行听证的程序,以保证征地的决策能够公开、公平并科学地进行。在进行征地决策的过程中,如果被征地的利害关系人对于征地项目是否符合公共利益范畴有异议,对征地机关作出的征地决策是否正确有异议,可以向上级政府申请复议。对复议决定不服,可以向人民法院提起行政诉讼,以救济自己的权利。国务院《关于深化改革严格土地管理的决定》(国发〔2004〕28 号)中规定:“在征地过程中,要维护农民集体土地所有权和农民土地承包经营权的权益。在征地依法报批前,要将拟征地的用途、位置、补偿标准、安置途径告知被征地农民;对拟征土地现状的调查结果须经被征地农村集体经济组织和农户确认;确有必要的,国土资源部门应当依照有关规定组织听证。要将被征地农民知情、确认的有关材料作为征地报批的必备材料。要加快建立和完善征地补偿安置争议的协调和裁决机制,维护被征地农民和用地者的合法权益。经批准的征地事项,除特殊情况外,应予以公示。”

其次,按照现行征地程序,农民无权参与征地补偿方案的制定。1998 年《土地管理法》规定,“征地补偿安置方案确定后,有关地方人民政府应当公告,并听取被征地的农村集体经济组织和农民的意见”。这说明在征地补偿方案确定时,农民集体与农民个人也无法参与对征地的用途、范围、面积以及征地补偿标准、农业人员安置办法等方面的协商,无法表达自己的真实意思;只有在被征收土地所在市县人民政府土地行政主管部门会同有关部门拟定征地补偿、安置方案并予以公告后，土地被征收的利害关系人才可以陈述意见或者要求举行听证会。对此，“国务院发展研究中心的一份对被征地农民的调查显示，只有22.4%的农户表示，在公布征地补偿方案前，当地政府和村委会的工作人员开过会并上门征求过意见，21.5%表示仅开会听取意见，而48.1%表示征地前没有听取意见”。[50] 2004年1月9日国土资源部公布了《国土资源听证规定》允许当事人在拟定的征地项目的补偿标准和安置方案报批前要求举行听证，对原有的征地程序进行了改革。但是，这套土地征收程序仍然将农民排除在征收补偿方案的确定之外，农民集体和农民个人在征地过程中完全处于被动状态和不平等地位。土地是否被征收及补偿标准、安置办法基本上由政府和申请用地单位决定，好像与被征地农民没有关系，好像农民的土地权利是他们的恩赐与施舍，他们随时可以收回去。在这种思维惯性的支配下，农民的土地权利没有得到应有的保障。这种土地征收方案确定程序必须予以改变，并赋予农民在征收补偿方案确定过程中的参与权。“所有公众都应有了解政治事务的渠道，应能评价那些影响他们利益的提案和推进公共善观念的政策。”[51]在程序上，可以由征地利益受到影响的权利人选出代表全程参与到征地的过程中。这样既有利于农民在征收过程恰当表达自己的意愿，也可以减少征收过程中可能遇到的阻力。相关调研也显示农民在充分了解到征地的具体实施过程后，一般也会更加积极地配合政府完成确实必要的征地事项。

虽然土地征收是一种通过公权力强制剥夺公民土地权利的行为，征收权的行使过程是国家公权力具体行使的过程，公权力的行

---

〔50〕 艾轩:《尊重农民的选择权》,载《人民日报》(海外版)2012年5月11日,第8版。

〔51〕 [美]罗尔斯:《正义论》,何怀宏、何包钢、廖申白译,中国社会科学出版社1988年版,第215页。

使具有必须依法行使不得放弃的特性,但是由于征地补偿具有对公民财产权损失进行填补的功能,这一功能类似于民法上的损失补偿,因此,土地征收补偿旨在填补利害关系人的土地权利损失的属性决定了政府可以通过协商途径与利害关系人共同确定征地补偿方案。征地补偿所具有的利益损失填补功能以及当事人可以自由处分自己的财产权的原则决定了只要相关当事人同意了征地补偿的方案,征地的补偿目的就算达到。征地补偿的这一特性决定了世界各国都允许征地机关同征地的利害关系人进行谈判,通过协商程序解决补偿问题。例如,在美国,在土地征收的初步审查和评估阶段,政府要将补偿价格送交给被征收方,被征收方可以提出反要约,双方可以协商确定土地补偿价款。在补偿金无法达成协议的情况下,法庭要求双方各自进行补偿金再协商。如果双方还不能达成一致意见,最后才由民事陪审团来确定"合理补偿"。法国、加拿大等国也允许对土地征收金进行协商,协商不成诉诸司法裁判。[52] 在法国"征收财产的行政部门必须向所有权人通知其提出的征收财产的要约(所有权人应当将此要约通知其他利害关系人),以求达到友好协商一致;在达不成一致意见的情况下,由法官确定补偿金额"。[53]

我国征地补偿程序的改革,完全可以参考各国的做法,建立政府与相关利害关系人协商确定征地补偿的机制。这一机制的好处是如果政府与被征收人经过谈判达成一致,政府就可以名正言顺地从被征收人手中获得土地,既减少征收的行政成本,也减少征收带来的社会冲突与矛盾。政府在模拟市场机制实现集体土地征收时,一个关键性的问题是在农村土地仍然是集体所有的情况下,政

---

〔52〕 刘国臻:《论我国土地利用管理制度改革》,人民法院出版社2006年版,第111页。

〔53〕 François Terré et Philippe Simler, *Droit Civil Les Biens*, 8e Edition, dalloz, Paris, 2010, p. 395.

府需要与谁进行谈判，达成相关的补偿与安置方案。根据我国《土地管理法实施条例》第25条的规定，补偿安置方案需要公告和“听取被征收土地的农村集体经济组织和农民的意见”，因此，政府与相关利害关系人协商确定征地补偿的机制，必须保障拥有土地权利的农民个体能够参与到这一机制中，保障自己的土地利益获得最终实现，而不能仅仅是政府与集体土地所有权的行使主体或者村干部进行谈判。

再次，按照现行征地程序，征地补偿安置方案经过政府审批后，再公告利益相关群体，听取群众意见，群众对于补偿安置方案有意见则进行协商，协商不成则由批准征用土地的人民政府裁决。对此，国务院《土地管理法实施条例》规定：“对（征地）补偿标准有争议的，由县级以上地方人民政府协调；协调不成的，由批准征收土地的人民政府裁决。”这样在农民对征地的补偿方案持有异议时，最终的裁决者也仍是批准征地的政府。在征地过程中，政府处于一种绝对优势地位，既是征地的实施者，又是征地的仲裁者，“既是裁判员，又是运动员”。这从根本上违背了任何人不能作为自己案件的法官的程序正义原则。“没有一个人被准许审理他自己的案件，因为他的利益肯定会使他的判断发生偏差，而且也可能败坏他的正直为人。由于同样的理由，不，由于更充分的理由，人的团体不宜于同时既做法官又做当事人。”[54]最高人民法院2005年通过的《关于审理涉及农村土地承包纠纷案件适用法律问题的解释》第1条第3款规定，“集体经济组织成员就用于分配土地补偿款数额提起民事诉讼的，人民法院不予受理”，这在客观上堵死了农民以因补偿标准不合理而导致补偿款过低时提起诉讼的途径。由于征地的人民政府来决定征地，也由他们决定最终如何补

---

〔54〕［美］汉密尔顿、杰伊、麦迪逊：《联邦党人文集》，程逢如、在汉、舒逊译，商务印书馆1995年版，第47页。

偿,农民无法通过司法途径来救济自己的土地权利。2008年后,根据最高人民法院的相关意见,征地由省和国务院批准和裁决,不进入审判程序。征地拆迁补偿由市、县人民政府实施,对补偿标准不服的,可以提起诉讼。但是在实践中,针对农村土地征收决定、土地征收程序违法、土地补偿标准和数额以及强制拆迁等问题提起的诉讼,法院基本上不受理。由于征地完全由政府说了算,农民无法通过司法途径救济自己的土地权利,征地程序在很多情况下就沦为了政府剥夺农民土地权利的程序。因此,政府不应该对征地补偿拥有最终的裁决权,应当允许农民通过司法程序来救济自己的土地权利。

在征地补偿谈判中,由于《土地管理法》并没有明确规定对农民的土地承包经营权要进行补偿,因此,征地过程中农民个人的土地承包经营权没有受到应有的重视。在征地补偿实践中,目前都是集体经济组织、村民委员会或者小组长等集体土地所有权的代行主体与征地方案的确定者进行谈判,而土地承包经营权人等农民的个体没能够参与到征地谈判中。因此未来中国征地制度改革后,在进行征地谈判时,必须由征地补偿方案确定者与集体经济组织等代行主体、土地承包经营权人共同进行谈判确定征地补偿方案。

最后,在中国目前的征地实践中,很多时候各级政府并没有严格遵守现行的征地程序。在调查中笔者发现,在征地实践中很多乡镇、有关部门或村委会在征用农村集体土地前宣传力度不够,很少有征地公告,基本没有真正向农民征求意见,造成一般农户难以了解到征地目标、征地程序、征地用途与征地补偿等方面的信息,不知道征地补偿中补偿额是如何测算的;很多征地补偿的测算是在没有村委会和村民参与的情况下完成的,这引起了村民对征地补偿合理性问题的普遍怀疑。

综上所述,笔者认为我国目前的征地程序存在缺陷,必须予以完善。完善土地征收程序，实现土地征收程序的公开化，赋予农民知情权、参与权和协商权。政府在提出用地申请时，先要进行公告，让土地权利人对征地合理性和合法性提出质疑，并可以通过司法途径对征地程序的启动进行最终的救济。在最终获得批准用地后，政府要再次公告，并就赔偿等问题与土地权利人进行协商，若有争议，权利受到影响的利害关系人可以进行申诉，也可以通过司法途径进行救济。改进“两公告一登记”制度，在法律上明确征地前听取农村集体意见的程序规定。土地征收要经过村民代表大会讨论，确保农民的合法权益。征地程序可以改为“申请征地—预公告—协商补偿安置—报批—审查批准—公告—实施补偿安置—供地”。[55] 征地必须规范透明，让被征地农民参与到征地过程中，以保证他们对土地的使用权、处置权等得到充分尊重，利益得到有效保障。最终还要将征地过程置于社会各界的监督之下，以保证它是按照程序有序进行的。

2019 年修正的《土地管理法》进一步完善了农村土地的征收程序，该法第 47 条规定：“国家征收土地的，依照法定程序批准后，由县级以上地方人民政府予以公告并组织实施。县级以上地方人民政府拟申请征收土地的，应当开展拟征收土地现状调查和社会稳定风险评估，并将征收范围、土地现状、征收目的、补偿标准、安置方式和社会保障等在拟征收土地所在的乡（镇）和村、村民小组范围内公告至少三十日，听取被征地的农村集体经济组织及其成员、村民委员会和其他利害关系人的意见。多数被征地的农村集体经济组织成员认为征地补偿安置方案不符合法律、法规规定的，县级以上地方人民政府应当组织召开听证会，并根据法律、法规的规定和听证会情况修改方案。拟征收土地的所有权人、使用权人

---

〔55〕 参见国土资源部征地制度改革研究课题组：《征地制度改革研究课题总报告》，2002 年 12 月。

应当在公告规定期限内,持不动产权属证明材料办理补偿登记。县级以上地方人民政府应当组织有关部门测算并落实有关费用,保证足额到位,与拟征收土地的所有权人、使用权人就补偿、安置等签订协议;个别确实难以达成协议的,应当在申请征收土地时如实说明。相关前期工作完成后,县级以上地方人民政府方可申请征收土地。"此次修正将原来的征地审批后的公告提前为征地审批前公告,允许在多数被征地的农村集体经济组织成员对征地补偿安置方案有异议的情况下,召开听证会;要求征地报批前,县级以上地方政府必须与拟征收土地的所有权、使用权人就补偿安置等签订协议。

三、我国征地补偿制度及其完善

(一)提高征地补偿标准,公平补偿失地农民

1. 传统原产值补偿法及其缺陷

我国的《宪法》《土地管理法》都规定了征收集体所有的土地时,必须进行补偿,《物权法》第 42 条第 2 款在总结以往征地补偿的经验的基础上规定:"征收集体所有的土地,应当依法足额支付土地补偿费、安置补助费、地上附着物和青苗的补偿费等费用,安置被征地农民的社会保障费用,保障被征地农民的生活,维护被征地农民的合法权利。"

在《物权法》颁布以前,对征地的补偿作出规定的主要是 1998 年《土地管理法》以及《土地管理法实施条例》。1986 年的《土地管理法》以及 1988 年的《土地管理法》在征地补偿问题上的规定基本一致,要求征收集体土地时必须支付补偿费(土地补偿费)、安置补助费和青苗以及地上附着物的补偿费。在土地补偿费与安置补助费的计算标准上,1988 年《土地管理法》规定"征用耕地的补偿费,为该耕地被征用前三年平均年产值的三至六倍,征用其他土地的补偿费标准,由省、自治区、直辖市参照征用耕地的补偿费

标准规定”,“征用耕地的安置补助费,按照需要安置的农业人口数计算。需要安置的农业人口数,按照被征用的耕地数量除以征地前被征地单位平均每人占有耕地的数量计算。每一个需要安置的农业人口的安置补助费标准,为该耕地被征用前三年平均每亩年产值的二至三倍。但是,每亩被征用耕地的安置补助费,最高不得超过被征用前三年平均年产值的十倍。征用其他土地的安置补助费标准,由省、自治区、直辖市参照征用耕地的安置补助费标准规定”,“土地补偿费和安置补助费的总和不得超过土地被征用前三年平均年产值的二十倍”。1998 年《土地管理法》修订时立法者已经明显意识到我国法律设定的土地补偿标准过低,因此,它在明确“征收土地按征收土地的原有用途进行补偿”的基础上,提高了土地补偿费与安置补助费的支付标准,并规定“土地补偿费和安置补助费的总和不得超过土地被征用前三年平均年产值的三十倍”。2004 年修改的《土地管理法》延续 1998 年《土地管理法》相关的规定。综上,我国《土地管理法》确立了一种以原有土地的用途为标准,以土地被征收前三年的平均产值为基准确定土地补偿费与安置补助费的土地补偿体系,这一补偿标准与补偿体系基本上是延续 1953 年《国家建设征用土地办法》的结构,并不符合市场经济的要求,也不够科学、合理。

首先,按照这一补偿标准所确定的土地补偿费与安置费存在一个普遍偏低的问题。[56]“据我国东部地区测算,一般耕地的年产值在 800 元左右,即使按 30 倍计算,每亩耕地的补偿费总数才 2 万元,仅相当于普通工人一两年的工资收入,而且这 2 万元的补偿费大部分还不是支付给农民的。按广州市最低生活保障标准 400

〔56〕 与对农民的土地权利补偿偏低同时存在的还有对农民土地上附着物补偿偏低的问题。农民的房屋等地上附着物经常被按照残存价值补偿,而且该补偿也并未能完全发放给农民。对于房屋被征收的农民来说,经常意味着他们必须倾尽所有财产并大规模举债才能重新建造房屋,有一个居住的地方。

元/人/月计算,农民所得补偿费一般只能维持5年左右的最低生活。如果参加社会保险,每人所得的补偿费还不够参保费用的1/2。有些地方建大学城征地的补偿费才每亩1万元,甚至几千元。农民一家所得补偿费还不够供一个大学生一年的学费。"[57]据统计,1998年至2005年,各类征地给农民的补助费平均每亩12164元,安置补助费每人2344元,仅相当于普通公务员一两年的收入。由于缺乏对失地农民可持续生活的配套措施,失地农民再就业和创业艰难。[58] 中国社会科学院发布的《2004－2005年中国社会形势分析与预测报告》把农民失地引发的社会矛盾作为困扰当代中国的六大问题之一。土地征收的法律制度滞后,补偿安置费用偏低,是造成农民失地后社会矛盾和冲突的主要原因。国家重点工程建设项目的征地标准低的问题更加突出。部分重点工程的土地征用费占工程总投资的比重在5%以下,有的甚至只有1%,远远低于通行的交通用地取得土地成本占工程总投资的40%的国际标准。更为严重的是一些地区的征地补偿连法定最低标准都达不到。哈伊公路绥化安庆段高速路工程每亩土地的征用补偿才3000元/亩;武汉市外环线占用东西湖、黄陂等区的土地征地补偿费4000元/亩;黑龙江省同江市金川乡1000多顷土地和尚未开发的草地、湿地被征用后,仅给农民补偿500～1000元/公顷。[59] 不少地方政府为了加快区域经济的建设和社会发展的步伐,片面强调"投资环境",不惜采取牺牲农民利益的办法降低本

〔57〕 刘国臻:《论我国土地利用管理制度改革》,人民法院出版社2006年版,第45页。

〔58〕 于澄:《尽快修订土地管理法,确保失地农民利益》,载《法制日报》2005年3月16日。2014年8月,笔者陕西榆林调研时了解到,陕西省榆林市横山县白界乡土地被征收时在2012年7月1日以前,黄沙地5000元/亩,2012年7月以后黄沙地7000元/亩,耕地36000元/亩。

〔59〕 孔祥智主编:《城镇化进程中的失地农民的"受偿意愿"(WTA)和补偿政策研究》,中国经济出版社2008年版,第97页。

来就已经偏低的征地补偿标准,不按统计部门的法定数值估算产值。有关对征地补偿费是否满意的调查显示,大部分土地被征收的群众(75.2%)认为补偿标准偏低或过低,只有23.9%的农户认为适中,0.9%的农户认为征地补偿标准高。[60]

与土地补偿标准相伴的土地补偿不到位致使农民失去了大量的土地收益。政府将土地征收后也并不是维持原有土地农业用途,而是将土地用于各种项目的建设,即进行了土地用途的转变,伴随着土地用途转变所带来的巨额经济利益远远超过了农民所获得的补偿款,这严重冲击了社会公平的观念。根据国务院发展研究中心韩俊领导的课题组最近的调查显示:土地增值部分的收益分配,有20%~30%留在乡以下,其中,农民的补偿款占5%~10%;城市政府拿走土地增值的20%~30%;各类城市房地产公司、开发区、外商投资公司等,拿走土地增值收益的大头,占40%~50%。即使是与土地溢价差额巨大的征地补偿款,农民最后也不一定能拿到手。这个调查非常关键,它显示出全国一年中被转移的上万亿土地收益是如何被分配的。[61]

其次,这一补偿标准是以土地征收前3年的产值来计算的,年产值上农作物的产量与价格的函数,其高低受到所处地区的农业生产的自然条件和社会经济条件影响显著,而与被征收土地的区位等地价因素毫无关联,土地征收的补偿标准游离于土地价格形成因素之外。世界各国的土地补偿标准都是在综合考虑被征收土地的区位、区域经济的发展状况以及区域基础设施条件并参考地价因素等要点综合确定,而与土地年产值并没有明显的关联性。按照经济学原理,土地的价格要受到市场供求因素的影响,同时还

---

〔60〕 孔祥智主编:《城镇化进程中的失地农民的“受偿意愿”(WTA)和补偿政策研究》,中国经济出版社2008年版,第102页。

〔61〕 王平:《地根政治》,载《中国改革》2005年第7期。

要受到土地自身的禀赋与区位条件等因素的影响,以原农业产值为基础计算土地补偿的方法,使土地补偿标准难以反映经济发展所造成的土地价值的变动。根据广东省土地学会2006年前后开展的调研,在珠江三角洲地区,农民在没有任何投入的情况下,仅仅通过出租土地的使用权一年也可以获得3000~8000元/亩的租金收入(大约是农地租金平均收益的10倍),[62]这说明了依农业用途为基础进行补偿并不符合地价的形成因素。退一步讲,即使征收的农地仍然限定于维持原有的农业用途,这种土地补偿的判定标准也是不合理的。第一,农地使用方式和耕种内容变化加快,已不是当年单一的粮食作物种植模式,简单地按照3年平均产值计算出价值,并不能真实反映土地的生产率;第二,在农业生产经营日益市场化的今天,农产品的市场价值变化较快,用3年均产计算难以真实反映被征用土地当前的市场价值;第三,在土地上已经设定长期的土地承包经营权后,土地补偿即使按照原有用途补偿30年的农业生产价格也难以补偿农民土地承包经营权的损失。因为农民通过家庭方式取得土地承包经营权的期限是30年、50年甚至更长,而且可以在承包期限届满后按照原有条件继续承包,这说明农村土地被征收后,农民个人的损失就已经不止于农地补偿的最高上限30倍的土地补偿费与安置补助费。由于土地补偿费与安置补助费并未完全支付给农民个人,所以,土地补偿更是远远没有达到对农民损失进行补偿的目的。

最后,我国的土地补偿标准不符合世界各国通行的土地补偿原则。自1789年法国《人权宣言》颁布以来,各国都强调征收土地等财产时,必须给予利害关系人以公平补偿。唯在何为公平补偿,公平补偿究竟是完全补偿还是相当补偿问题上存在争议。德

[62] 胡平:《农村建设用地使用权有偿使用制度研究》,中国人民大学法学院2006年博士学位论文,第90页。

国各邦在19世纪对公用征收进行补偿时,采用了完全补偿原则,要求土地征收必须支付全额的补偿。后来,德国《魏玛宪法》对土地征收改采了相当补偿之原则,但是并没有排斥各邦实行完全补偿的规定。魏玛共和国时期,德国各邦的土地征收法仍维持了"完全补偿"的规定。"二战"以后,《德国基本法》第14条第3句规定,"征收补偿之确定,应就公共利益与当事人利益为合理之衡量",采用了以"合理衡量"为准据的"合理补偿"原则。但是在德国的土地补偿实践中,仍多以"交易价值"作为补偿的原则,如《联邦建筑法》第95条规定,"因公用征收而丧失权利者,其补偿应以交易价值定之"。我国台湾地区"法律"强调给予公民以公平合理的补偿,在征收土地时要支付地价补偿、佃农补偿、迁移费补偿、营业损失补偿费及接连地损失补偿等。[63] 美国联邦宪法第五修正案征收公民财产时,必须给予正当补偿(just compensation),即完全、适当而不过高的补偿。[64]

总之,本书认为我国按征收土地的原用途进行补偿,以征地前耕地若干年的产值为标准,而不是按土地的实际价格对失地农民进行补偿,征地补偿标准明显偏低,这不仅损害了农民的利益,也不利于保护耕地。为了切实保护农民利益,征地补偿必须以土地的市场价值为依据,绝对不能以侵害农民利益为代价降低建设成本。为解决征地补偿费的公平问题,需要建立科学的地价评估机制。建立科学的地价评估机制既可解决土地征收补偿的随意性,还可为土地流转奠定基础。地方政府对被征收的土地并不享有所有权或其他权利,因此其无权参与土地征收补偿款的分配。[65] 土

---

〔63〕 翁岳生主编:《行政法》(下册),中国法制出版社2000年版,第1722～1737页。

〔64〕 United States v. Cors, 337 U. S. 325, 332 (1949).

〔65〕 孙宪忠:《争议与思考——物权立法笔记》,中国人民大学出版社2006年版,第535页。

地补偿款必须足额支付给农民集体与农民个人，地方政府不能随意克扣。2011年12月27日，温家宝在中央农村工作会议上指出："土地承包经营权、宅基地使用权、集体收益分配权等，是法律赋予农民的合法财产权利，无论他们是否还需要以此作基本保障，也无论他们是留在农村还是进入城镇，任何人都无权剥夺。"同时，温家宝总理还指出，"应该看到，我国经济发展水平有了很大提高，不能再靠牺牲农民土地财产权利降低工业化、城镇化成本，有必要、也有条件大幅度提高农民在土地增值收益中的分配比例"。

2. 区片综合地价法的采用及其立法确认

在土地征收补偿的标准确定上，可以由各个省市的立法机关按照该省市的区位条件确定一个相对合理的级差补偿标准。具体而言，根据建设用地距离城市中心的远近，分层次确定土地补偿标准。补偿费用由城市中心向外围依次递减，层内呈一致性，层间呈显著差异性。其理论依据是西方城市利用的"圈层说"和"级差地租理论"。至于圈层的数量和范围的确定，南京市的做法是分三个层次。第一层次为主城区范围以内的区域，相当于土地利用总体规划确定的城镇建设用地范围，主要由市政府按照规划和计划实行分批次土地征用。第二层次为主城区范围以外、市区范围以内的区域，或称城市郊区、城市边缘区等，以单独选址项目征用土地居多。第三层次为城市外围区域，也称为郊县或城市远郊，征用土地主要为实施村镇规划。每一个层次还可以进一步细分出若干个小层次。此种补偿标准的确定方法考虑到了土地的区位差异，本质是首先对土地进行定级，然后按照土地层级施行征地补偿，其思路是科学的，但按圈层进行级别划分过于简单化和理想化。[66]在此方面，重庆市人民政府、山东省人民政府、河南商丘市人民政

〔66〕 张全景、欧名豪：《中国土地用途管制制度的耕地保护绩效研究》，商务印书馆2008年版，第253页。

府的做法具有一定的参考价值，但仍存在区位价及片区价不合理及不够细致的问题。重庆市人民政府于2008年发布了《关于调整征地补偿安置政策有关事项的通知》，对征地补偿中的土地补偿费和安置补助费、农村房屋、青苗和地上构(附)着物补偿、住房安置等问题进行了规定。重庆市土地补偿费分地类，按被征收土地的面积计算，一类地区16000元，二类地区15000元；三类地区14000元，土地补偿费标准明显过低。安置补助费按转非安置的农业人口数计算，每个转非安置的农业人口的安置补助费标准为28000元。重庆市的土地补偿费支付方面的特点是，被征土地补偿费总额的80%首先统筹用于被征地农转非人员参加城镇企业职工基本养老保险，由土地行政主管部门代为划拨到劳动保障部门。山东省现行法规规定，土地征收补偿安置费的标准按照山东省人民政府公布的征地区片综合地价标准执行。征地区片综合地价标准每3年调整公布一次。根据山东省2009年发布的《山东省征地区片综合地价表》(2009年公布)，征地区片综合地价标准是指征收一般农用地土地补偿费和安置补助费之和，其他地类以综合地价标准为基础按以下系数调整：农用地中的基本农田1.2、建设用地1.0、未利用地0.8。山东省土地综合地价最高的为青岛市和济南市两市市区，青岛市一类土地价格为19.3万元/亩，济南市区一类土地为13万元/亩，聊城、菏泽市市区一类土地的综合地价最低，均为4.8万元/亩，而全省非市区土地的综合地价标准一般不超过5万元/亩，全省最低综合地价为3万元/亩。根据2010年商丘市政府发布的《商丘市市辖区征地综合地价表》，商丘市土地征地补偿和安置补助费基本上分为市内每亩38000~58000元，市区每亩31800~41800元，市内平均每亩48000元左右，市区平均每亩36800元左右。其中，土地补偿费占40%，安置补助费占60%。社会保障费按照2008年12月河南省劳动和社会保障厅发布的《关于公布各地征地区片综合地价社会保障费用标准的通知》，商丘市内土地征收（城中村改造等）的社会保障标准为每人8800元，市区每人5280元，一次性支付到失地农民所在地社会部门为失地农民开立的社会保障专门账户中。

根据我国的现实国情，学者曲相霏提出了我国农村土地征收补偿时，应该实行一定程度的溢价补，并阐述了主要理由如下：第一，与大多数西方国家不同，中国农村集体土地长期以来其所有权和使用权都受到不正当的限制，其价值并没有完全表现出来，当前的市场价格并不能完全反映土地的真实价值。征收补偿应当考虑对被征收土地的潜力的补偿，而不仅仅对被征收土地以往或当前收益市场价值的补偿。例如，当被征收的土地仍用于农业，但其所在区域已经被规划或未来将被规划为商业区，则该被征收土地将大幅升值，则这种土地升值潜力应当被考虑到补偿之中。第二，征收建立在强制基础上而不是被征收人自由意志上，是对被征收人的强制。第三，征收使被征收人客观上为公共利益做出贡献。第四，征收使被征收人要经受搬迁、重新就业或改变生活习惯等，有些被征收人可能因此失业。第五，“取法乎上，仅得其中”，在土地征收补偿本身很难到位的情况下，强制溢价补偿才能使被征收人得到公平补偿。[67]

目前我国在征收实践中逐步在提高补偿标准的基础上将“收益价值标准”定价法修正为相对完善并且保持动态调整的“征地区片综合地价法”。“征地区片综合地价是依据地类、产值、土地区位、农用地等级、人均耕地数量、土地供求关系以及当地经济发展水平等因素划分区片并测算的征地综合补偿标准，包含土地补

〔67〕　曲相霏：《集体土地产权及其保障机制——山东省土地管理抽样调查报告》，载张千帆等：《城镇化进程中的农民土地权利保障》，中国民主法制出版社2013年版，第191页。

偿费和安置补助费,不包含地上附着物及青苗补偿费。"[68]目前全国各地征收补偿的标准已经普遍修正为动态调整的综合区片综合地价办法,土地补偿已经修正达到相对合理的空间,再进行调高修正的空间有限。例如,山东省于 2009 年 7 月 1 日起公布实施征地区片综合地价制度,2013 年调整后全省征地区片综合地价加权平均调高了 20%,青苗和地上附着物补偿标准同步提高了 25%。临沂市 2012 年调整后的综合地价较原综合地价提高了 17%,全市划分为 17 个片区,综合地价从 3.3 万元到 7.8 万元不等。[69]

2019 年修正的《土地管理法》由原第 47 条修改而来的第 48 条第 1 款首先规定了征收集体土地进行补偿的基本原则,即"征收土地应当给予公平、合理的补偿,保障被征地农民原来生活水平不降低、长远生计有保障"。此外,新修正的《土地管理法》在征地补偿上明确采取了区片综合地价法,第 48 条第 3 款规定:"征收农用地的土地补偿费、安置补助费标准由省、自治区、直辖市通过制定公布区片综合地价确定。制定区片综合地价应当综合考虑土地原用途、土地资源条件、土地产值、土地区位、土地供求关系、人口以及经济社会发展水平等因素,并至少每三年调整或者重新公布一次。"

3. 对农民房屋等的补偿

农村土地征收补偿涉及的另外一个问题是征收补偿中对农民的房屋等财产的保护与补偿不到位。集体土地上的拆迁如何进行?目前并没有全国性的"集体土地拆迁法"或者"集体土地拆迁条例"可以遵循,实际上处于无法可依的局面。在对农民的房屋

[68] 王洪平:《有效缩小征地范围的制度机制探讨》,载《烟台大学学报》2015 年第 4 期。

[69] 孟祥舟、张乃贵、李明启:《山东省建立城乡统一的建设用地市场情况调研报告》,载郑凌志主编《中国土地政策蓝皮书(2014)》,中国社会科学出版社 2014 年版,第 372 ~ 373 页。

进行补偿的过程中，现实中出现了很多房屋征收补偿款及其土地补偿款总计都不够农民重新购买同等面积或者重新建筑同等面积住宅的“倒挂”现象。例如，陕西省宝鸡市渭滨区石咀头镇石咀头村，拆迁时很多村民的住宅是刚刚盖好的房子。按照当时的补偿标准为320元/平米，后来经过村集体补贴及政府努力后将补偿标准提高到了420元/平米。但是，房屋的补偿款远不足以满足农民盖房子的实际需要。在经过宝鸡市给予农民重新建房的基础设施、排水方面的补贴（共补贴150万元）后，核算出来的重新建房成本为600元/平米。该村村民最后重新建房导致村民普遍将房屋补偿款与土地补偿款统统用于建房过程，51户村民中有7户房屋补偿款与土地补偿款不足以完成房屋新建，出现“倒挂”问题。调研显示，房屋征收补偿款及其土地补偿款不足以让农民重新建房的现象在全国各地普遍存在，陕西榆林、山东沂南的调研中该种情况普遍存在。

2010年至2014年，西安市高陵县泾河公业园区姬家管委会在土地被征收时对农民房屋补偿采取的通常标准是每平方米400元，〔70〕长期没有增长。农民普遍认为该补偿标准过低，不符合实际。该地区的具体补偿是：农民人均可以获得35平方米的安置房，10平方米的无偿门面房，20平方米的置换房屋，即农民可以拿自己房屋被拆迁时每平方米400元的补偿款再去以成本价购买20平方米的房屋。

有的地方政府为了使集体土地上的拆迁有法可依，专门制定了集体土地上房屋拆迁管理办法等地方性规章，例如，北京市的《集体土地房屋拆迁管理办法》、上海市的《征收集体土地房屋补偿暂行规定》等。为了指导集体土地上房屋拆迁补偿的司法实践，2005年最高人民法院行政审判庭针对重庆市高级人民法院的

---

〔70〕 该地土地被征收的补偿标准是每亩35100元。

请示，作出了《关于农村集体土地征用后地上房屋拆迁补偿有关问题的答复》，明确指出农村土地被征用后，农村居民对房屋仍享有所有权，房屋所在地已纳入城市规划区的，应参照《城市房屋拆迁管理条例》的有关规定，对房屋所有权人予以补偿安置。

目前在城中村改造、旧村改造与合村并局的过程中，征收农民房屋的补偿一般是相对地价的补偿与置换。例如，章丘市花园街道办事处2004年农村房屋征收拆迁补偿标准为：楼房每平方米380元、砖瓦房每平方米220元、棚房每平方米100元、水泥地方每平方米4元、墙每平方米20元、栏每平方米80元。[71]《济南市土地征收管理办法》第25条规定："在中心城市规划建设用地范围内征收农民集体所有的土地，需要搬迁农民住房的，以房屋安置为主，标准为40平方米（建筑面积，下同）。原住房面积不足每人40平方米的，按照每人40平方米安置。原住房面积超出每人40平方米的，超出部分按照省有关部门批准的补偿标准补偿；安置房超出每人40平方米的部分和地下室，由被安置人按照房屋建设成本价购买。"

关于征地补偿标准及其补偿问题，2010年5月15日，国务院办公厅《关于进一步严格征地拆迁管理工作切实维护群众合法权益的紧急通知》（国办发明电〔2010〕15号）再次强调："要严格执行省、自治区、直辖市人民政府公布实施的征地补偿标准。尚未按照有关规定公布实施新的征地补偿标准的省、自治区、直辖市，必须于2010年6月底前公布实施；已经公布实施但标准偏低的，必须尽快调整提高。要加强对征地实施过程的监管，确保征地补偿费用及时足额支付到位，防止出现拖欠、截留、挪用等问题。征地

---

〔71〕　曲相霏：《集体土地产权及其保障机制——山东省土地管理抽样调查报告》，载张千帆等：《城镇化进程中的农民土地权利保障》，中国民主法制出版社2013年版，第143～145页。

涉及拆迁农民住房的，必须先安置后拆迁，妥善解决好被征地农户的居住问题，切实做到被征地拆迁农民原有生活水平不降低，长远生计有保障。重大工程项目建设涉及征地拆迁的，要带头严格执行规定程序和补偿标准。”

2019 年修正的《土地管理法》第 48 条第 2 款规定：“征收土地应当依法及时足额支付土地补偿费、安置补助费以及农村村民住宅、其他地上附着物和青苗等的补偿费用，并安排被征地农民的社会保障费用。”第 4 款继续规定“对其中的农村村民住宅，应当按照先补偿后搬迁、居住条件有改善的原则，尊重农村村民意愿，采取重新安排宅基地建房、提供安置房或者货币补偿等方式给予公平、合理的补偿，并对因征收造成的搬迁、临时安置等费用予以补偿，保障农村村民居住的权利和合法的住房财产权益”。

（二）尊重农民个人地权，完善征地补偿分配程序

土地权利的征收是导致物权以及其他土地财产权消灭的行为，因此，土地征收补偿首先是对农民丧失的土地物权之补偿。目前在我国农村的农用土地上存在集体土地所有权、土地承包经营权等基本的物权形态，因此，在我国如果要征收农业用地，就必须要补偿集体土地所有权与土地承包经营权。在我国农村的建设类用地上，存在集体土地所有权与宅基地使用权（或者建设用地使用权）等基本的物权，因此，如果要征收农村的建设类用地，就必须补偿集体土地所有权与宅基地使用权（或者建设用地使用权）等损失。与此同时，由于农村土地上存在青苗、房屋等地上附着物，在征收导致农民或者其他主体不能再保有上述的地上附着物时，必须给予上述地上附着物的所有权人一定的补偿，这样才能符合公平正义原则。

在我国农村土地征收的实践中，对于青苗以及地上附着物以及集体土地所有权进行补偿的必要性，已经为各界所认可，也为立

法所确认。1998 年《土地管理法》明确规定了征收耕地的土地补偿费用包括土地补偿费、安置补助费以及地上附着物和青苗的补偿费。《土地管理法实施条例》第 26 条规定："土地补偿费归农民集体经济组织所有；地上附着物及青苗补助费归地上附着物及青苗的所有者所有。"从该条的规定来看，立法者显然认为地上附着物及青苗补助费是对地上附着物及青苗所有权的补偿，而土地补偿费是对集体土地所有权的补偿。那么，安置补助费是否是对农民土地承包经营权的补偿呢？从《土地管理法实施条例》第 26 条第 2 款[72]的规定来看，安置补助费显然也不是对农民的土地承包经营权的补偿，但带有对农民的土地承包经营权进行补偿的性质。由于农村土地承包经营权是广大农民赖以从事农业的基础性权利，土地承包经营权对于农民具有就业实现的功能，因此，安置补助费主要是用来解决农民失去土地后相伴而生的失业问题。由于安置补助费是替代实现土地承包经营权的就业功能（自我保障功能）的一种手段，因此，安置补助费具有对承包经营权进行补偿的性质。但是，这一费用显然没有考虑到土地承包经营权的真正财产价值，也没有量化为真正对土地承包经营权的补偿，因而，这一费用是首先支付给安置农民的集体经济组织的，只有在农民不需要安置时，才支付给失地农民。由于 1998 年《土地管理法》与《土地管理法实施条例》并没有明确规定对农民土地承包经营权等物权的补偿，在实践中农民个人所享有的土地权利处于一种被忽略的状态，在征收补偿中最终落空。由于当时的《土地管理法》

〔72〕 我国《土地管理法实施条例》第 26 条第 2 款规定："征地的安置补助费必须专款专用，不得挪作他用。需要安置的人员由农村集体经济组织安置的，安置补助费支付给农村集体经济组织，由农村集体组织管理和使用；有其他单位安置的，安置补助费支付给安置单位；不需要统一安置的，安置补助费发放给被安置人员个人或者征得被征地人员同意后用于支付安置人员的保险费用。"

及《土地管理法实施条例》中的征收仅仅是针对农地的征收,因而其并没有涉及征收建设类土地时,对农民的宅基地使用权以及建设用地使用权的补偿,但是实践中很多地方都是参考这一标准,而忽视对农民个体以及其他人的土地权利的补偿。

《物权法》在《土地管理法》及《土地管理法实施条例》的基础上再前进了一步,要求征收集体所有的土地的时候,"应当依法足额支付土地补偿费、安置补助费、地上附着物和青苗的补偿费等费用,安排被征地农民的社会保障费用,维护被征地农民的合法权益"。同时,《物权法》第132条规定:"承包地被征收的,土地承包经营权人有权依照本法第四十二条第二款的规定获得相应的补偿。"在这里《物权法》增加了征收土地必须安排被征地农民的社会保障费用的内容,并要求必须对农民的土地承包经营权进行补偿。虽然《物权法》没有采取单独的条款对征收集体土地时导致宅基地使用权(或者集体建设用地使用权)消灭的情况进行说明,但是依据《物权法》第42条与第121条,在土地征收时必须对宅基地使用权以及建设用地使用权进行补偿。安置补助费虽然带有对农民的土地承包经营权的就业功能进行补偿的性质,但并不是对土地承包经营权财产权功能的补偿。土地承包经营权财产权功能的补偿应当包含在土地补偿款之中,因此,土地补偿款应当明确界定为对农民的土地承包经营权、集体土地所有权等物权的补偿,而安置补助费也应当尽量还原为社会保障性质的费用。在《物权法》将土地补偿款与安置补助费、其他的社会保障费用单列以后,必须避免在征地补偿实践中普遍出现的通过扣减农民的土地补偿款来实现对农民的安置补助、社会保障的做法。为农民提供安置补助与社会保障是政府应当承担的社会责任,不应当以此为由让农民承担财产损失。《物权法》在这里虽然规定了征地时必须对土地承包经营权进行补偿,但是如何实现仍需要《土地管理法》等法律法规的配合。在同时需要对集体土地所有权以及土地承包经营权等物权进行补偿时,就存在如何补偿以及优先补偿哪一权利的问题。由于在我国农村存在通过家庭承包方式取得的土地承包经营权以及通过其他方式取得的土地经营权,对这两类土地权利的补偿也应当稍稍有所不同。在通过家庭方式取得土地承包经营权中,集体土地所有权已经通过划分地块的方式基本量化到土地承包经营权之中,土地承包经营权人除了可以在30年的承包期内使用该块土地外,也可以通过继续承包的方式几乎永久地使用该幅土地,因此,此时征地补偿必须以补偿土地承包经营权人为主。"如果补偿给集体,个人得不到补偿,土地承包经营权就会落空,而这与改革的初衷——解放农民不一致,也与土地承包经营权的制度设计不一致。"[73]在土地补偿费是对集体土地所有权与土地承包经营权进行补偿的情况下,至少应当将土地补偿费的70%直接支付给农民个体以补偿农民土地承包经营权的损失;而支付给集体的土地补偿费不应当超过30%。在土地补偿费用的具体支付上,这些土地补偿费至少要弥补土地承包经营权人在该次承包中的损失。对于通过其他方式取得土地经营权,由于其具有一定的他物权性质,因此,至少应当补偿承包经营权人剩余期限内的土地权利,即如果土地承包的期限是50年,征地时已经过去10年,则至少应当补偿该权利人丧失40年土地经营权所遭受的损失。事实上,通过其他方式获得的土地经营权人在期限届满后也有权继续承包,但是这种继续承包的权利带有期待权的属性,并不一定能够转变为现实的权利。因此,土地权利补偿时,应当在剩余期限的基础上增加补偿费用,以补偿权利人的这种期待权利损失。将对土地承包经营权的补偿费直接支付给土地承包经营权人,可以防止集体经济组织、村委会或者其他人员通过各种途径侵吞土地

〔73〕 孙宪忠:《争议与思考——物权立法笔记》,人民大学出版社2006年版,第524页。

补偿费或者挪用土地补偿费。

在土地承包经营权补偿费用的支付方面，由于土地补偿费是对土地财产价值的补偿，因此土地补偿费必须直接支付给权利人，对土地承包经营权的补偿必须直接支付给农民个人，而不能支付给村集体经济组织或者村委会；对于集体土地所有权的补偿，也只能归集体土地所有权人所有，即农民集体的全体成员所有，而不是归集体经济组织或者村民委员会所有。土地补偿款必须由农民集体的全体成员来决定如何使用和分配。集体经济组织或者村委会仅仅是集体土地所有权的代行主体，而不是真正的主体，因此他们无权取得土地补偿款的所有权。他们只能够代为管理土地补偿款，并按照集体成员的集体决定经营运作所有权补偿款或者分配所有权补偿款。《土地管理法实施条例》规定，“土地补偿费归农村集体经济组织所有”，错误地仅将土地补偿费看作是对集体土地所有权的补偿，忽略了征地过程中对农民个人的土地承包经营权等物权的补偿；而且该规定还混淆了集体土地所有权主体与集体土地所有权行使主体，让集体土地所有权的行使主体取得了土地补偿费，违背了物权法的基本原理。从实践上看，将集体全体成员应当获得的土地补偿费规定为集体经济组织所有，不仅损害了失地农民的利益，而且为乡村两级干部贪污、挥霍、挪用土地补偿费开了方便之门，给了乡村干部通过参与征地牟取利益的动力。在集体经济组织不存在的情况下，补偿费都处在了村民委员会或者乡镇政府的控制之下，这为他们积极参与征地过程，出卖农民的土地提供了动力。

调研中，笔者发现了征地补偿费主要支付给农户个人的方式在实践中也被广泛采用。如河南省商丘市，其坚持土地补偿费主要用于支付给农户的原则。已经承包到户的农村集体所有土地被全部或者部分征收的，其土地补偿费以不得低于80%的比例支付给被征地农户，其余部分留给农村集体经济组织。其中农村集体所有土地被全部征收并撤销建制的，其土地补偿费以不低于80%的比例分配给被征地农户，其余部分平均分配给征地补偿方案确定时集体经济组织依法享有土地承包经营权的成员。未承包到户的农村集体所有土地被全部或部分征收的，其土地补偿费以不得低于80%的比例平均支付给征地补偿安置方案确定时本集体经济组织依法享有土地承包经营权的成员，其余部分留给农村集体经济组织。安置补助费根据不同的安置途径支付。由用地单位或者其他单位统一安置被征地农户的，支付给负责安置的单位；不需要统一安置的，属于已承包到户的安置补助费，要全部支付给被征地农户。属于未承包到户的安置补助费，以不低于80%的比例平均支付给被征地补偿安置方案确定时本集体经济组织依法享有土地承包经营权的成员。

我国未来应当建立起集体土地征收的事先补偿机制。“所谓事先补偿，是指未经事先合理补偿，行政主体不能获得征收客体的所有权或使用权”。[74] 在法国，“法国《民法典》第545条规定：‘应当事先给予公道的补偿。’转移被征收财产的所有权并不从属于事先支付补偿金，但行政部门对征收财产实行占有要以事先支付补偿金为条件。补偿金应当事先支付，产生的直接后果是留置权：只要补偿金没有支付，所有权人、房屋或土地的承租人，或者任何利害关系人，均可以继续收益已经征收的财产”。[75] 由于我国法律没有对补偿方案中补偿款未按时发放产生的法律效果作出明确规定，我国法律对于土地征收中的土地补偿款以及其他款项发放的时间性限制之规定显得极为原则与宽泛。我国《土地管理法实施条例》第25条仅规定：“征收土地的各项费用应当在征地补

---

〔74〕 汪振江：《农村土地产权与征收补偿问题研究》，中国人民大学出版社2008年版，第83～84页。

〔75〕 François Terré，Philippe Simler，*Droit Civil Les Biens*，8e Edition，dalloz，Paris，2010，p. 396.

偿和安置方案批准之日起3个月内全额支付。”目前我国法律确定的征收补偿标准及相关的土地补偿款虽然已经极低，但是仍然没有按照法律规定足额发放。据有关的统计数据显示，在2003年开始的土地市场治理整顿中，全国清理出拖欠、截留、挪用农民征地补偿费高达150亿元。[76] 到2004年2月，全国县级以上政府共查出拖欠农民征地补偿安置费达98.8亿元。[77] 而我国台湾地区“土地征收条例”规定土地补偿费应当于公告期满后15日内发给之，但征收补偿价额复议或者行政救济结果有变动者，应予结果确定之日起3个月内发给之。对于土地补偿费未于公告期满15日内发给者，公用征收是否有效力？“司法院”最早的解释认为：“需用土地人不依规定于公告完毕后十五日内，将应补偿地价及其他补偿额，缴交地政机关发放完竣者，法律上既无强制缴交之规定，实际上亦未便使征收土地核准案久悬未决，寻绎立法本质，征收土地核准案自应失其效力。”后其“土地征收条例”对此设有明文，规定“需用土地人未于公告期满十五日内将应补偿地价及其他补偿额，缴交地政机关发放完竣者，该征收案从此失其效力。但有下列各款情形之一者，不在此限：(1)于公告期内对补偿之估价有异议，而由该市县地政机关依第二十二条规定提交地价评定委员会复议者。(2)经土地所有权人同意延期缴交有案者。(3)应受补偿人拒绝受领或不受领者。(4)应受补偿人所在不明者”。我国的立法也应当借鉴台湾地区的立法例，设定征地补偿款发放的时间限制，在没有特殊理由的情况下，若未能限期发放土地补偿款，

〔76〕 上述数据分别出自全国人大常委会副委员长盛华仁向十届全国人大常委会第十次会议的报告和国土资源部耕地保护司负责人于2004年11月12日接受记者采访时所作的介绍。于广思、冯昌中：《土地征收制度改革构想》，载《中国土地》2002年第8期。

〔77〕 陈红霞：《中国城乡土地市场协调发展研究》，哈尔滨工程大学出版社2007年版，第50页。

则否认征收行为的效力,保持原有的土地物权状况。

为了保证集体土地征收的事先补偿机制的贯彻实现,还应当建立预存征地补偿款制度。在征收土地报批前,征地单位应将拟支付的征地补偿款存入银行账户,并将预存款到位的证明作为征收土地报批的必备材料,以保证征地补偿款的兑现。2004年北京市政府就推出了这样的新举措并取得了较好的实践效果。根据这项新规定,从2004年10月1日起,用地单位需要征地的,在政府批准用地后,领取用地批复前,必须到本单位的开户银行,将已签订的《土地补偿安置协议书》所确定的土地补偿款总额,按规定汇入市土地行政主管部门在监管银行开立的专户。款项入账后,由监管银行提供凭据,而后用地单位才能凭此领取市政府的用地批复。

当征收土地者改变土地用途,或者被征收土地已完成其服务于公共利益的使命而可另作他用时,原被征收土地的使用权人应该享有土地使用权优先设定的权利。如果被征收以前原土地为农业用途,原土地使用权人可以要求重新优先设定土地承包经营权;如果被征收以前原土地为宅基地或者建设用地,则被征收人可以要求优先设定建设用地使用权。例如,加拿大哥伦比亚省的土地征收法规定,如果征收机关在两年内认为不再需要被征收的土地,在未经批准机关通过的情况下,不能剥夺原所有人及其继承人的优先购买权。如果双方就重新购买土地达不成协议,法院会以即时的市场价格来做出决定。[78] 我国台湾地区也规定了土地买回权制度,在土地被征收后,如果征地机关没有依照征收计划使用土地,原"都市计划变更而使征收土地不再为公用,政府若标售时,应当公告1个月,而经标售后,原财产权人及继承人,可以在决标

〔78〕 刘婧娟:《加拿大土地征收程序及补偿制度研究》,载《行政法论丛》2011年第1期。

后的10日内，优先取得同价钱的购买权”。[79]

(三)对征地补偿方式完善之探讨

在土地补偿方式上，存在货币补偿和非货币补偿的各种补偿方式。货币补偿是直接向土地权利被征收人支付货币进行补偿的方式。目前这一补偿方式在实践中被广泛运用，成为居于主导地位的土地补偿方式。非货币补偿是指通过提供新的土地承包经营权、股权、房屋等实物或者提供各项保障的方式对农民进行补偿。按照土地补偿费用支付的时间为标准，土地补偿可以分为一次性补偿和分期性补偿。

从1998年《土地管理法》的规定及相关的实践状况来看，1998年以前的《土地管理法》对非货币补偿的采用比较广泛，而这种补偿主要是采取了就业安置的方式。但是，随着计划经济向市场经济转轨，通过给予农民就业机会的方式进行补偿，已经难以全面推行，而且对农民进行就业安置从本质上说也不是一种真正的财产补偿。因此，1999年修订后的《土地管理法》实施以来，货币补偿很快盛行起来，成为了主导的补偿方式。目前货币安置的主要方式是农民交出其承包使用的土地，从而获得数量不等的土地补偿费与安置费。货币补偿是一种比较简便易行的土地补偿方式。从农民的角度看，农民获得了土地补偿费以及安置补助费等费用以后，就算是得到了合理的土地相关补偿；从地方政府工作人员的角度来看，在支付了农民安置费用以后，就履行了土地补偿义务。以货币形式对失地农民进行补偿，充分利用了货币作为一般等价物的市场属性，有利于政府比较迅速地完成征地及相关补偿程序。但是由于我国征地的补偿标准过低，而且征地的前提与征地程序设置不合理，征地补偿货币化过程往往都变成了以较低征地标准

---

〔79〕 陈新民：《台湾房屋拆迁的一般处理规则》，载《法学》2007年第8期。

进行补偿的过程。通常在将1998年《土地管理法》中确定的补偿标准进行货币化以后，农民拿到的货币补偿难以维系农民的长远生计。

货币安置这一政策在推出之初，曾受到了征地农民的普遍欢迎。上海市先后共有8.32万征地劳动力自愿采取了这一安置方式，占征地安置劳动力总量近1/4。从全国来看，2003年前后，各地审批的建设用地项目中，采用货币安置办法的占90%以上。[80]相关的调查显示，大部分农民希望在土地被征收以后得到货币补偿，并且希望得到一次性的补偿，而不是非货币的和分期的补偿。对于征地后是希望得到货币补偿，还是非货币补偿，征地后是希望得到一次性补偿还是分期补偿这样的问题，孔祥智主持的调研的数据显示有89%的农民选择了获得货币补偿，90.1%的农民选择了一次性补偿。[81] 但是货币补偿的数额过低往往会招致农民的不满。例如，安阳市北关区黄家营村位于北关区工业园区。北关区工业园区于2002年前后规划成立，内有30个村。黄家营村是一个大村，该村约有9个生产小队，3000多人。历史上，该村各个生产小队土地平均数不等，拥有人均土地6～9分。1982年前后，完善生产责任制时曾经将全村土地扯平，平均每人7分，后未有大规模调整。现在平均约每人2～3分地。[82] 征地的情况是一般是一亩大约给18000元补偿，分给农民个人16000元，另外的2000元交给村里，村民可以继续享有村内可能有的福利待遇。但是，由于安阳市近郊区的一些地方土地增值的潜力很大，农民对征地补偿的价值非常不满意。从各地情况看，失地农民中由于只有极少数能享受与城镇居民同等的社会保障待遇，而且按照现行的补偿

〔80〕 韩俊：《失地农民的就业和社会保障》，载《农业经济导刊》2005年第11期。

〔81〕 孔祥智主编：《城镇化进程中失地农民的受偿意愿（WTA）和补偿政策研究》，中国经济出版社2008年版，第19页。

〔82〕 1亩地有10分地，1分地约等于66.67平方米。

标准，补偿本身也极其不到位。失地人员失去土地后，既有别于农民，又不同于城市居民，成为一个边缘群体。他们既不能再从事农业生产，也不享有同城市居民一样的社会保障。这部分人处于社会保障的真空地带。失地农民由于在就业、收入等方面的不稳定性，依托家庭的保障模式越来越受到冲击。许多家庭是靠征地款来维持生计，但过几年征地款"吃"完了，其最终结果往往是生活没有保障。自谋出路的失地农民自谋职业困难，目前相当一部分处于失业和半失业状态。

在对失去土地的农民进行货币补偿后，农民由于文化程度不高，缺乏非农就业技能，在就业方面明显处于劣势地位，往往难以维持原有的生活水平。面对这一问题我们必须认识到原因是多方面的，不能完全归结于采取货币补偿方式，农民没有相关的社会保障及货币补偿并没有完全补偿土地的收益损失，是造成当前的状况的重要原因。我们将纯粹的货币补偿方式与其他非货币补偿方式进行比较之后，发现其他的补偿方式取得成功的重要因素之一就是其他补偿方式实际上都已经相应地提高了原有的土地补偿标准，相对足额支付了农民应得的补偿。

货币补偿虽然具有简便易行的特点，但是由于土地征收涉及较多被征收主体，而且被征收主体的状况也千差万别，因此，在实践中几乎没有一个国家或地区单纯使用货币补偿方式，各国常见的补偿方式除货币补偿外，一般还有土地债券、实物补偿等。我国目前的征地补偿中还存在就业安置、补偿换社保与所谓的留地安置等模式。就业安置补偿模式是在支付给农民一定的土地补偿费的基础上，再通过为农民提供就业机会对农民进行补偿。这种方式主要流行于传统的计划经济时代，在当时仅支付很少的土地补偿款，对农民进行农转非，并为农民提供一个城市中的工作岗位。这一方式曾经受到农民的普遍欢迎是因为当时土地并没有成为农民真正支配的财产，在农村税费负担沉重的情况下，农业收益低下,而成为工业或者其他职业者则意味着获得城市的社会保障与可以稳定取得固定收入的"铁饭碗"。在中国进入市场经济时代以后,这一征地补偿模式就已经难以推行了。一是因为是否使用劳动者是企业的权利,征地部门不能作出决定;二是因为即使失地农民获得一个就业岗位,也难以保障农民的技能能够适合这一岗位而可以长久地工作下去;三是因为这仅仅是为农民又提供了一个工作机会,而不是对农民的土地财产权的补偿。补偿换社保的模式是政府在征收了农民的土地后,为农民提供足额的社会保障以保障未来农民的最低生活并在年老、疾病的情况下,可以获得社会的保障性救济。问题在于社会保障本来就是政府应当提供给农民的,只是现在未能在我国农村中完全建立起来。在土地换社保模式的补偿模式中,关键性问题是政府给农民提供社会保障是否已经等同于对农民的土地权利进行了公平的补偿。在很多的情况下,都远没有达到这一标准。在《物权法》已经明确将土地补偿款与安置补助费单列,并要求安排失地农民的社会保障费用之后,为农民提供社会保障成为了政府的一项法定义务,不应当再作为对农民的土地财产权利进行补偿的方式。

留地补偿的基本运作模式是对于一些有稳定收益的项目,政府征收一部分的集体土地进行建设,同时留出一部分土地让农民作为建设用地自己进行开发建设,或者采取在征收的土地上再为农民设定建设用地使用权的方式,使农民可以稳定地获得一定的土地收益。[83] 留地补偿的实质是保留农民部分的土地物权,允许

〔83〕 2004 年 10 月 21 日国务院《关于深化改革严格土地管理法的决定》要求,县级以上人民政府应当制定具体办法,使被征地农民的长远生计有保障。对有稳定收益的项目,农民可以将依法批准的建设用地土地使用权入股。城市规划区内,当地人民政府应当将因征地而导致无地的农民纳入城镇就业体系,并建立社会保障制度;城市规划区外,征收农民集体所有土地时,当地人民政府要在本行政区内为被征地农民留有必要的耕作土地或安排相应的工作岗位;对不具备生产生活条件的农民,应当异地移民安置。

农民获得农村土地上的建设用地使用权。在留地补偿这一模式中,有两种具体的实践模式,第一,在消灭农民集体的土地所有权与农民个体的土地承包经营权等物权的基础上,将土地转变为国有,允许农民享有设定在国有土地上的建设用地使用权,此后,农民以自己享有国有土地上的建设用地使用权为基础入股,获得稳定的土地收益。第二,不消灭集体的土地所有权,而仅仅让农民享有设立在集体土地上的建设用地使用权,此后,农民以自己享有集体土地上的建设用地使用权为基础入股,获得稳定的土地收益。由于我国征地制度本身就是国家通过公权力消灭集体土地上的土地物权,而获得国有土地所有权,这就决定了征地中主要采用的补偿模式是第一种而不是第二种。但是,第二种所谓的“补偿模式”已经在实践中产生并得到发展。留地补偿一般能达到为农民保留一定的土地权利,保证农民的生活水平在征地后不过于降低的目的,因而受到推广与推崇。例如,上海市《批转市农委等三部门关于本市实施农村集体征地留用地制度暂行意见通知》(沪发〔2005〕35 号)要求,在上海近郊或新城、新市镇地区的集体土地被征收后,要留出 5% ~10% 的用地用于农村集体经济组织发展物业经济等集体经济,确保集体经济成员的长期利益不受损害,取得了一定的效果。实际上,转变土地权属的第一种留地补偿的模式也剥夺了农民的土地权利,只是给予了农民收益更为持久的另外一种土地权利的补偿而已。在城市中心区及周边地区留地补偿取得较好的效果。例如,上海闵行区的虹桥镇通过留地补偿的方式,在城市化大潮中为虹桥镇 10 个村留下了宝贵的 200 多亩地,促成该镇范围内广泛发展的楼宇经济,保证了城市化进程中的农民可以获得较稳定的集体经济收益。又如,在成都市龙泉驿区龙华社区拆迁中,“区政府同意龙华社区留下 39 亩集体建设用地建兴业园出租,及允许村民在小区周边建门面房出租。留地安置 39 亩,只占全村近 3000 亩土地的 1% 多一点,但这 1% 多一点的留地安置,不仅为农民提供了分享农地非农使用增值收益的途径,而且使村集体可以在农民走向城市化的过程中为农民提供强有力的经济、社会和心理上的支持,农民走向城市化的过程因此并不孤单"。[84] 留地补偿具有的优越性在另一个层面上,也恰恰说明了土地征收的非必要性,即只要允许农民自己将原有土地权利转变为与国有建设用地使用权同等的土地权利,就可以达到相应的土地使用目的,也能更好地保障农民的土地权利。土地征收的对象主要为农村的耕地,但是也有可能是农民的宅基地。在征收宅基地的情况下,非货币的补偿被广泛推行,农民获得的补偿可能为房产或地产。笔者认为,只要能够弥补农民的土地损失,只要农民能够接受就是基本合适的补偿方式。

留地补偿模式的推行产生了"三产用地"这一概念,即"政府为了解决城市内及周围农民的土地被征用后就业及生活问题而留给农村集体组织用于发展第三产业的土地"。调研显示,陕西省宝鸡市曾经广泛采取"三产用地"的模式进行留地补偿,最初效果反应很好,后来随着城市建设的加快,这种方式的效果在很多地区都不够理想。原因在于:第一,随着征地范围向城郊地区的扩展,偏远的城郊地区适合用作"三产用地"的土地减少。第二,"三产用地"的效益发挥有赖于规划部门的配合,城市规划部门的规划与土地规划部门预留用途及方式难以有效衔接。第三,"三产用地"一般都用于楼宇经济或者工业用地租赁,效益的出现,需要大规模前期投资。第四,"三产用地"的预留政策在实施中被相关部门大打折扣,远难达到最初规定的比例。例如,宝鸡市渭滨区石咀镇石咀头村,土地被征收约 1500 亩,按照要求应当返还"三产用地"100 多亩,但是最终实际返还"三产用地"仅 50 多亩。宝鸡市

---

〔84〕 贺雪峰:《地权的逻辑Ⅱ——地权变革的真相与谬误》,东方出版社 2013 年版,第 169 ~170 页。

金台区金台村最终预留的“三产”用地也远没有达到5%～10%的规模。在实际预留“三产用地”大量缩水的情况下,“三产用地”难以发挥给被征地农民带来稳定收益的实际功效。陕西榆林市目前“留地补偿”在实践中的应用也日益减少,该市刚开始时按照“6∶4”的模式进行留地补偿,即征10亩地,给农民留4亩,现在征10亩仅给农民留1亩。第五,预留完“三产用地”之后,“三产用地”最终实际发挥保障农民长期生计的效果,还有赖于集体经济组织的运行规范及其经营有力,通过规范的市场运作与经营管理来获得有利于全体村民的稳定收益,而目前除部分沿海地区及大城市周边地区外农村集体经济组织的有效运作及实现问题依然突出,“三产用地”效益的发挥作用空间仍需拓宽。

我们必须强调不管是采取货币补偿的方式还是其他任何方式对农民的土地权利进行补偿,都必须公平合理。对于非公益性的建设用地,通过允许农民集体设定建设用地使用权的方式参与其中更加有利于维护农民的土地权利。2014年的调研显示,在陕西省的宝鸡、榆林等地,都不同程度地存在村干部直接和开发商联系出让土地用于非农建设的情况。中共中央十八届三中全会决议指出的“在符合规划和用途管制前提下,允许农村集体经营性建设用地出让、租赁、入股,实行与国有土地同等入市、同权同价”,应当是未来我国非公益性集体建设用地使用权发展的方向。

(四)为失地农民建立社会保障制度问题分析

社会保障制度是国家为了保障社会安全和经济发展而依法建立的,在公民由于年老、疾病、伤残、失业、灾害、战争等原因而生活发生困难的情况下,由国家和社会通过国民收入再分配,提供物质帮助,以维持公民一定生活水平或质量的制度。它包括社会保险、社会救助、社会福利、社会优抚等内容。从社会保障的定义可以看出,提供社会保障的主体是国家,条件是公民由于年老、疾病、伤残、失业、灾害或者战争等原因而生活困难，其手段是国民收入的再分配。[85]

1998 年《土地管理法》在征地补偿项目中，安排了一项被称为安置补助费的补偿费。这一费用或者支付给负责安置农民就业的集体经济组织，或者支付给农民补偿农民因失业而遭受的损失，按照《土地管理法实施条例》第 26 条第 2 款的规定，该安置补助可以在“征得被安置人员同意后用于支付被安置人员的保险费用”。由此可见，安置补助费带有对被征地农民在失地后的生活补助费用的性质，带有一定的社会保障意义。但是，在原有的征地补偿体系中，土地补偿费用支付给了集体经济组织，而农民的土地承包经营权仅仅得到很少的补偿或者几乎没有得到丝毫补偿，安置补助费的数额根本难以弥补农民失去土地财产权所遭受的损失。在这种背景下，安置补助费的社会保障含义就大打折扣了。由于被征地农民的长期抗争，地方政府在征地实践中开始认识到对农民进行足额补偿的必要性，逐渐为农民安排一定的社会保障费用，但由于征地补偿的不到位，政府和农民都认为这种保障并不是完整意义上的社会保障，而仅仅是对农民土地财产价值的补偿，是农民的土地财产收益转做了社会保障费用，因此，在征地的过程中又有土地换社保的说法。现在很多地方除了为农民提供就业促进服务、农转非户口转换服务外，还将土地补偿款用于缴纳社会保险费用基本医疗保险、基本养老保险作为征地单位的补偿义务，例如 2004 年 7 月 1 日起施行的《北京市建设征地补偿安置办法》分 3 章规定了“人员安置”、“就业促进”和“社会保险”，其第 24 条规定：“征地单位招用人员时，应当优先招用转非劳动力。乡镇企业、农村集体经济组织有条件的，可以吸纳转非劳动力就业。”其

---

〔85〕 崔文星：《中国农地物权制度研究》，中国社会科学院 2006 年博士学位论文，第 149 ~ 150 页。

第33条第3款规定:“转非劳动力补缴的社会保险费,由征地单位从征地补偿费中直接拨付到其所在区、县社会保险经办机构。”在政府给农民提供有限的社会保障,而相应地减少土地补偿费用的情况下,所谓的社会保障也并不是真正意义上的社会保障。但是,它也在同时标示着我国的土地征收制度正在不断完善。2004年10月21日国务院《关于深化改革严格土地管理法的决定》要求要将城市规划区内的失地农民纳入城镇就业体系,并为之建立社会保障制度,推动了为失地农民建立社会保障制度的进程。

重庆市在被征地农民的社会保障方面进行了一些颇有成效的改革。首先,重庆市建立了基本养老保险制度。被征地农村居民依法登记为城镇居民后,按照有关规定会被纳入城镇企业职工基本养老保险体系。被征地农转非人员的基本养老保险办法按照重庆市人民政府《关于印发〈重庆市2007年12月31日以前被征地农转非人员基本养老保险试行办法〉和〈重庆市2008年1月1日以后新征地农转非人员基本养老保险试行办法〉的通知》的规定执行。其次,重庆市建立了生活困难救助制度,要求各区县为被征地农转非人员建立多渠道、多形式的生活困难救助制度。对生活困难、符合城镇居民最低生活保障条件的被征地农转非人员家庭,由民政部门按照城镇居民最低生活保障的有关规定办理。最后,重庆市采取了多种促进被征地人员就业实现及子女就学的措施,要求各区县为劳动力年龄段的被征地农转非人员,建立起完善的失业登记和就业服务体系,积极提供政策咨询、就业指导、就业培训、职业介绍等服务,多渠道开发就业岗位,增强就业吸纳能力,改善和优化就业环境。劳动力年龄段的被征地农转非人员或被征地农转非人员的子女就读于重庆市行政区域内各类中等职业学校,可以参照中共重庆市委《关于加快库区产业发展着力解决移民就业促进库区繁荣稳定的决定》的有关规定享受就读资助的政策。

就陕西省的情况来看,失地农民的社会保障问题依然比较突出。就我们对陕西西安高陵、宝鸡及榆林等地的调研总体状况来看,失地农民社会保障工作进行得相对比较好的是西安高陵。被征地农民参加新型农村合作医疗的费用(农民每月需交10元),由高陵县财政部门全额负担。在养老保险方面,基本政策是在新农保基础上,由财政加发补贴。具体做法是在农民参保时财政补贴75元,农民再交25元。最终农民可以领取的到养老保险金为一般农民190元/月,被征地农民260元/月。高陵县在失地农民转城镇居民养老保险方面采取的基本政策是:不区分新老征地农民,一律都享受被征地农民转城镇居民社会保障政策待遇。办理的具体程序是:人均耕地0.3亩以下的村组,由村组写出申请,经国土局认可后,交到社会保障部门确认。该村被拆迁后向城镇转移,户口转为城镇户口,村民可以通过补交养老金的方式将农村养老保险转为城镇居民的养老保险,即如果养老保险金的缴费年限不足15年,可以通过补交相应年限款项达到15年,55岁就可以退休。高陵区的政策简单、实用、公平,区级财政都给予一定的补贴,新老征地农民之间没有出现矛盾。该政策在2012年开始实施,开始时农民需要补交3万元左右,目前需要补交37000~38000元。就失地农民社会保障的筹资渠道而言,被征地农民一般性养老保险是从土地补偿金里缴纳,农民需要整村缴纳,由财政一次性上交,转城镇社会保障的费用由农民自己承担并缴纳。现在参加城镇居民养老保险的农民"退休"后一年能领1200多元,其他失地农民可以领取的养老保险金额由最初的120元提高到260元。

就陕西省宝鸡市的情况来看,宝鸡市2014年约有失地农民1万多人,渭滨区有800多人,政府方面投入资金约420万元,失地农民所享受的养老保险与城镇居民的养老保险差距巨大。宝鸡退休城市居民最低养老保障是1200元/月,失地村民仅为200元/月。例如,宝鸡市卧龙寺街道办代家湾村全村700多人参加了养老保险,其中有280多人转入城镇化职工,220多人享受养老保险待遇，基本是220元左右的标准，80岁的老人可以领到每月215元的养老金，90岁的老人可以领到每225元的养老金。宝鸡市卧龙寺街道办代家湾村民都基本能享受到陕西省宝鸡市新农村养老保险转城镇居民养老保险的政策。农民居民养老保险转为城镇居民养老保险需要在5年的时间内，缴纳4万多元，平均每年要交9800元。宝鸡市卧龙寺街道办代家湾农村养老保险转为城镇居民养老保险的5年中，村民每年都可以获得1/3的政府补贴。

宝鸡市与西安市的大部分地区一样存在新老被征地农民的划分问题，新征地农民和上述代家湾村民一样可以享受一些相对优惠的失地养老保险待遇，而以前（宝鸡市是2010年以前）被征地的农民则不享受新政策优待，只能加入新型农村养老保险，例如，宝鸡市卧龙寺街道办的光明村2130户，总人口7150人。塬上耕地不足700亩，低于0.3亩/人。农民普遍反映生活水平低，收入没有保障。村民要求办理失地农民养老保险，要求按照失地保险转城镇职工保险的标准办理。但是根据2009年51号文件的精神，办理失地保险转城镇职工保险需要两个基本条件：一是人均耕地不满0.3亩，二是2011年以后有征地行为。光明村人均耕地虽已经不满0.3亩，但是该村的土地征收发生在2010年以前，不符合宝鸡市失地农民转保城镇失地保险的条件，只能按新农村保险政策办理农村养老保险金。2009年开始的新农村养老保险，参保金较低是普遍现象。新农保的最高档次是每月1500元，但是该村70%～80%的村民选择一年缴费200元的最低档次。事实上，该种低档缴费也是捆绑式政策要求的结果，农民为了父母能领60元养老保险金才最终决定缴纳。目前2010年前土地被征收的光明村60岁以上老人只有80元、90元、100元三个档次的养老保险，显然不够老人们颐养天年。

诚然，由征地单位为农民支付社会保障费用，解决了农民的后顾之忧以及国家经费不足的问题，具有重大的意义。但征地补偿的关键首先是依公平市场价格补偿给被征地人的问题,此价格应当基本上相当于购买土地的价格。将农民征地补偿费的一部分用于支付社会保险费用的做法也是值得商榷的。两种费用的性质不同,征地补偿费是对农民的土地承包经营权、宅基地使用权以及集体土地所有权等物权的补偿,其如何处分是被征收人的权利,政府既无权处分,也无权干涉农民对土地补偿款的使用。另外,对农民土地进行征收的是地方政府,有义务为农民提供社会保障费用的也应当是地方政府。地方政府应当在公平补偿农民的土地承包经营权等物权的基础上,再为农民提供安置补助费用,并安排失地农民的社会保障,保障失去土地的农民能够像市民一样平等的进入劳动市场。笔者欣喜地看到,农村的社会保障制度已在逐步建立,而且也出现城乡统一的趋势,这为失地农民的社会保障机制的完善创造了良好的条件。

《物权法》第 42 条、第 121 条以及第 132 条强调了足额补偿农民的集体土地所有权、宅基地使用权与土地承包经营权等物权,这些规定必须在未来的征地实践中得到贯彻。同时,第 42 条要求政府为失地农民提供安置补助费用并安排失地农民的社会保障费用,这说明《物权法》已经明确将安置补助费与社会保障费作为农民土地补偿费以外的社会保障性费用,政府必须在实践中依法行政,不能以提供安置补助费与社会保障费为由而减少土地补偿款,降低对农民土地承包经营权等物权的补偿。2019 年新修正的《土地管理法》第 48 条第 5 款规定:“县级以上地方人民政府应当将被征地农民纳入相应的养老等社会保障体系。被征地农民的社会保障费用主要用于符合条件的被征地农民的养老保险等社会保险缴费补贴。被征地农民社会保障费用的筹集、管理和使用办法,由省、自治区、直辖市制定。”

第三章　集体地权与农民个体地权的冲突与协调

由于历史上“三级所有，队为基础”的格局曾长期存在，在实践中还存在集体地权之间的冲突，即乡镇集体、村集体与村民小组集体的地权之间的冲突。另外，在当前农村出现了一种村民小组的土地所有权代行权利向村委会手中转移的趋势，这进一步加剧了集体地权之间的矛盾与冲突。村委会通过召开村民会议制定乡规民约约束了村民小组代行集体土地所有权的能力，同时村委会行使宅基地使用权设定同意权的行为也进一步加强了村民对村委会的认同。当前农民中所进行的自然村合并活动也进一步加强了这种趋势。由于目前集体地权之间的冲突并没有导致极为严重的后果与社会问题，因此，本书仅在相关部分对集体地权之间的冲突进行简单的说明，而不再作详细的分析。

第一节　集体地权与农民成员权之冲突与协调

一、集体地权与农民成员权冲突概述

集体成员首先是作为集体土地的集体共有人之一而存在，作为个体的集体共有人对集体土地享有一定的土地权利。这一土地权利并不能表现为个体成员自己独自支配集体土地的权利，集体

土地所有权的本质属性决定了成员的个体意志必须集合成一个新的团体意志以后,才能借助一定组织来行使或者集体地权必须个体化为农民个人的土地物权从而实现对全部集体土地或者部分集体土地的支配。集体地权与农民成员权的冲突既表现在集体意志形成过程中,也表现在集体地权个人化的过程中,而以集体地权个人化的过程中集体地权与农民个人地权之间的冲突最为明显。集体经济成员对集体所有土地的个人权利与农户承包经营权、宅基地使用权等财产权之间的矛盾,是农村土地集体所有与农户承包经营体制的一个症结问题与难点问题。

集体土地所有权在本质属性是集体内部新有成员共有的土地权利,集体土地所有权的集体共有属性决定了集体成员的意志必须经过一定程序统一为利用集体土地的共同意志。在集体共同意志的形成过程中,集体成员将会基于各种原因而形成各种不同的主张,因此,集体意志的形成过程既是集体共有人之间进行意志冲突的过程,也是一个民主决策的过程。在集体意志的形成过程中,可能有种种原因导致部分成员参与决策的权利受到限制,也会最终排斥掉部分成员的意志,从而导致一定程度的集体地权与农民个人地权之间的冲突,但是,由于集体意志形成的过程并不直接产生利益分配的后果,因此,不会直接形成严重的利益冲突。集体地权个人化直接表现为新的土地物权的设定,即土地承包经营权与宅基地使用权的设定。由于土地承包经营权与宅基地使用权都存在将集体土地所有权分割量化的属性,都是长期甚至永久性的支配特定集体土地的权利,其取得与否直接影响农民个体长期甚至一生的生存与生活利益,因此,在集体地权个人化的过程中就出现了严重的地权冲突。按照集体土地所有权的运作机制,集体土地可以依法发包给集体成员以外的人使用(主要是“四荒”的土地使用权),也可以出租给集体成员以外的人使用,符合土地用途管制与城乡规划的集体土地可以出租用于非农建设,也可以采取设定建设用地使用权的方式用于非农建设。在集体土地通过各种途径承包、出租、出让给集体成员以外的主体之后，集体会取得相应的土地收益。由于这些土地收益也属于全体集体成员所有，因此应当由集体成员共同形成共同的意志，决定将其用于特定的用途，或者将其依法分配给集体成员。在集体成员共同决定分配土地利益之后，每个集体成员都可以以集体共有人的身份，依据共同的决议最终获得相应的收益。在集体土地收益的分配过程中，部分成员可能没有分配到相应的土地收益或者收益分配不足，从而导致利益受到损失，形成集体地权与个人地权之间的冲突。按照《农村土地承包法》的规定大部分土地均已承包给集体成员，集体土地出租给集体成员从事农业使用或者工业建设的非常有限，因此，集体土地收益分配中的地权冲突不是集体地权与农民成员权冲突的重点。这一冲突一般在经济较发达的地区才比较普遍，在这些地区集体土地出租或者出让用于农业或者非农建设的现象比较普遍。集体地权与农民成员权冲突的另外一个重点是土地补偿款的分配问题。随着中国的城市化进程与工业化进程，农村土地被征收导致了集体土地所有权与农民的土地承包经营权与宅基地使用权的消灭。集体土地所有权与农民个体的土地承包经营权、宅基地使用权的冲突在土地补偿款分配过程中继续延续存在。在政府支付的土地补偿款中，除了补偿农村土地承包经营权与宅基地使用权的损失外，还包括一部分对集体土地所有权的补偿。对集体土地所有权的补偿也应当依据集体的决议用于特定用途，或者依法分配给集体成员。在集体土地补偿款的分配过程中，部分成员也经常可能有各种原因未获得土地补偿款而产生集体地权与农民成员权中的利益请求权之间的冲突。因此，笔者在此将集体地权与农民成员权之间的冲突分为集体地权个人化中的集体地权与农民成员权之间的冲突与集体土地收益分配中的集体地权与农民成员权（土地利益分配请求权）之间的冲突、土地征收中集体土地所有权补偿款分配中的集体地权与农民成员权（土地利益分配请求权）之间的冲突，并对前两者进行重点讨论。集体地权与农民地权之间的冲突究其实质，仍然是集体成员之间的土地利益冲突，它是以集体为媒介的集体成员土地利益之冲突。

二、集体地权个人化中的集体地权与成员权之冲突分析

集体地权个人化中的问题主要是农民能否取得承包经营权以及宅基地使用权的问题，而在实践中多发的是农民能否取得承包经营权的问题。

（一）农村土地承包中的集体地权与成员权之冲突

在以集体土地所有权为基础进行的长期农村土地承包经营权实践中，形成了成员之间强烈的平等观念，在集体土地权利个人化的过程中要求实现平等的人人有份的承包是集体土地所有权运行的实践逻辑在观念上的必然反映。在具体的理解中，农民将家庭承包理解为人人有份的承包，即在农民的观念中每一个集体成员都有权获得一份承包土地。但是在实际的土地承包过程中，由于传统重男轻女观念的存在，集体成员身份确定规则的缺失，乡规民约的限定、村干部在发包中的不当行为以及集体土地客观范围有限，部分集体成员并没有获得土地承包经营权。这是集体土地所有权个人化过程中不可避免的一个问题。集体地权个人化的过程本身就是一个土地权利在集体共有人之间分配的过程，是一个“众僧分粥”的过程。由于集体土地的范围有限，集体成员之间在集体地权个人化的过程中表现出了利益之间的相互排斥性，客观地表现为归属于我的土地权利不能再归属于其他人。形成纠纷诉讼到法院的集体地权个人化中的集体地权与农民地权的冲突在农村中普遍存在，也是一个相当难解决的问题。“要解决个人权利与财产权利之间的矛盾，只有将集体经济组织对该组织土地承包

经营权和其他集体资产的权利固化到某一时点，将农村集体经济组织的成员权利与财产权利统一。”[1]但是这种统一也仅仅是一种临时的静态统一，随着农村集体成员资格认知的打破，新成员权认知确认的来临将会带来新的权利要求，进而打破这种平衡。

长期以来，对于集体地权个人化过程中出现的问题被认为是农村公共事务管理的问题，未获得土地承包经营权的人只能通过要求行政主管机关处理的方式获得解决。最高人民法院涉及农村土地承包的司法解释采用了这一观点，2005年发布的最高人民法院《关于审理涉及农村土地承包纠纷案件适用法律问题的解释》（法释〔2005〕6号）第1条第2款规定，“集体经济组织成员因未实际取得土地承包经营权提起民事诉讼的，人民法院应当告知其向有关行政主管部门申请解决”。这实际上阻塞了农民通过司法途径救济自己民事权利的渠道。笔者认为这一规定并不合适。农民获得承包土地的权利来源于农民作为集体土地共有人之一的地位，来源于集体土地所有权需个人化后才能行使的内在规定性以及集体内部新有成员决定为每一个成员分配一块承包地的决议。农民要求获得承包经营权的请求，有民事请求权的基础，即《农村土地承包法》第5条第1款的规定“农村集体经济组织成员有权依法承包由本集体经济组织发包的农村土地”。因此，人民法院应当依法受理这一案件，救济受到侵害的农民土地权利。

但问题正在于农村地权个人化是一个极为复杂的问题，集体土地所有权的客体——农村土地是有限的，农村土地一经发包出去，农村土地上就会存在农民个体的土地承包经营权。农民通过家庭方式获得的土地承包经营权是一种效力极为强大的物权，具有相当于所有权的属性，是一种对集体土地所有权进行全面限制的物权。在第二轮承包的过程中很多地方都没有预留机动地，即

---

〔1〕 张晓山：《植根现实　见证历史》，载《读书》2012年第7期。

使留有机动地，也只是按照要求规定面积不足5%，〔2〕而且这些机动地有些又承包给了非本集体的成员，或者租赁给其他人员。在农民集体经济组织还留有机动地而这些机动地未被承包的情况下，法院可以采取强制设定农村土地承包经营权的方式，来实现对农民个体土地权利的救济；在集体经济组织没有留有机动地的情况下，由于法院无法采取强制设定农村土地承包经营权的方式来实现对农民个体土地权利的救济，只能采取其他方式，例如，如果农民集体经济组织已经将部分符合城乡规划的土地出让为建设用地，并可以获得稳定的收益，这时农民也要求获得一定数额的定期金，法院可以采取要求集体经济组织支付定期金的方式来弥补农民个体土地权利的损失。在农民集体已经无机动地，也无稳定的土地收益的情况下，此时农民的个体土地权利将难以救济，法院在此种情况下可以仅按照农民的要求确认该农民的集体成员身份，以确保农民享有管理集体土地的权利及其具有优先获得流转的承包地的权利。在集体经济组织将土地承包给非集体经济组织成员的情况下，非集体成员的土地经营权已经存在承包地之上了，非集体成员的土地经营权通常也是一种物权，集体经济组织无法将非集体成员的物权排斥掉，而重新为集体成员设定土地承包经营权。由于家庭方式取得承包经营权具有相当于所有权的属性，因此，可以强制为集体成员再次设定一个更为基础的土地承包经营权，让非集体成员的土地经营权以该成员的承包经营权为基础而存在。在新的家庭方式取得的承包经营权设定与非家庭方式取得承包经营权而转变为土地经营权后，发包方应当将承包费转移给该通过

---

〔2〕 全国人大常委会执法检查组《关于检查〈中华人民共和国农村土地承包法〉实施情况的报告》显示，在全国范围预留机动地的总面积没有超过5%。参见全国人大常委会办公厅秘书一局等编：《土地是农民的命根子——2003年全国人大常委会〈中华人民共和国农村土地承包法〉执法检查报告汇编》，中国民主法制出版社2004年版，第44页。

家庭方式取得承包经营权的权利人,此后通过非家庭方式取得承包经营权的权利人应当将承包费转交给该承包经营权人。在集体土地已经租赁给其他人的情况下,也可以考虑重新为该集体成员设定一个通过家庭承包方式取得的土地承包经营权。为了保护租赁人的利益,在租赁期满前,原租赁关系也应当继续以该新的土地承包经营权为基础而存在,租赁费用也应当由该新的土地承包经营权人收取。〔3〕在集体土地所有权的代行主体或者主要负责人,存在过错非法剥夺集体成员应得的承包经营权的情况下,代行主体及其主要负责人应当承担赔偿损失的责任,因为他们的行为导致了集体成员长期没有取得承包经营权,或者仅能获得价值化的土地承包经营权。在集体土地上重新设定了一个通过家庭承包的方式取得的承包经营权之后,期限届满应当由该集体成员或者家庭继续承包,次级承包经营权人或者租赁权人应当同通过家庭承包方式取得承包经营权的人员协商确定是否继续设定次级承包经营权或者租赁权。

在实地调研中,笔者也发现了一些判例,判例要求集体或者集体经济组织为特定的成员设定承包经营权。但是,集体以及集体经济组织并没有最终为该集体成员设定承包经营权,或者是因为该集体成员的共同压力而导致该成员最终未能行使其承包经营权。由于在实践中法院曾经受理过这类案件并按照当事人的要求作出过相应的判决,但是,这些判决在实践中由于受到各种因素的制约往往难以执行。法院担心这会降低法院的权威性,并导致各

〔3〕 按照物权的效力强于债权的规则,在理论上集体经组织可以在解除租赁合同并赔偿租赁人的损失后,再为集体成员强制设定一个承包经营权,并赔偿集体成员因此而遭受的损失。笔者认为这样对经济秩序冲击过大,既不利于保护承租人的利益,也会使集体经济组织蒙受过多的损失,可以参考"买卖不击破租赁"的规则建立起新的土地承包经营权的设定不击破租赁的规则。

种矛盾冲突指向自己，为了避免出现不良的后果，各地方高级法院先后颁布了内部案件受理的规定，将这类案件排除在法院受理案件的范围之内。因此，人民法院对于因承包纠纷发生的案件作出不予处理的决定也有迫不得已的苦衷，但是笔者认为这不能成为法院推脱责任的最终理由。因此，笔者认为2005年最高人民法院《关于审理涉及农村土地承包纠纷案件适用法律问题的解释》第1条第2款规定应当废止，人民法院应当依法受理集体经济组织成员因未实际取得土地承包经营权提起的民事诉讼。

农民集体成员作为集体共有人有权获得一份承包地，但是由于客观条件的限制，农民集体成员往往难以每人都获得一份承包地。现实中最经常出现的情况是部分集体成员因集体成员身份被否定，从而被排除出有权取得承包地人员的范围。土地承包经营过程中，未能获得承包地的人员的一个共同特征就是其集体成员身份的边缘性，即某些集体成员的成员权受到否定，他们所享有的与之相关联的取得承包经营权之权利也受到否定。因此，确定集体成员是否有权获得承包地时，法院首先要根据具体的情况来确定一个成员是否具有集体成员的资格，再根据实际情况来确定是否可以救济该成员获得承包地的权利。在集体经济组织留有机动地情况下，可以通过判决形式为该集体成员设定承包经营权，以救济该集体成员的权利；在集体未留有机动地或者机动地上已经设定有土地物权的情形下，可以灵活采取多种途径来救济农民土地权利的损失。

在集体地权个人化的过程中，一个较为突出的问题是妇女承包土地之权利的实现问题，特别是待嫁女与出嫁女的土地承包经营权的取得问题。在二轮承包中很多的村庄或者集体经济组织都以妇女即将出嫁或者已经出嫁为由，取消这些妇女取得承包地的权利，并收回这些妇女已经取得的承包地。二轮承包既表现出了一轮承包中农民原先取得的承包经营权延续的特点，也表现出了新的承包经营权设定的特点。从全国普遍的情况来看，二轮承包更多地表现出了一些否定既有土地承包经营权而重新设定新的土地承包经营权的特点。虽然，中央一直在强调“大稳定，小调整”，提倡“增人不增地，减人不减地”，但是这依然没法否定二轮承包所带有的在全国范围内或者特定的地域范围内重新设定土地承包经营权的特征。既然二轮承包是要重新设定土地承包经营权，就要重新判定集体成员的资格。待嫁女与出嫁女在原有家庭关系上的特点是即将离开原来的家庭或者已经离开原来的家庭；在地域范围上表现为即将离开原来的集体或者已经离开原来的集体，或者是没有离开原来的集体但要重新以家庭为纽带而重构或者已经重构了与集体的关系。在上述情况下，就出现了如何认定待嫁女与出嫁女是否为集体成员的问题。笔者认为，集体成员资格的问题本质上是一个集体共有人的判定问题。因此，农民个人与集体土地的关系最能体现出一个人是否为集体成员。由于在二轮承包之前已经存在了一轮承包，因此，凡是在一轮承包中已经取得承包经营权的人都应当认定为该集体的成员，并有权参与二轮承包。不管是出嫁女还是未嫁女，只要其已经在第一轮承包中取得过承包经营权就应当在二轮承包中继续获得承包经营权。除此之外，需要根据地域、户籍与血缘等标准，以二轮承包发生为时间点来界定该成员是否为集体成员，进而认定其是否有权取得承包经营权。

在集体地权个人化的过程中一个突出的问题是村干部违反“公平、公正、公开”的原则将土地承包给自己的亲属，特别在通过非家庭方式设定的承包经营权之中普遍存在这样一个问题。2005年7月11日农业部、监察部、国务院纠风办联合发布了《关于做好村干部任期和离任经济责任专项审计的通知》（以下简称《通知》），明确规定了村干部审计问题——土地发包、承包是审计的重点内容，如“四荒地”等资源型资产的发包是否采取招标、拍卖、租赁、参股和公开协商等方式，是否签订规范的承包合同等农民反映较为强烈的问题都被列入了审计的范围。而且,农民群众是审计结果的监督员,《通知》特别强调,“审计结束后,审计结果要向全体村民公开”。因此,对于以非家庭方式取得的承包经营权,应当尽量采取招标、拍卖、公开协商的方式,将承包过程置于集体成员的监督之下。

(二)宅基地使用权设定中的集体地权与农民成员权冲突

农村宅基地使用权设定的过程中也存在集体地权与农民个人地权的冲突。但是由于宅基地使用权在农村的现实意义并不如农村土地承包经营权突出,宅基地使用权的设立规则也相对比较完善,宅基地使用权的设立纠纷并不是非常普遍与棘手。

宅基地使用权设立的问题与户的主体单位相联系。宅基地使用权的设立是以户为单位,在实践中农村多以男性成员为中心来判定户的存在,进而决定宅基地使用权的设定。在此,笔者仅举山东省沂南县大庄镇河村的宅基地使用权的设定实例来说明这一问题。〔4〕该村的宅基地虽是以户为单位取得,但由于一个自然人可以称为一户,两个自然人结合成的家庭也可以称为一户,甚至大家庭也可以被称为一户,因此,在宅基地使用权的设定过程中必须找到户的判定标准。该村户的判定标准为男性成员标准,真正申请人为刚刚结婚或者打算结婚的男性村民,女性村民被排除在外,她们只有在与本村村民结婚的情况下附随性地取得宅基地使用权。对于原户中有两个即将结婚的男性成员的家庭,由于该村宅基地使用权紧张,该村采取仅为其中一个即将结婚的男性成员设定一处宅基地使用权的方案。对于另外一个男性成员,在结婚时需要

---

〔4〕　笔者走访了山东省沂南县大庄镇的赵家庄子、河村等村庄,苏村镇苏村街的西北、西南、东南、东北四个村庄以及辛集镇的几个村庄发现这些村庄的宅基地设定过程都基本相同,男性中心主义也普遍存在;笔者在河南省汤阴县的调研状况也基本如此。

与其父母共同居住,使用原有的宅基地,集体不再为其设定宅基地。因此,以户为单位内含着男性中心主义,否则同时考虑女性成员与其他成员将会出现各种重复设定宅基地使用权的情形。在同时出现多户符合条件的农民申请宅基地的情况下,该村按照条件成就的时间与提出申请的先后顺序,甚至采取"抓阄"的办法来决定先为哪一个成员或者哪一户设定。另外,笔者在调研中发现,目前很多农村可以用作宅基地的土地已经基本用尽,很多地方已经自动停止了宅基地使用权的初始设定。在宅基地使用权的设定过程中,虽然中央的文件已经禁止收取宅基地使用费,但是在一些地方设定宅基地使用权时,乡镇政府及其村民委员会仍然强制要求农民缴纳一定的使用费,宅基地的使用费从几千元到几万元不等,造成了宅基地使用权设定中的集体地权与农民个人地权的冲突。例如,上文已经提到,笔者在山东省沂南县苏村镇苏村街村调研发现该地的宅基地使用权设定需要缴纳2万~4万元不等的宅基地使用费;而河南汤阴县伏道乡后攸昙村的宅基地使用费,按照宅基地的地理位置不同,位置好的交钱多,位置差的交钱少,一般为3000~5000元不等。笔者认为宅基地使用权是否为有偿设定,属于集体土地所有权行使中的重大问题,应当依法由全体集体成员共同做出决定后由村民委员会等贯彻,而不能由乡镇政府、村民委员会单独决定。在宅基地使用权设定收费的情况下,会形成集体总体利益与个体成员利益在一定范围内的冲突,进而造成设定中的集体地权与农民成员权之间的冲突。

在当前农村的现实条件下,宅基地使用权设定纠纷往往是伴随着乡村建设与乡村规划带来的拆迁问题而同步出现的。乡村在进行公共设施建设时,可能会收回宅基地使用权,而给农民重新划定宅基地。新设定的宅基地使用权往往是作为对农民原有宅基地使用权与房屋的补偿而存在。由于宅基地使用权存在区位差异,因此,在集体成员与集体代行主体之间会产生纠纷。该新的宅基地使用权虽是重新设定的，但是由于其具有对原有宅基地使用权进行补偿的性质，应当通过协商机制在公平补偿原宅基地权利人的基础上公平设定。随着城乡规划与新农村建设的发展，涉及宅基地使用权设定的集体地权与农民成员权冲突有升级的趋势，必须妥善解决。

宅基地使用权设定中的集体地权与农民成员权冲突的解决需要在充分考虑到集体土地所有权的行使特点、集体成员权的特性以及农民宅基地使用权的类所有权性基础上构建起集体土地所有权行使、集体成员利益实现及农民个体土地权利保障互相兼容的利益协调机制。

三、土地收益或补偿款分配中的集体地权与成员权之冲突

集体土地可以通过非平均分配的各种方式（承包、出租、出让、入股）交给非本集体的民事主体或者集体中的个别成员使用，集体可以相应取得相关的土地收益。由于集体土地属于集体成员共有，因此，土地收益也应当属于集体成员共有。集体成员可以共同决定将集体收益用于特定的用途，或者将土地收益分配给集体成员。在集体土地收益的分配过程中，会发生集体收益分配纠纷案件。农村集体收益分配纠纷案件主要是指村、乡（镇）集体经济组织、村民委员会、村民小组与集体成员之间基于收益分配而发生的争议。这种纠纷多发生在城乡接合部及农村中非农经济相对比较发达的地区。

农村中仅有一小部分土地上只存在集体所有权，此时的土地补偿费是对完整的集体土地所有权的补偿；大部分的农村土地上并存着集体土地所有权与土地承包经营权（宅基地使用权）等物权，因此，土地补偿费也就相应地划分为对农民家庭与个体的土地承包经营权（宅基地使用权）的补偿费与对分割出去农民个体土地物权后的集体土地所有权的补偿费。集体成员依据成员资格可

以要求分配的土地补偿费主要是对未受限制的集体土地所有权的补偿款与受农民个体土地物权限制后的集体土地所有权的补偿款，即土地补偿款分配过程中的冲突一部分是集体土地所有权与农民个体的土地承包经营权（宅基地使用权）之冲突在土地补偿款分配领域中的延伸，剩下的那一部分才是集体地权与农民个体的成员权之间的冲突，其实质依然是农民个体的土地补偿利益请求权的实现问题。鉴于此，本处所指的土地补偿费分配主要是指对未受土地承包经营权等物权限制的集体土地补偿费或者是已经扣除了对土地承包经营权与宅基地使用权的补偿款之后的土地补偿款的分配。根据《土地管理法》《农村土地承包法》《物权法》的规定，农村集体所有的土地归属本集体成员共同所有，本集体成员有权决定上述土地补偿费的使用与分配；村、乡（镇）集体经济组织、村民委员会、村民小组代表集体行使所有权，对集体土地进行经营管理，在发包、土地补偿费分配等关系中，只是全体农民的代理人，与本集体成员之间处于平等的民事主体地位，全体农民才是土地利益的享有者，他们才能决定土地补偿款是否分配，或者将其用于特定用途。在全体集体成员决定分配土地补偿款时，集体经济组织、村委会等理应进行土地补偿款的分配。这是一种典型的民事法律关系。

收益分配与土地补偿款分配中农民的土地利益落空主要有两个方面的原因，一是集体土地所有权代行主体作出了决定并通过具体的行为导致了农民个体的土地利益分配请求权得不到实现。这是当前土地收益与土地补偿款分配过程中农民的土地利益得不到实现的最主要的原因。二是全体集体成员共同确定的分配方案，最终由代行主体或者其他主体实行而导致集体成员个体的土地权利没有实现。在现实生活中，出现导致农民的土地利益分配请求权不能实现的情形中前者更为常见。村委会、集体经济组织或者乡镇政府在代行集体土地所有权中存在了很多挪用、克扣、私分土地收益与土地补偿款的现象。针对这一问题,《物权法》的解决方案是由集体成员共同决定土地补偿费等费用的使用、分配办法,要求集体经济组织、村民委员会、村民小组依照法律、行政法规及规章、村规民约向集体成员公布集体财产的状况,同时承认集体成员对集体经济组织、村民委员会或者其负责人作出的侵害其权益的行为有权请求撤销。《物权法》的这些规定虽然有助于解决在土地利益与土地补偿款分配中的集体地权与农民成员权之间的冲突,但是还不够充分。《物权法》需要重构集体成员的成员权。单就解决这一冲突而言,法律需要继续强化集体成员对村民委员会、集体经济组织等代行主体的监督权,需要明确村民委员会、集体经济组织及其主要负责人在通过具体行为导致集体财产损失,集体成员的利益损失时,应当承担的损害赔偿责任。

对于因集体全体成员作出的决定或者共同形成的乡规民约导致的对集体成员收益分配请求权与土地补偿款分配请求权的侵害,集体成员应当如何救济的问题,法律并没有明确规定。现实中,这种情况也是普遍存在的。村民委员会、村民小组在分配征地补偿费过程中,依据的主要是村民代表大会集体讨论决定的村规民约或者长期以来所沿袭的习惯做法。不合理或者不合法的村规民约及地方习惯做法排斥了"集体成员身份"模糊者的土地收益分配与土地补偿分配请求权,特别是一些外来人员与出嫁女等,使个别集体成员的土地收益分配请求权与土地补偿费用请求权因此而落空。在集体全体成员共同作出的决定侵害农民个体的土地收益分配权的情况下,法律应当明确规定集体成员可以提起诉讼救济自己应得的利益。由集体全体成员通过共同的决议而排斥掉部分集体成员的收益分配与土地补偿款分配请求权涉及集体共有人自治的边界问题,法院需要根据具体的案情进行个别的考量。原则上集体成员应当享有平等的收益分配权,法律应当救济这些成员的权利。

四、集体成员资格判断的再思考

在集体地权与集体成员权发生冲突的时候,不管是在集体地权个人化还是在集体收益分配的过程中,维护集体成员合法权利的一个前提要件是确定提出请求之人的成员资格。只有该人的成员资格被确认,他才能够以其成员权为依据请求救济。现实中集体地权与农民成员权冲突中最为棘手的问题就是集体成员的资格确定。现实地看,法律没有给集体成员资格的认定提供一个统一的标准,也不可能提供一个统一的标准。

集体成员资格认定作为一个历史问题可以追溯到初级社以及高级社时期,但是作为一个现实问题则在改革开放以后才普遍出现。在人民公社时期,土地的财产权功能被扼杀。土地被控制在生产小队、生产队或者公社手中,更确切地说,是被生产小队、生产队或者公社的干部所控制。公社的社员作为一个集体内的劳动者通过劳动而取得劳动收益,除使用的宅基地与自留地外,个体并不对集体土地享有明确的权利。城乡分离的户籍制度在人民公社时期起到了限制农民流动的作用,农民固定地与特定的生产小队、生产队与公社发生联系,因此,成员资格的判断一般不成问题。不存在承包经营权与普遍的土地征收补偿事宜,使成员资格的确定意义也不够重大。在特定地域范围内形成共同的劳动经历、固定的户籍等因素成为判断成员权的标准。承包制的推行带来了集体地权个人化的问题,成员权的问题也因此产生。第一次承包之时,人民公社时期存在的利益共同体仍然维持,因此,成员资格确定的障碍不大,户籍成为一个成员集体资格的最主要依据。随着经济的发展,人口的增减与流动日益普遍,成员资格的判断问题也日益复杂,如何判定嫁入与嫁出人员、外出就学人员、外出务工人员、服兵役人员、异地服刑人员的成员权问题日益严重起来。农村土地承包的过程是一个土地利益分配的过程,土地收益的分配与土地补偿款的分配也是一个土地利益分配的过程，而特定地域范围的土地与相关的土地利益总是有限的，有限利益的分配必然伴随着利益的冲突，这是难以避免的。但是将土地利益分配给哪些人才是公正的，这是集体成员资格问题的核心与难点。

从第一轮承包的实践来看，当时基本上是以户籍为依据确定成员资格的。在改革开放之初，以户籍为依据确定集体成员的资格是基本恰当的，户籍制度把历史上形成的农民与土地之间的关系基本完整地记录下来。此后，生活在特定区域的居民发生了生老病死，婚娶嫁出，迁移流动，此种情况下户籍是否还能成为判断成员与集体、成员与土地之间关系的唯一依据就会发生问题。从二轮承包的情况来看，二轮承包中强调“增人不增地，减人不减地”，强调“大稳定，小调整”，实际上已经是将一轮承包中形成的农民与承包地之间的联系作为确定成员资格的最重要的依据。在实践中，农民群众会以此为基础，再考虑地域与血缘的因素，考虑农民形成的乡规民约与地方认定习惯，考虑农民普遍形成的人地平衡的公平观念，最终认定集体成员资格。中央在一轮承包中提出承包期应当在 15 年以上，二轮承包使用的用语是再延长 30 年，在这里体现了中央在集体地权个人化中的一个基本态度，即将一轮承包中农民取得的承包经营权进行时间上的延伸。随着户籍制度的改革，未来集体成员资格认定的正确趋势将是以农民在历史上获得土地权利为依据，即以农民是否享有土地承包经营权与宅基地使用权为基础来确定，同时参考其他的因素，如户籍因素、地域居住因素、血缘与亲缘因素等。在如何固定农民的土地收益分配请求权方面，股份制改革给我们提供的一个重要启示是可以将农民与土地之间的收益权利量化为一定的股份分配给现有成员，让农民依法转让这一股权。在条件成熟的地方我们可以在承认并保留农民的土地承包经营权与宅基地使用权的基础上，将农民对集体土地的权利量化为一定股份，从而建立清晰的收益分配与土地补偿费分配的内部制度安排。但是,在全国大部分地区主要以农民获得的土地承包经营权与宅基地使用权为依据来认定成员权,仍然具有突出的现实意义。在很多情况下,实际上确定成员资格的目的就是为了确定农民是否有权承包土地,是否有权分配土地利益,那么以农民已经或者曾经取得的承包经营权或者其他土地物权为依据是否是一个循环判断?在集体未采取措施消灭原有的承包关系之前,或者在没有进行新的土地承包之前,农民原来的承包权是存在的,因此,在重新发包前以此为依据判断下一轮承包时集体成员资格依旧是具有现实操作性的。农民与土地之间曾经存在的及其现在仍然存在的土地物权联系,应当是判定集体成员资格的基本标准。当然它也不是判断农民成员权的唯一标准,它在实践中需要村民自治形成的乡规民约、户籍、地域与血缘因素的共同配合。"要判断公民是否是某个特定的农村集体经济组织的成员,基本的要求应该是从公民与集体关系的历史与现实两个方面的情况进行考察。从历史情况考察,主要着眼于公民在村、组等集体内生产和生活的事实;从现实情况出发,主要着眼于公民以集体提供的物质条件和福利保障为生存保障的事实。"〔5〕"团体的形成是正式成员自愿结合的产物,而新成员的加入也是成员的意志和团体的认同的结果。考察公民是否成为了某一农村集体经济组织的成员,实际上是要判断公民是否具有成为集体一员的意愿和集体是否接受该公民为其成员的意愿。公民在集体内生产和生活的事实,不仅表明了公民与集体确立归属关系的意愿,同时也意味着集体和其他成员对该公民的认可和接受;公民在集体内生产和生活,正是公民个人和集体之间形成归属和认同的体现,在此情况下,公民与集体之间形成成员归属团体的关系,是成员个人和特

〔5〕 周应江:《家庭承包经营权:现状、困境与出路》,法律出版社2010年版,第42~43页。

定的农村集体经济组织双方意愿意志的结构。”[6]在集体成员资格的认定方面，陕西省高级人民法院《关于审理农村集体经济组织收益分配纠纷案件讨论会纪要》第5条规定具有参考价值，即“农村集体经济组织成员一般是指在集体经济组织所在村、组生产生活，依法登记常住户籍并与农村集体经济组织形成权利义务的人。”

在土地收益分配与征地补偿款发放的实践中，各个地方甚至各个村庄在认定谁是集体成员时依据的标准并不统一。有些地方对于成员资格的认定采取了宽泛的标准，对于成员资格比较模糊的农民一视同仁，均分配给了收益或者征地补偿款；有些地方则采取严格的户籍标准，一概将没有本村户籍的人排除在可以获得土地收益的人之外；大部分村庄则基本上是介于两者之间，首先确定土生土长的户籍与承包地均在该村者的土地收益与补偿款分配请求权，再综合考虑户籍、乡规民约、地域、血缘与亲缘等因素确定其他人员的成员资格。在司法实践中法官对于如何确定农民的成员资格问题也基本上采取了以户籍为基础，并综合乡规民约、地缘、血缘与亲缘因素进行认定的标准。

在农村土地已经基本承包给农民，承包经营权长期保持不变的情况下，并不需要对集体成员的资格进行判断。集体成员资格的判断是与农村集体调整承包地，与国家征收农民土地而导致的集体所有权消灭等问题联系在一起的。除此之外，在集体土地被出租与出让之后也会产生一定的土地利益分配问题。建立起清晰的集体地权与农民个人地权之间的协调规则，严格限制集体与集体土地所有权代行主体对承包地的调整；严格控制国家公权力，防止“国家地权”对农民地权的剥夺，严格区分对农民个体的土地承

---

[6] 周应江：《家庭承包经营权：现状、困境与出路》，法律出版社2010年版，第43页。

包经营权和宅基地使用权的补偿与对剩余的集体土地所有权的补偿,将征地补偿确定为以补偿农民个体的土地权利为主,都可以起到缓解或者消除集体地权与农民成员权间的冲突的作用。现行的集体地权与农民地权冲突的很多问题,是二轮承包过程中遗留下来的,即部分未取得承包地的成员要求取得承包地、要求分配征地补偿款的问题。这启迪我们去思考未来是否需要进行三轮承包?如果需要进行,如何进行?农村土地经过30年的承包以后,农村人口将会发生巨大的变迁,如果再重新确定成员资格,再重新进行一轮农村土地的承包将必然会导致大规模的冲突,并遗留更多的历史问题。因此,《物权法》修改时可以采取土地承包经营权到期后自动顺延的方案,以减少集体地权与农民土地承包经营权之间的冲突。这既符合土地承包经营权的相当所有权的属性,也可以避免不必要的冲突;由于集体土地所有权是共有的土地所有权,全体集体成员有权在土地承包经营权均到期后决定重新进行承包。为了避免因进行重新承包而发生大规模的冲突,土地重新承包决议的通过需经过集体成员的绝大多数人同意,立法应当限定要经过土地面积与成员数均在2/3以上的成员同意的最低标准,〔7〕并须报相关部门批准,以避免发生不必要的集体地权与个人地权之间的冲突。如果全体集体成员形成不了新的土地承包与调整决议,则农村土地承包经营权的期限应顺延,土地承包经营权在原有承包合同的基础上获得更新。

〔7〕 为了避免因重新承包而带来的调整与冲突,法律可以规定除非占全体成员总数以及土地总面积2/3以上,甚至4/5以上的成员同意,才调整并重新进行承包,否则按照原有承包方案延包。

第二节　集体地权与农民个体的土地物权冲突与协调分析

由于集体土地所有权与农民的土地承包经营权(或者宅基地使用权)并列存在于集体土地上,所以集体土地上还存在集体地权与农民享有的土地承包经营权与宅基地使用权之间的冲突。

一、集体地权与农民土地承包经营权之间的冲突与协调

在农村的农用土地之上,普遍存在集体土地所有权与农村土地承包经营权。集体土地所有权与农村土地承包经营权之间存在一种共生与制约的关系。理论上,集体土地所有权应由集体成员共同形成决议并由集体土地所有权代行主体来实现,而土地承包经营权则直接由农民家庭与农民个体来行使。集体土地所有权与农村土地承包经营权的主体与行使方式不一致,导致了两者之间存在发生冲突的空间。土地承包经营权设定以后自然对集体土地所有权形成了制约,这一点已经没有什么疑问。问题的关键在于集体土地所有权可以在什么程度上对农村土地承包经营权进行制约与限制？发包方的行为可以在多大程度上影响农村土地承包经营权的行使？发包方能否调整、收回承包地,改变已经形成的承包关系？能否对农民转让承包经营权的行为进行限制？现实中集体土地所有权与农民的土地承包经营权的冲突也主要表现在如下方面:以集体的名义进行土地调整,损害农民个人土地承包经营权;集体收回农民的承包地,侵害农民土地承包经营权;集体否认农村土地承包经营权流转的效力;土地征收补偿时,对集体土地物权的补偿与对农民个体土地物权的补偿混淆。

(一)农村土地调整中的集体地权与农民土地承包经营权之冲突

土地承包经营权是一种物权,目前已经没有什么疑问。但是,在土地承包经营权制度推行之初,这一点并不明确。在农民最初要求承包经营时,出于对政治风险的担心,他们一般都与乡村干部约定一个较短的承包期,通常为1~3年。在这一期限届满后,乡村干部会组织农民根据人口变动的具体情况对承包地进行相应的调整,重新发包再确定一个1~3年的承包期。1984年的中央一号文件规定承包期一般应在15年以上,并强调在延长承包期以前,可以本着"大稳定,小调整"的原则,经过充分商量,由集体统一调整。中央这一政策的目的是通过土地承包经营权这一权利来实现向新民主主义革命理想的有限回归,因此,中央希望农民能够在历史上进行的承包基础上,再进行一次较小规模的调整,达到农民的土地权利之间的基本平等后,长期维持农民对特定地块的承包经营权。让农民一次性获得对特定农地地块长达15年甚至更长的土地使用权的制度安排只能是一种物权性的安排,1986年颁布的《民法通则》就很好地把握并贯彻了中央的这一意图。但是这一规定在实践中并没有被很好地遵守,它的法学意义也没有被法学家与司法实务界人士很好地挖掘。1990年中共中央国务院发布的《关于1991年农业和农村工作的通知》强调"只要承包办法基本合理,群众基本满意,就不要变动","确实需要调整的,也要从严掌握",再次说明了中央要实现农民对特定地块进行稳定支配的政策导向。

人民公社时期土地集体所有与集体使用的实践与普遍的意识形态宣传形成并强化了农民心目中朴素的平等观念。在农村土地承包之初,农村土地基本是在综合考虑土地的肥沃程度等因素的基础上,按照人口与劳动力等情况进行均分的。在经过最初的一次或者两次的调整与均分以后,土地的调整与按人口进行再次均分被农民群体与乡村干部普遍接受,土地承包经营权延长到15年以上的政策目标没有得到实现。农民的平等观念与平均主义意识对土地平均调整提供了有力的思想支持。“某些地区农地调整问题已经成为一个焦点,不少家庭因人口减少而占有较多的农地,但更多的农户却由于人口增加而承包的土地未得到相应的增加,从而引发了土地占有的不均衡问题,该情形违背了农民由来已久的朴素的‘公平’观念,致使不少农户心存不满甚或由此生怨,在贵州访谈时,甚至由于人口减少,占有较多地的农民也有人认为可以接受小调整。因此,也有不少农民乃至基层干部、法官认为这一政策脱离了农村的实际,应予调整。”〔8〕现实的调研也显示虽然农民对“增人不增地,减人不减地”政策反应表现不一,但大多数农民表示不认同该政策,陈小君教授主持调研显示不支持“增人不增地,减人不减地”政策的农民占了受访农户的71.70%。〔9〕而乡镇政府与乡村干部也希望借助于农村土地的频繁调整来强化自己对集体土地的控制力与对农民、农村进行综合管理与控制的能力。农民、乡村干部与乡镇政府之间虽然利益目标各不相同,但是在土地调整方面却存在一定的共识。土地调整成为了农村土地承包经营制度在贯彻过程中的一种普遍性习惯,农民强烈的平等意识与平均主义观念在推动着“生增地,死减地”。〔10〕一项调查显示,仅有25.9%的受访农户认为“增人不增地,减人不减地”的政策好,而有56.03%的农户认为该政策不好。〔11〕事实上,农民对土地调整的态度是相互矛盾的,一方面农民希望通过土地调整来实现彼此之间的土地权利的平等,另一面农民也强烈地担心自己会因为

---

〔8〕 陈小君等:《农村土地问题立法研究》,经济科学出版社2012年版,第9页。

〔9〕 陈小君等:《农村土地法律制度的现实考察与研究——中国十省调研报告书》,法律出版社2010年版,第9页。

〔10〕 赵阳:《公有与私用——中国农地产权制度的经济学分析》,生活·读书·新知三联书店2007年版,第85页。

〔11〕 陈小君等:《后农业税时代农地权利体系与运行机理研究论纲——以对我国十省农地问题立法调查为基础》,载《法律科学》2010年第1期。

调整而丧失承包地。因此，当问及农民是否同意通过调整来实现土地权利之间的占有平等时，大部分农民会表示支持；但是，当又问及农民是否会同意村组调整他们的承包地，减少他们的土地权利时，绝大多数的农民又都表示反对。通常情况下，增加人口的家庭会要求调整承包地，而减少人口的家庭则强烈反对调整承包地。赵阳曾在安徽省的肥东县与凤阳县对43位农户进行过涉及农民对土地调整之具体态度的调查。在该项调研中，对于“你觉得土地调整好不好？”人数相当的农民分别选择了“好”或者“不好”，而对于另外一个“你觉得已经分配的承包地不进行调整行不行？”则有33个（约占77%）农户选择了“行”，只有7个农户选择“不行”。人地矛盾的高度紧张以及非农就业机会的不足也为农村土地的调整提供了客观的现实背景。集体定期在全体成员之间进行的大范围的土地再均分就是大调整；在特殊情况下，如土地被征收后对集体土地进行局部调整，是小调整。当村社内部有新生儿，或人口迁移与死亡，或本不属于村社的成员加入村社时就会出现土地的调整。农村土地调整在实质上是通过剥夺部分农民的财产权来实现另一部分农民的财产权，并达到土地财产与土地保障平均化的目的。因此，现实中承包经营权制度推行以来，有的村庄很少调整土地，有的村庄调整土地的次数较多。有调查显示自1980年以来，30%的村庄调整土地一次，26%的村庄调整土地两次，38%的村庄调整土地三次或三次以上。[12] 很多类似的调查证明了这一点。1997年的一项针对271个村庄的全国性调查显示，在农村土地承包经营权制度引进以来80%的村庄都调整过土地（其中66%的村庄调整过两到三次）。[13] 这说明农民与乡村干部已经习

〔12〕 Scott Rozelle and Guo Li, “Village Leaders and Land - Rights Formation in China”, in *The American Economic Review*, Vol. 88, No. 2, (May, 1998), p. 433.

〔13〕 王慧明：《当前农村土地承包经营权管理的现状及问题》，载《中国农村观察》1998年第5期。

惯了每隔3~5年就进行一次农村土地调整。“由于集体可以在认为必要的时候调拨和重新分配承包地，承包合同经常仅仅是一种‘纸面上的协议’。在另一方面，土地的重新分配对于人口的变化又是非常必要的。在土地贫乏地区，集体面临着更大的来自社区的维持土地人均分配的社会压力。”〔14〕集体对农民土地进行调整的基础是集体所享有的集体土地所有权，但是，在农户普遍享有土地承包经营权的情形下，这种调整必然会造成集体土地所有权与农户的土地承包经营权之间的冲突。集体土地所有权与农民的土地承包经营权之间的冲突产生了严重的后果，农民的个人土地权利在调整中经常被侵夺，承包地在调整中进一步细碎化，农民对农村土地承包经营制度的信心也受到动摇。“在这方面，国家似乎陷入了两难境地：如果满足农民的均田要求，把随人口变动的土地调整常态化，难免造成土地越来越零碎，不适应现代农业规模化发展的方向，不利于农田利用效率的提高；但如果不满足农民的均田要求，实行完全不考虑人口因素的土地承包经营权长久化，难免又会造成越来越多的无地农民，造成农民占地越来越不平均。”〔15〕

针对农村中出现的这种承包地普遍调整的状况，为了避免耕地的频繁调整，防止耕地不断被细分，1993年中共中央、国务院发布《关于当前农业和农村经济发展的若干政策措施》，重申了承包期应在15年以上的政策，并提倡承包期内实行“增人不增地，减人不减地”的办法。1995年中央的相关文件继续强调保持承包关系的稳定，提倡“增人不增地，减人不减地”，要求将到期的承包合同再延长30年。1998年中共中央、国务院发布的《关于1998年农业和农村工作的意见》要求“第一轮承包到期的地方，都要无条件

---

〔14〕 Peter Ho, “Who Owns China’s land? Policies, Property Rights and Deliberate Institutional Ambiguity”, *The China Quarterly*, No.166(Jun.,2001),p.397.

〔15〕 张钧：《农村土地流转法律问题研究——以云南文山县为例》，法律出版社2012年版，第112页。

延长30年不变”。由于一轮承包后,中央要求土地承包权原则上应当在15年以上,应当尽量避免对土地进行调整的政策没有在实践中普遍得到遵循,中央除继续强调承包期应当在30年以上,二轮承包需“小调整,大稳定”外,还推动了立法机关通过立法的形式实现了对集体调整农村土地的明确限制。在立法上,1998年修订的《土地管理法》在规定土地承包期为30年的同时,对集体调整承包地最早作出了明确的限制,其规定,“在土地承包经营期限内,对个别承包经营者之间承包的土地进行适当调整的,必须经村民会议三分之二以上成员或者三分之二以上村民代表的同意,并报乡(镇)人民政府和县级人民政府农业行政主管部门批准”。2002年的《农村土地承包法》继续强化了对集体调整与收回承包地的限制,其第27条规定“承包期内,发包方不得调整承包地”,但是其第2款又规定:“承包期内,因自然灾害严重毁损承包地等特殊情形对个别农户之间承包的耕地和草地需要适当调整的,必须经本集体经济组织成员的村民会议三分之二以上成员或者三分之二以上村民代表的同意,并报乡(镇)人民政府和县人民政府农业主管部门批准。承包合同中约定不得调整的,按照其约定。”2007年颁布的《物权法》并没有沿着强化与取消集体调整承包地权利的方向前进,而是基本维持了《农村土地承包法》的相关规定。2018年年底新修正的《农村土地承包法》第28条在基本维持原有规定的基础上将批准部门修正为“乡(镇)人民政府和县级人民政府农业农村、林业和草原等主管部门”。[16]

总体而言,二轮承包以前承包地的调整在农村地区普遍存在,这种调整导致了极为严重的集体土地所有权与农民土地承包经营

〔16〕 2018年年底修正的《农村土地承包法》第28条第2款保留了原《农村土地承包法》第26条的相关规定,仅将第2款中的“农业等行政主管部门”修改为“农业农村、林业和草原等主管部门”。

权之间的冲突。农村土地调整体现了土地承包经营权经济功能与社会保障功能之间的冲突。“长期以来的城乡二元体制造成了农村土地同时承载了经济功能和保障功能,农村土地作为生产要素需要稳定土地产权,而其承担的社会保障功能又要求定期调整土地产权,以满足农村集体成员权的公平性。”〔17〕推动承包地调整的因素是多方面的,除了农民希望平均享有土地权利的平均主义观念、乡村干部希望维持对土地与农民的控制力以及人地关系紧张、税费负担沉重等因素之外,法学界与实务界对集体土地所有权与土地承包经营权的认识存在偏差也是导致这一冲突的重要原因。长期以来,土地承包经营权的物权属性没有被法学家及法律实务工作者充分认识,认为土地承包经营权是一种债权性合同关系的观点主导了法学理论界与司法实务界。土地承包经营合同的纠纷被套用债权性合同的相关理论来进行解读与处理,土地承包经营权的物权属性在实践中没有被真正地维护。在集体要求解除合同与收回承包地的纠纷中,法院要求承包合同必须被继续履行虽然达到一定的保护农民土地权利的效果,但是这样的一种保护离对农民土地承包经营权的物权性保护还相去甚远。长期以来,由意识形态中的所有制优劣论转化而来的所有权优劣论在政府工作人员、乡村以及司法人员观念中盛行。由于农村土地上只存在集体土地所有权与农民个人的土地承包经营权等物权,因此,所有权优劣论在农村的实践中转变成了集体土地所有权优于一切农民个体的土地物权的理论。集体土地所有权被说成是效力最强大的,仿佛农民个体的一切土地权利都从集体土地所有权中产生,都必须依附于集体土地所有权而存在。这一理论夸大了集体土地所有权的真实效力,故意遗漏了集体土地所有权行使时应受农民个体的

---

〔17〕 刘润秋:《中国农村土地流转制度研究——基于利益协调的视角》,经济管理出版社2012年版,第152页。

土地物权限制的规则，成为了集体调整承包地的一个重要依据。在人民公社时期，除宅基地与自留地外，农村土地长期处于乡村干部的掌控之下，乡村干部再服从于政府的意志来实现对集体土地的利用。这一段历史深刻地影响了农民的思维方式，农民为了避免与乡村干部、乡镇政府产生冲突，一般也会习惯性地选择服从土地调整的安排。人民公社时期的集体土地所有权行使的公权力化，给乡村干部和农民留下了集体土地所有权具有超强效力的印象，农民在利益没有受到严重危害的情况下，一般会自觉服从土地调整的决定。

二轮承包以后，农村土地的小规模调整依然在很多地方继续存在。例如，山东省沂南县的小曹家营村曾经长期实行“增人增地，减人减地”的政策。通常情况下，该村会按照人口的增减情况每隔2～3年调整一次承包地，收回已经去世村民的承包地，将机动地或者收回的土地重新发包给新增人口。笔者在调研中得知该村在2007年小范围内调整过一次承包地，在这次调地的过程中主张调地的村民占多数，但是全部村民与村干部也达成共识，即在该次调地后，本村土地不再进行调整。笔者访问一户土地被调出的村民，问其是否会遵守村里的决定将土地交出，因为毕竟国家的政策与法律均禁止调地。其表示会按照村里的决定交出土地，因为他不希望与其他村民以及村干部发生冲突，毕竟大家都是抬头不见低头见的邻居。

土地承包经营权的调整是集体地权与农民的土地承包经营权之间的冲突最集中与最激烈的爆发，它将会导致一个区域范围内农民获得的土地承包经营权的普遍变动，形成集体地权与农民个人地权之间的大规模冲突，并间接导致农民个人地权之间的冲突。因此，必须着重限制直至完全禁止集体以集体土地所有权为基础所进行的对农村土地承包经营权的调整。首先，土地承包经营权建立的初衷就是重建农民个人与土地之间的本质联系，通过向新民主主义革命理想有限回归，实现农民对特定地块土地的排他性支配。土地的频繁调整使农民对特定地块的排他性支配力在事实上受到削弱。农民土地承包经营权的建立是中央与农民进行新一轮“与民立约”的结果，中央已经向农民承诺赋予农民长期而稳定的承包经营权，承包地的频繁调整会降低农民对土地承包经营制度的信心，也会削弱中央的威信。因此，中央的土地政策是一贯而统一的，就是尽量限制直至在条件允许的情况下，禁止对农民承包地的调整。其次，承包地的频繁调整影响了农民对土地进行长期投入的积极性，农民一般不敢也不愿对土地进行长期投资，结果造成了土地的肥力下降，甚至诱使一些农民产生短期行为，进行掠夺式经营，破坏地力。在农民预期土地会调整的情况下，农民往往会降低在基础设施修缮方面或者肥力资源方面的投入，农民虽然无比珍惜与热爱土地，但是不敢将自己全部的热情都倾注到土地之上。再次，土地调整过程中，乡村干部经常借助土地调整以权谋私，侵犯个别农户的土地承包权利，引发了社会矛盾与冲突。复次，土地的经常调整造成了农户承包地的进一步细碎化，农户大多拥有品级不同、位置相去甚远的多块土地，不但难以实现规模性经营，相反增加了土地经营的成本。最后，农村土地承包经营权的调整会影响土地承包经营权的流转，引发土地承包经营权流转中的普遍冲突。农民在普遍预期农村土地会进行调整的情况下，将会尽量减少农村土地的流转。对于需要将农村土地流转出去的人来讲，他流转出去的将是一个不确定的土地权利，这会给他带来不确定的违约等风险，也会降低他流转的收益；对需流入土地者而言，若他们预期对土地财产权的需要可以通过再调整获得，就会尽量选择不通过流转的方式获得土地。对于已经流转出去的土地承包经营权来说，土地的调整将会严重影响流出者与流入者的土地权利，导致他们之间的相互冲突。再者，由于土地调整的标准不确定，农民会担心在调整中失去土地，而不敢外出打工或者安心从事其他经营,从而影响到农村非农经济的发展与农民收入的增加。

从物权法的角度来分析,土地承包经营权相当所有权的物权属性决定了它是对集体土地所有权进行全面限制的物权。在存在土地承包经营权的地块上,集体土地所有权的功能与价值全部内化到土地承包经营权之中,土地承包经营权对集体土地所有权的这种限制已经达到了使集体土地所有权的占有、使用与收益权能全部“虚空”,甚至使集体土地所有权处分权能的行使也已经没有任何经济价值的程度。土地承包经营权相当所有权的属性决定了集体共有人除了可以在土地承包经营权设定之前共同决定是否需要设定土地承包经营权之外,此后土地承包经营权一旦设定就形成了对集体土地所有权的全面限制,即使是全体共有人的意志也不能够再排斥土地承包经营权人对承包地的支配。集体土地上一旦设定土地承包经营权,则土地承包经营权对集体土地的支配效力就应当优先于集体土地所有权对该宗土地的支配效力,集体土地所有权应当在土地承包经营权的全面限制下行使。因此,根据物权法的基本原理,土地承包经营权虽是以集体土地所有权为基础设定,但是土地承包经营权一旦设定就应当优先于集体土地所有权而实现对特定地块的占有、使用与收益。在土地承包经营权存续期间,承包经营权人仅需形成自己的意志就可以支配并享有利益的特性,决定了土地承包经营权一旦设定就需要具有排斥其他人的效力,包括产生排斥其他集体成员,甚至集体成员共同意志与行为的效力。

在理论上,土地承包经营权是以集体土地所有权为基础而设定的,是限制集体土地所有权的物权,集体土地所有权的行使要受到土地承包经营权的制约。因此,在承包期间除非承包经营权人自愿放弃承包经营权,否则集体不能够再干涉承包经营权人对特定地块的支配。但是,在现实生活中,法律、文化与社会等多重因素的共同作用导致了农村土地的调整仍然在持续。在进行二轮承包以后,承包经营合同已经基本签订与承包经营权证的发放已经完毕后,农民已经普遍形成了对承包经营权30年不变,对承包地不再调整的预期。2005年广东省农村已经完成二轮土地承包工作的村组占总数的99.4%,承包期延长到30年的耕地面积占实行家庭承包的耕地面积的97.1%,已签订承包合同数占总数的96.1%,已发放到户的土地承包经营权证占总数的94.6%。[18] 农民对中央的政策与对土地承包经营权物权性的确信已经基本形成并在加强。《农村土地承包法》颁布后,赵阳在2003年对2114户农民进行的问卷调研显示,占62.9%的农户赞成承包期延长至30年以上的政策,占51.1%的农民确信承包期内将不再调整承包地。[19]在承包经营合同已经签订与承包经营权证已经发放完毕的地方,当土地调整现象再次出现后,农民将会更加强烈地表现出对政策与法律的怀疑与不信任。二轮承包以后,承包地原则上不能再调整的政策与法律必须得到更为严格的执行与贯彻。笔者2007年在山东省沂南县的大庄镇、苏村镇的12个村庄进行过走访调研,发现这些村庄的绝大多数在二轮承包以后均未出现过调整现象,农民普遍确信承包地将不会被调整。在调研中笔者还发现年龄在30岁以下的农民普遍对农村土地不再调整表现出了较强的信心,而40岁以上的农民中很多仍然心存疑虑。笔者2009年前后在河南省安阳市汤阴县伏道乡后攸昙村的调研显示:该村1982年分队逐步开始实行承包到户,中间仅调过一回地,即1997年至1998年进行过一次土地大调整,从此以后没有调过。该村最初承包到户时,村内组成6个小队分别进行,此后这6个小队转变为6个村民小组。该次土地大调整以后,一直实行"增人未增地,

---

〔18〕 农业部产业政策与法规司:《农村证词法规调查与研究2006》,中国农业出版社2007年版,第306页。

〔19〕 赵阳:《公有与私用——中国农地产权制度的经济学分析》,生活·读书·新知三联书店2007年版,第83~84页。

减人未减地”的政策，该村土地一直没有进行调整。有人反映孩子都很大了也没有地，有群众反映人口变动已经较大，应当进行一次土地调整。家庭之间的土地拥有量有一定的差别，人地之间的家庭对比在个别农户之间出现了比较大的悬殊。村干部基本上不管，一般只服从“增人不增地，减人不减地”的政策与《农村土地承包法》的规定。例如，有5口人只有2口人的地，有2口人能占5口人的地的情况，人口的变动造成了人均占有耕地状况的不均。

《农村土地承包法》与《物权法》采取了严格限制土地调整的态度，但同时允许在因自然灾害严重毁损承包地等情况下，经过特别的程序实现对承包土地的个别调整。这实际上为集体或者集体土地所有权行使主体调整集体土地留下了口子。由于此处并没有严格列举说明在何种情况下集体可以调整承包地，这就意味着只要经过村民全体成员2/3以上或者2/3以上村民代表的同意，就可以达到在个别村民之间进行承包地调整的目的。《农村土地承包法》第28条第2款规定[20]的是“因自然灾害严重毁损承包地等特殊情形对个别农户之间承包的耕地和草地”调整。这里的“特殊情形”是指：“(1)部分农户因自然灾害严重毁损承包地的；(2)部分农户的土地征收或者用于乡村公共设施、公益事业建设，丧失土地的农户不愿意‘农转非’，不要征地补偿等费用，要求继续承包土地的；(3)‘人地矛盾突出的’和‘本款规定的调整’指的是小调整，是对个别农户之间承包土地进行小范围适当调整，即将人口减少的农户家庭中的富余土地调整给人口增加的农户。”[21]从对该条款的这一较为权威的解释来看，该条仍旧为集体通过调整途径侵害农民的承包经营权留下了充足的空间，而且农村土地

---

〔20〕 原为2018年年底修正以前的《农村土地承包法》第27条第2款。

〔21〕 胡康生主编：《中华人民共和国农村土地承包法释义》，法律出版社2002年版，第77～78页。

的调整将会严重冲击已经形成的农地流转秩序。即使仅仅将严重的自然灾害导致承包地毁损作为土地调整的原因也并不可取。因为严重自然灾害通常只是导致农作物的季节性欠收而并不一定导致农民个体的承包经营权的消灭。严重的自然灾害可能使农民的承包经营权临时失去其生产资料与生存保障的功能,但是只要承包地并没有因为严重的自然灾害而灭失,农民个体的承包经营权就依然存在。在农民个体的承包经营权依然存在只是行使状况受到自然条件限制的情况下,调整承包地将会产生严重的不利后果。农业的弱质产业性与中国的自然灾害的多发性,将会导致农村土地承包经营权的调整依然会在实践中普遍存在,因为在中国几乎每年都会有自然灾害发生而导致农民承包经营权临时丧失生产资料与生活保障功能的现象出现。在自然灾害导致农民的承包地被严重毁损的情况下,政府应当为农民提供社会的救济与保障,提供充分的社会救助以帮助农民将承包地恢复到适合耕种的状态,而不是通过减损其他成员的承包经营权的方式来达到保障遭遇损失的个别农民之生活的目的。在自然灾害导致农民承包地灭失的情况下,农民的承包经营权消灭。农民个体因自然灾害而丧失承包经营权的情况下,农民事实上处于失业与失去生活保障的境况,此时政府应当为该农民提供失业保障与社会救济,并提供重新就业的服务以保障农民渡过难关。除此之外,可以考虑通过集体再次为农民重新设定新的土地承包经营权(存在机动地的情况下)或者以土地承包经营权流转的方式来解决农民重新获得土地权利的问题。

总之,笔者认为不管是从物权法的法理角度来进行分析,还是从中国实际状况来看,都有必要取消集体对承包地进行调整的权利。在集体不能再调整承包地以后,今后出现的人地矛盾主要通过以下三种途径解决:(1)利用集体经济组织依法预留的机动地、开垦的新增耕地以及承包期内依法自愿交回的土地;(2)依法进行土地承包经营权流转，通过转包、出租、转让等方式，在稳定家庭承包经营的基础上，让农地流转到需要的人手中；(3)通过发展非农产业，转移农村富余劳动力，从根本上减轻人地压力，实现农民的非农就业。“如同在所有的发达经济体中，任何地块规模和人员数量之间的矛盾应当通过农民之间土地权利的市场转让来实现，而不应当通过行政调整来损害土地承包经营权的稳定性。”〔22〕解决农村土地不调整随之而来的农民之间的社会公平问题，还需人的城市化进程的推进、农村土地承包经营权合理流转制度的完善及社会保障制度建立与完善等各项社会制度的配合，最终实现社会的公平与正义。

(二)集体收回土地承包经营权中的集体地权与农民土地承包经营权之冲突

集体土地所有权与农民的土地承包经营权之间的冲突还表现在集体能否收回土地承包经营权这一问题上。集体全体成员共同享有集体土地所有权，而农民个体享有土地承包经营权，现实中发生了很多的集体强制性收回土地承包经营权的案例。集体收回土地承包经营权主要出现在如下的情况下：

第一，集体通常会把果树、鱼塘或者林地等土地或者水面大规模或者以较低的承包费承包给集体成员或者非集体成员使用。最初，这些土地与水面的收益较低，但是后来经过集体成员或者非集体成员的使用，带来了很大的收益。集体成员或者村委会希望获得更多的土地承包费而收回土地承包经营权。在司法实践中，这种案例与纠纷非常多见，法院最初一般通过要求继续履行合同的方式来提供对承包经营权人的救济；在土地承包经营权的物权属

〔22〕 Zhu Keliang and Roy Prosterman, “*Securing Land Rights for Chinese Farmers A Leap Forward for Stability and Growth*”, Obligations and Property Rights in China, TJ International Ltd, Padstow, Cornwall, p. 406.

性被司法实践部门普遍认可以后,法院一般会采取认可土地承包经营权人的物权请求权的方式,来排除集体对土地承包经营权的干涉。目前随着土地承包经营权的物权属性被充分认识,这一类纠纷已经大为减少。

第二,集体地权与农民的土地承包经营权冲突的另外一个表现是发包方以承包人欠缴承包款为由终止承包合同而收回承包经营权。2006 年以前农村土地上普遍存在沉重的税费负担,农村中普遍存在将各种税费负担与承包经营权关联起来进行思考,借助着农村土地的承包来实现各种税费负担收缴的实践。在家庭承包的过程中,集体经济组织、村委会一般会将农业税、"三提五统"〔23〕等税费负担以及其他负担分摊到承包地之上,农民往往会因为农业经营收入较低,而存在欠缴承包费的现象。在这种情况下,集体经济组织、村委会、乡镇政府往往会强迫农民缴纳承包费。在农民无法缴纳承包费的情况下,集体经济组织、村委会、乡镇政府会强制收回承包地,将承包地交给有能力负担承包费的农民个体耕种。对于集体经济组织、村委会、乡镇政府因税费负担的缴纳而强制收回承包地的现象,中央早已发文强调在此种情况下,不能强制收回农民的承包地。对于通过家庭承包方式取得的承包经营权,不能以欠缴税费负担或者承包费等为由而消灭农民的土地承包经营权,是由承包经营权相当所有权的属性决定的。承包地是农民最基本的生存保障,收回贫穷而生活困苦农民的最后生活保障,严重违背了社会主义的基本伦理道德。从性质上讲,各种税费负担是属于公法上的负担,是农民与国家、基层政府之间的关系,而土地承包经营权是一种民事权利,公法上负担的不履行不应当直接导致农民个体土地权利的消灭。

---

〔23〕"三提五统"中的"五统"属于公法的税费负担,而"三提"的性质相对比较复杂,但是基本也是存在于农村土地上的负担。

第三,实践中还存在一种情况是集体以农民将承包地撂荒为由,而收回农民的承包地。在我国农地资源是一种稀缺性的资源,在这种情况下承包经营权人是否负有必须使用承包地的义务呢?历史地看,农地撂荒与农地上税费负担和农地的相对收益较低有关。受到天灾与市场条件等各种因素的影响,农地产出经常会出现不足以缴纳税费,甚至不足以弥补农民对农业的基本投入的情况。在土地承包经营权成为农民的负财产的情况下,农民艰难而相对理性的选择是撂荒,甚至是彻底离开自己热爱的农村而外出谋生。集体为了保证农村的各项税费负担得到落实通常会将农民的承包地收回,而重新发包给其他人。同时,我国的法律法规也规定了在撂荒的特殊情形之下,集体或者原发包方可以收回发包的耕地。例如,1998 年《土地管理法》第 37 条第 1 款规定:"禁止任何单位和个人闲置、荒芜耕地。"该法第37 条第3 款规定,"承包经营耕地的单位或者个人连续二年弃耕抛荒的,原发包单位应当终止承包合同,收回发包的耕地"。《基本农田保护条例》第 18 条第 2 款也规定:"承包经营基本农田的单位或者个人连续 2 年弃耕抛荒的,原发包单位应当终止承包合同,收回发包的基本农田。""禁止任何单位和个人闲置、荒芜耕地"的合理性在于所有权负社会义务的观念在我国社会主义初级阶段的应用,即"当全民温饱还未得到保障之时,就不能让所有权人任意决定可以进行农业生产的土地用于耕种或者不耕种"。[24] 但土地应当是农民的一项财产而不应当是农民的负担。在农村土地的承包经营能够给农民带来收益的情况下,农民一般会选择自己耕种承包地或者将承包地流转而获得相应的收益并同时使承包地处于被使用状态。只有在承

---

〔24〕[德]哈里·韦斯特曼著、[德]哈尔姆·彼得·韦斯特曼修订:《德国民法基本概念》,张定军等译,中国人民大学出版社 2013 年版,第163 页。该著作同时指出在德国,"过去长久以来存在一部特殊的法律,它保障可应用于农业生产的土地合法合理地被耕种。这部法律在1961 年被取消"。

包地成为了农民负资产的情况下，农民迫不得已才会选择撂荒，而一旦承包地能够重新给农民带来收益后，农民一般都会选择重新耕种土地。土地承包经营权相当所有权属性与中国的现实情况决定了不能将撂荒作为消灭农民土地承包经营权的理由，对此国务院办公厅2004年发布的《关于妥善解决当前农村土地承包纠纷的紧急通知》第4条规定："任何组织和个人不能以欠缴税费和土地撂荒为由收回农户的承包地，已经收回的要立即纠正，予以退还。"这一规定无疑是正确的。"强制所有权人利用其财产，是对所有权人对物的使用与收益权能的一损害，因为，不使用和不获得收益，也是对物进行使用和收益的方式。"[25]在防止农业用地撂荒方面，法国《农村法典》第125条及随后条文值得借鉴。在这方面最能说明问题的是第125－1条。该条准许自然人或法人向行政部门申请批准其经营利用某块有可能用于农业、牧业开发的荒地或至少有3年时间利用这类土地。如果一块土地的撂荒状态达到认定，该土地所有权人，以及在相应情况下，其经营权的持有人，将受到催告，他们应当将土地利用起来，如果仍然听任土地撂荒，农村租约对等法庭可以在一定条件下满足申请者的请求（《农村农业法典》第125－5条）。[26] 2019年修正的《土地管理法》在将1998年《土地管理法》第37条修正为第38条的同时，删除了第3款的相关规定无疑是正确的。该项修正也为2019年《土地管理法》第36条所规定的"各级人民政府应当采取措施，引导因地制宜轮休耕作，改良土壤，提高地力，维护排灌工程设施，防止土地荒漠化、盐渍化、水土流失和土壤污染"政策的落实奠定了基础，因为轮休耕作意味着土地必须在一定期限内"弃耕抛荒"。

---

〔25〕 François Terré et Philippe Simler, *Droit Civil Les Biens*, 8th Edition, dalloz, Paris, 2010, pp. 297－298.

〔26〕 ［法］弗朗索瓦·泰雷、菲利普·森勒尔：《法国财产法》，罗结珍译，中国法制出版社2008年版，第442页。

在农民税费负担消除之后，出现了很多因撂荒而被收回承包地的农民重新要求获得原承包地的诉讼。考虑到中国人多地少，人地矛盾突出的现实状况，可以将集体收回承包地再次承包的行为认定为一个物权性土地经营权设定或者农地租赁行为，这一行为不应当达到排斥原承包经营权人的效力，但是可以临时使用土地，达到最大限度发挥农地作用的目的。针对上述现象，2002 年《农村土地承包法》第 35 条规定，发包方不得单方解除承包合同，“不得将承包地收回抵顶欠款”。最高人民法院《关于审理涉及农村土地承包纠纷案件适用法律问题的解释》第 6 条规定，“因发包方违法收回、调整承包地，或者因发包方收回承包方弃荒、撂荒的承包地产生的纠纷，按照下列情形，分别处理：(一)发包方未将承包地另行发包，承包方请求返还承包地的，应予支持；(二)发包方已将承包地另行发包给第三人，承包方以发包方和第三人为共同被告，请求确认其所签订的承包合同无效、返还承包地并赔偿损失的，应予支持。但属于承包方弃耕、撂荒情形的，对其赔偿损失的诉讼请求，不予支持”。目前这一现象也最终因农村税费负担的消除而基本消失。现在村委会一般通过“一事一议”的方式筹集公共建设的资金，而不再采取直接收取超额承包费的方式。当前在家庭承包经营中，农民已经不需要缴纳承包费或者仅仅交纳非常少的承包费。这些承包费不是地租，大部分是集体土地所有权代行主体管理集体土地的必要费用或者是集体成员共同决定从集体土地上提取的交由代行主体代为保管、使用的土地收益。

第四，农民迁出该村庄，特别是迁入城镇甚至是迁到设区的市成为取得城镇户口的市民，集体收回农民的承包经营权而导致的集体土地所有权与农民承包经营权之间的冲突。在农村土地承包经营的实践中，经常会出现集体因农民迁出该村庄而认为农民已经不是该集体的成员，而收回农民承包地的现象。在这里存在一个集体成员资格的认定与土地承包经营权的保有问题，即一个出于各种原因离开特定地域的人是否还是该集体的成员，是否还能够继续享有其土地承包经营权的问题。土地承包经营权是独立于集体土地所有权而独立存在的土地物权，正如同公民对房屋的所有权不应当因为公民的迁徙而发生得丧变动一样，农民在地域上的移动与居所的变动也不应该成为强制消灭公民其他财产权的理由。户籍是对公民迁徙与居住状况的记载，不能作为一个取消公民财产权的依据。就农民的土地承包经营权与其成员权之间的关系而言，农民的土地承包经营权是农民成员权最直观的外在标志，即一个享有土地承包经营权的人就是该特定集体的成员，只要一个自然人仍然对集体的特定地块享有土地承包经营权，则他就应当是该集体成员。在这里承包经营权拥有与否是判断一个自然人是否为集体成员的最重要标志，自然人的户籍及其在地域上与集体经济组织的远近联系只能作为辅助性的标准，不能作为判断自然人成员资格的根本标准，更不能作为排斥农民个体土地承包经营权的依据。在实践中，承包地被收回者通常是出嫁女、外出就学的学生、服兵役人员、外出打工者以及其他户籍发生变动或者出于其他原因而离开该村落的人，特别是出嫁女。陈小君教授主持的一项调研显示，出嫁妇女的土地权益没有得到有效保护，调研中“有 15.23% 的受访农户表示妇女‘在出嫁后户口迁出时由发包方收回’，有 4.61% 的受访农户表示妇女‘出嫁后无论户口是否迁出均由发包方收回’，有 9.06% 的受访农户表示‘如果该女孩在婆家村(组)取得承包地，则收回；否则不收回’，有 58.48% 的受访农户表示‘无论何种情况，由女孩的家人继续承包’，还有 11.73% 的受访农户表示其所在的农村采取了‘其他’的处理方式”。[27] 笔者认为，对于上述人员已经取得的承包经营权应当依法进行保护，因

〔27〕 陈小君等：《农村土地法律制度的现实考察与研究——中国十省调研报告书》，法律出版社 2010 年版，第 30 页。

上述原因而离开该村落的人只要没有转让自己的承包经营权就依然是承包经营权人，就仍然是该集体的成员。2018年《农村土地承包法》第31条[28]针对中国的现实情况突出强调了保护妇女已经取得的承包经营权，有其突出的现实意义，同样也应当适用于其他已经取得承包经营权的农村村民。但是该规定依然存在不足，第31条规定“承包期内，妇女结婚，在新居住地未取得承包地的，发包方不得收回其原承包地；妇女离婚或者丧偶者，仍在原居住地生活或者不在原居住地生活但在新居住地未取得承包地的，发包方不得收回其原承包地”，该条没有对在新居住地已经取得承包经营权的结婚妇女、离婚或者丧偶妇女的原承包地经营权的保留问题作出明确说明，正确的规定是在这种情况下也不能收回承包地，而由该妇女自由流转其承包经营权。第31条规定的不足是为集体通过反面理解收回妇女已经取得的承包地留下了口实，妇女在两个地方取得承包地经营权的结果是该妇女同时成为两个集体的成员。由于承包经营权是一种民事财产权，一个公民出于现实的各种原因，特别是因为承包地流转取得两份承包地，成为两个集体的成员的情况，并非不合理。

第五，承包方改变承包地的农业用途或者破坏承包地的地力的，发包方收回承包地而导致的集体地权与农民土地承包经营权之间的冲突。土地承包经营权所负有的社会义务以及公法对其的限制，使承包经营权人负有维持承包地的农业用途并不得破坏承包地的义务，但是，这同样不足以构成发包方收回承包地的理由，而仅仅是发包方依法追究承包方的民事赔偿责任以及国家土地管理部门及其他相关部门依法追究承包人的行政与刑事法律责任的依据。《农村土地承包法》也有类似的禁止规定，其第11条规定：“农村土地承包经营应当遵守法律、法规，保护土地资源的合理开

---

〔28〕 2002年《农村土地承包法》第30条。

发和可持续利用。未经依法批准不得将承包地用于非农建设。”《农村土地承包法》第 63 条规定〔29〕:“承包方、土地经营权人违法将承包地用于非农建设的,由县级以上地方人民政府有关主管部门依法予以处罚。承包方给承包地造成永久性损害的,发包方有权制止,并有权要求赔偿由此造成的损失。”1998 年《土地管理法》也作出了类似的规定。该法第 36 条规定:“非农业建设必须节约使用土地,可以利用荒地的,不得占用耕地;可以利用劣地的,不得占用好地。禁止占用耕地建窑、建坟或者擅自在耕地上建房、挖砂、采石、采矿、取土等。禁止占用基本农田发展林果业和挖塘养鱼。”第 74 条规定:“违反本法规定,占用耕地建窑、建坟或者擅自在耕地上建房、挖沙、采石、采矿、取土等,破坏种植条件的,或者因开发土地造成土地荒漠化、盐渍化的,由县级以上人民政府土地行政主管部门责令限期改正或者治理,可以并处罚款;构成犯罪的,依法追究刑事责任。”〔30〕第 77 条规定:“农村村民未经批准或者采取欺骗手段骗取批准,非法占用土地建住宅的,由县级以上人民政府土地行政主管部门责令退还非法占用的土地,限期拆除在非法占用土地上新建的房屋。”在相关法律责任部分,该法第 73 条规定:“买卖或者以其他形式非法转让土地的,由县级以上人民政府土地行政主管部门没收违法所得;对违反土地利用总体规划擅自将农用地改为建设用地的,限期拆除在非法转让的土地上新建的建筑物和其他设施,恢复土地原状,对符合土地利用总体规划的,没收在非法转让的土地上新建的建筑物和其他设施,可以并处罚款;对直接负责的主管人员和其他直接责任人员,依法给予行政处分;构成犯罪的,依法追究刑事责任。”

---

〔29〕 2002 年《农村土地承包法》第 60 条。

〔30〕 2019 年《土地管理法》已经将原第 74 条改为第 75 条,其中的“土地行政主管部门”也被修改为“自然资源主管部门、农业农村主管部门等按照职责”。

集体收回承包地的结果是直接导致农民家庭或者个体的土地承包经营权消灭。因此,集体能否收回承包地也是集体土地所有权与农民的土地承包经营权之间相互关系的重要方面。由于土地承包经营权是对集体土地所有权进行全面限制的土地物权,集体土地所有权只能在受到土地承包经营权限制的范围内行使,因此,集体土地所有权人及其代行主体不能以其享有集体土地所有权为依据排斥农民个体的土地承包经营权。《农村土地承包法》在将土地承包经营权看作一项物权的基础上,规定了第58条。该条要求承包合同不得违反法律、行政法规约定可以收回、调整承包地,这一规定限制了集体共有人意思自治的空间,强化了土地承包经营权的效力,使土地承包经营权更加像一个所有权而不是他物权。最高人民法院2005年颁布的《关于审理涉及农村土地承包纠纷案件适用法律问题的解释》第5条,再次强调在家庭承包纠纷中,承包合同中有关收回、调整承包地的约定违反《农村土地承包法》第26、27、30、35条规定的,应当认定该约定无效,进一步限制了集体共有人或者集体所有权代行主体收回、调整承包地的权利。被非法收回承包地的土地承包经营权人可以依法提起确认土地承包经营权之诉,并以此为依据要求返还已经设置了土地承包经营权的土地。

《农村土地承包法》的规定基本上符合了物权法的基本原理,但是也存在一定的缺陷。2002年《农村土地承包法》第26条第1款原则上规定"承包期内,发包方不得收回承包地",第2款允许迁入小城镇落户的农民自由决定是否交回承包经营权,但是该条第3款却规定"承包期内,承包方全家迁入设区的市,转为非农业户口的,应当将承包的耕地和草地交回发包方。承包方不交回的,发包方可以收回承包的耕地和草地",这实际上赋予了发包方一定的收回承包经营权的权利。有两点因素是迁入设区的市的农民需交回承包地的最主要的原因:第一,迁入设区的市的农民失去集体经济组织成员的资格;第二,土地承包经营权是农业生产者的基本生活保障,而不是对市民的基本保障,让留在农村的农民有较多的土地,更加合理。笔者认为,上述理由并不能完全成立。首先,土地承包经营权是对集体土地所有权进行全面限制的物权,它应当优先于集体土地所有权而实现利益,而不是通过行使集体土地所有权而使土地承包经营权消灭。其次,就集体成员资格而言,享有土地承包经营权就表明他是集体的成员,户籍的变动并不必然标志着成员资格的丧失。允许集体收回迁入市区农民的土地承包经营权的思维中带有通过户籍与社会保障双重因素来判断农民有无集体成员资格的考量。取得城镇的户籍与社会保障则丧失成员资格,这是以户籍与社会保障双重因素的考量来判断成员资格的取得。法律所作出的农民迁入小城镇,集体不能收回承包经营权已经表明户籍不能完全作为判定成员资格存在的标准。那么再加上社会保障因素是否就可以成为剥夺农民土地承包经营权的依据呢?向农民提供社会保障是政府应当承担的一项社会保障法领域内的义务,更不应当是直接产生民法权利消灭后果的法律事实。再次,土地承包经营权对于农民个体而言,具有生产资料功能、生活保障功能以及财产权功能。发包方强制收回承包地实际上是允许集体强制性剥夺农民个体的承包经营权,承包方因提高土地生产能力而获得的补偿显然无法与对土地承包经营权的补偿同日而语。土地承包经营权作为一项财产就意味着承包经营权人可以通过这一财产获得一定收益,不能以满足其他农民的生活保障功能为理由而剥夺公民的财产。随着农村社会保障制度的建立,城市居民与农村居民在社会保障方面的巨大差距将会缩小,甚至会逐步消失,法律必须考虑这一趋势。土地的不动产特性使其必然会留在农村,迁入市区的农民只要流转承包地就可以达到既满足自己对资金的需求,又满足农村居民对土地需求的双重效果。最后,农村居民转为城市居民是中国城市化与现代化发展中的一个重要趋势，而农民进入城市后也会需要资金，保留农民的土地承包经营权并允许其依法流转，可以为其在城市中生活筹集必要的资金。迁入小城镇和迁入设区的市的农民在土地承包经营权保有方面存在完全对立的差异，这虽然考虑到了当前社会保障与就业机会在小城镇与设区的市之间的差异，但并没有考虑到中国城乡之间的未来发展的变化与农民土地承包权利之间的平等。因此，笔者认为这一规定既不符合物权法的基本法理，也不符合统筹城乡发展的要求，应当修改取消。

为什么迁入小城镇的农民的土地承包经营权不用交回？相关的解释都是认为，迁入小城镇的农民没有获得国家提供的完善的社会保障。这种将户籍制度与社会保障联系起来进行思考的方式有其合理的一面，因为中国长期以来一直将户籍制度与社会保障捆绑在一起。但是，它忽略了中国即将进行户籍制度改革以及社会保障与户籍、农民的土地权利实际上是极为不相同概念的事实。目前中国正处在城乡二元结构逐步减退弥合的阶段，因此，整个土地物权制度的设计必须有助于促进消除城乡二元结构，而不是加大这种二元结构。为了能够弥合城乡二元结构，鼓励有条件的农民迁入城市在城市中生活定居，应当是法律的理性选择。在农民通过家庭承包的途径取得农村土地承包经营权后，这种权利就不能再随便被剥夺。在农民获得条件并且选择迁入设区的市以后，农民可以依法将自己的土地权利流转，从而获得一定的流转收益。农民进入了设区的市并且取得了城市的户口，并不意味着农民必然获得长期而稳定的工作并且有稳定、丰厚的收入。另外，农民进入了设区的市取得了城市户口，也并不意味着他们必然在城市长期居住下去，他们有可能出于种种原因而再次迁回原居住地。在这种情况之下，让农民自由地流转承包地，让农民决定是否转让承包经营权，要比强制性地收回承包经营权更加合适。

事实上，允许集体收回承包地会产生一系列的问题，即可能导致集体地权与农民地权之间及农民地权之间产生复杂的冲突关系。集体收回承包地之后，会面临着如何利用承包地的问题。如果再次通过家庭承包方式将土地承包，怎么样才能做到公平？如果采取其他方式承包，土地收益如何才能做到在成员之间公平分配？如果承包地已经因转包、出租等设定了其他土地权利，原有的转包、出租关系如何处理？转包与出租关系是否仍需要维持？维持原有土地关系带来的收益如何分配？虽然将原承包经营权人设定的转包与出租直接由集体来履行有利于解决转包与出租过程中的冲突与矛盾，但是考虑到原承包经营权人设定转包与租赁关系实际上并不一定对集体有利，则维持上述关系就会存在一定的问题。在允许承包经营权人流转承包地的情况下，承包经营权人流转承包地的行为将最终导致集体收回承包经营权的权利落空。在农民全家迁入设区的市取得城市户口之前，农民可以转让自己的承包经营权，从而最终导致集体收回承包地的权利落空。

2018 年 12 月底修正的《农村土地承包法》将第 26 条修改为第 27 条同时将第 2 款、第 3 款修改为："国家保护进城农户的土地承包经营权。不得以退出土地承包经营权作为农户进城落户的条件。承包期内，承包农户进城落户的，引导支持其按照自愿有偿原则依法在本集体经济组织内转让土地承包经营权或者将承包地交回发包方，也可以鼓励其流转土地经营权。"

（三）农村土地承包经营权流转中的集体土地所有权与农民土地承包经营权之冲突

农村土地流转中存在集体土地所有权与农民的土地承包经营权之间的冲突。目前土地承包经营权流转是一个概括性的说法，它包括了土地承包经营权人所进行的债权性行为（如出租土地）与处分性行为（如转让土地承包经营权）。农村土地承包经营权流转中集体土地所有权与农民土地承包经营权之间的冲突表现在集体通过各种途径限制或者强迫农民进行土地承包经营权流转。目前各个地方的农业经营中通过反租倒包、成立农业公司、成立合作社进行农业经营的趋势有所加强。据报道,在改革开放后最先实行包产到户的小岗村,目前也在筹建合作社进行经营。2004 年来小岗村挂职的沈浩,在积极推动小岗村成立合作社。沈浩希望将除种植葡萄(约 400 余亩)外的 1400 亩土地全部纳入合作社。2005 年 3 月,注册资金 305 万元的股份制“小岗村发展合作社”成立,但是将全部土地纳入合作社的计划受到部分村民的抵制。2006 年 70 多户(小岗村目前有 108 户)的家庭代表在村委会开会的结果是“小岗村发展合作社”以每亩 500 元的价钱租种农民的田地。另外小岗村用地 15 亩建立了农贸市场,并打算由房地产开发公司承建 50 套房子,每套 138 平方米,售价 7.2 万元。[31] 在反租倒包、成立农业公司、成立合作社等规模经营的过程中,集体经济组织、村委会为了实现规模效应、达到发展地方经济的效果或者为了获取一定的土地收益,往往会限制或者强迫农民流转自己的承包地。解决这一冲突的办法是保障农民对其承包地享有充分的流转权,排除集体对农民流转权的限制。

目前土地承包经营权流转中的集体土地所有权与土地承包经营权之间的冲突主要表现在土地承包经营权的转让方面。2002 年《农村土地承包法》第 37 条规定:“采取转让方式流转的,应当经发包方同意;采取转包、出租、互换或者其他方式流转的,应当报发包方备案。”农业部《农村土地承包经营权流转管理办法》也规定“承包方与受让方达成流转意向后,以转包、出租、互换或者其他方式流转的,承包方应及时向发包方备案;以转让方式流转的,

---

〔31〕《改革典型安徽凤阳小岗村如何成为典型》,载新浪新闻:http://news.sina.com.cn/c/2006-03-30/21029487186.shtml;《小岗村再试验　商业地产旅游工业齐发展》,载:http://biz.cn.yahoo.com/060221/2/g19a.html,最后访问日期:2008 年 3 月 4 日。

应当事先向发包方提出转让申请”。按照上述规定通过转让方式流转承包经营权的必须经过发包方同意，这使集体土地所有权与农民土地承包经营权之间存在了较大冲突可能性。2002 年《农村土地承包法》第 37 条的规定存在两个严重问题：“一是理论上违背了土地承包经营权的物权性质，这在一定程度上使土地承包经营权的‘用益物权’之定位有名无实，因为只有普通债的转让才须征得债权人（即原对方当事人）的同意；二是在实践中为集体土地所有权人对土地承包经营权的流转提供了干涉空间，而且该条规范的立法指导思想已经落后于社会现实，因为农户进行土地承包经营权流转时并未遵守或已无须遵守这一规定。”〔32〕

土地承包经营权人转让承包经营权为什么必须经过发包方的同意？从相关的说明资料来看，主要基于两个方面的原因：第一，经过发包方同意的程序，可以对承包方是否有稳定的非农职业或者稳定的收入进行核实，防止个别承包方因债务所迫等，轻易地转让土地承包经营权。〔33〕第二个因素是考虑到承包经营权的转让对集体土地所有权的影响。从第一个原因来看，农民也是有理性与丰富生活经验的人，他们完全可以根据自己的生产与生活的状况最终做出有利于自己的决定。农民一般会通盘考虑自己的非农职业与非农收入方面状况，而综合决定是否转让。在市场经济条件下，职业与收入状况都会随着市场经济的运行状况而发生变动，稳定的非农职业与非农收入的判断难以有客观的标准。设置一个第三方对农民的非农职业和非农收入进行考察，难以达到应有效果，甚至会形成对农民转让权利的不必要的干涉。第二，从土地承包经营权对集体土地所有权的影响来看，允许自由的转让土地承

〔32〕陈小君等：《后农业税时代农地权利体系与运行机理研究论纲——以对我国十省农地问题立法调查为基础》，载《法律科学》2010 年第 1 期。

〔33〕王宗非：《农村土地承包法释义与适用》，人民法院出版社 2002 年版，第 98 页。

包经营权,为集体土地所有权构造创造了条件。集体土地所有权是全体成员共有的土地所有权,而集体土地共有人也存在变化的可能性。集体土地共有人可以通过转让承包经营权的方式来退出该集体,其他人员也可以通过购买承包经营权的方式加入该集体,这为集体土地共有人的变动提供了民事法律行为基础,也为集体土地所有权的构造创造了条件。事实上,发包方的同意是以基层政权与村社共同体之间的结构性利益分离状况下的国家治理方式作为法政策基础的,随着国家治理方式的变化,发包方同意这个限制也应随之改变。[34]

在程序上,"当承包人在集体经济组织拒绝流转的情况下仍强行将承包经营权流转给他人时,可行的处理方法是:集体经济组织首先向乡镇人民政府农业行政主管部门申请调解,调解不成的,集体经济组织可以利害关系人的身份,请求仲裁机构或人民法院宣告土地流转合同无效。同样,如果集体经济组织无正当理由不同意土地流转,承包人可申请乡镇人民政府农业主管部门予以调处,或直接向土地仲裁机构或人民法院提起仲裁或诉讼"。[35] 2005 年最高人民法院颁布的《关于审理涉及农村土地承包纠纷案件适用法律问题的解释》第 13 条进一步限制了发包方同意权的行使,其规定"承包方未经发包方同意,采取转让方式流转其土地承包经营权的,转让合同无效。但发包方无法定理由不同意或者拖延表态的除外"。在该司法解释起草的过程中,起草小组曾打算根据土地承包经营权的相当所有权属性,将"发包方"同意的条件排除在外,但是最终考虑到需要贯彻《农村土地承包法》的相关规定,也仅仅是对发包方的同意权的行使进行了一定程度的限制。

---

〔34〕 朱虎:《土地承包经营权流转中的发包方同意——一种治理的视角》,载《中国法学》2010 年第 2 期。

〔35〕 孟勤国等:《中国农村土地流转问题研究》,法律出版社 2009 年版,第 87 页。

在土地承包经营权建立之初，农村土地承包经营权的流转受到政策限制，后来中央的政策才逐渐允许农村土地承包经营权的流转；最初的时候，土地承包经营权的转包与租赁都需要经过发包方的同意，后来这一要求逐渐被取消，目前农民只有在转让土地承包经营权时才需要经过发包方的同意，而且司法解释也已经对发包方的同意权进行了必要的限制。考虑到农村土地承包经营权的相当所有权属性，考虑到土地承包经营权的转让对集体成员变动的积极影响，也考虑到历史上中国的土地权利是高度流转的及宅基地使用权的转让不需要代行主体同意的状况，笔者认为未来立法应当取消农民转让土地承包经营权需经过发包方同意的限制。

2002 年《农村土地承包法》第 37 条规定，通过家庭方式取得的承包经营权转包、出租、互换或者其他方式流转的应当报发包方备案，问题是若未经发包方备案将会产生什么样的法律效果？2005 年最高人民法院的解释规定认为未经备案并不影响上述流转的效力。土地承包经营权的互换与土地承包经营权的转让在性质上具有很大的相似性，都是变动土地承包经营权的行为，土地承包经营权的互换可以不经过发包方同意的规则也说明土地承包经营权的转让不经过发包方的同意也具有现实的可行性。虽然如此，但是 2018 年年底修正的《农村土地承包法》第 34 条一方面将土地承包经营权的转让对象限定在本集体经济组织的其他农户，另一方面又维持了土地承包经营权转让需要经过发包方同意的规则，该项规定仍有进一步检讨空间。

另外，在承包经营权流转的过程中若发包方收回承包地，还会导致相关收益分配方面的冲突与矛盾，必须妥善解决。最高人民法院颁布的《关于审理涉及农村土地承包纠纷案件适用法律问题的解释》第 9 条规定，“发包方根据农村土地承包法第二十六条规定收回承包地前，承包方已经以转包、出租等形式将其土地承包经营权流转给第三人,且流转期限尚未届满,因流转价款收取产生的纠纷,按照下列情形,分别处理:(一)承包方已经一次性收取了流转价款,发包方请求承包方返还剩余流转期限的流转价款的,应予支持;(二)流转价款为分期支付,发包方请求第三人按照流转合同的约定支付流转价款的,应予支持"。

二、集体地权与农民的宅基地使用权之间的冲突

由于宅基地使用权是一个相对成熟较早的制度,农民家庭、个人的宅基地使用权受到了集体土地共有人、集体土地所有权代行主体的尊重。当宅基地使用权人去世后,宅基地使用权一般也与房屋一起通过遗嘱继承、法定继承等方式处理,而很少发生集体土地所有权与宅基地使用权之间的冲突。相对于农村中曾经普遍出现的调整与收回土地承包经营权的实践来说,集体收回、调整宅基地而导致的集体土地所有权与宅基地使用权之间的冲突相对较少。《土地管理法》设定"一户一宅"原则与宅基地面积不得超过省市标准的原则,但是考虑到宅基地使用权的历史延续状况,"一户一宅"与宅基地面积不得超过省市标准的原则一般被理解为宅基地使用权设定时的原则,而没有被理解为宅基地使用权保有的原则。超过宅基地使用权面积的部分一般会被相关统计部门标记,在宅基地使用权发生变动时被考虑,但是现实中很少发生因此而硬性收回宅基地使用权的事情。

目前发生的集体土地所有权与宅基地使用权之间的冲突主要发生在农村重新规划与建设以及集体建设用地使用权重新设定的进程中。农村的房屋建设与宅基地使用权的设定普遍是在没有规划或者很少有规划的情况下进行的,这是中国农村一个历史现实状况。目前很多地方在推行农村规划,这种规划影响了农民对房屋与宅基地使用权的保有。首先,新的农村规划的实施必须着重考虑农村已经形成的房屋与土地利用状况,而不能任意进行规划。

在地方政府的规划导致农民的宅基地使用权必须丧失或者使用价值大为降低时必须给予农民补偿。在规划导致农村的宅基地使用权彻底丧失价值时,政府应当收买之。其次,我们发现在新农村规划中普遍存在以规划为依据收回农民的承包经营权或者调整农民的宅基地使用权的情形。笔者在调研中发现了很多以新村建设为由,不具备经济实力,而野蛮实施新村拆迁建设,对农民进行残酷掠夺的实例。例如,山东省沂南县苏村镇对苏村街的野蛮拆迁。拆迁过程中,乡镇政府及村委会对宅基地以及在宅基地上栽种的已经3~5年的小树苗一律不予赔偿;对农民的房屋补偿也极低甚至近乎为零,旧村改造的结果是农村的房屋越建越新,但是农民手中的钱也越来越少了。一个现实的案例是,袁封河家有正房4间,门面房3间,面积100多平方米,最终折价赔偿9000元,宅基地收回后重划宅基地要交3万元。等于要重新交2.1万元划出一块比原来还要小的宅基地。当农民集全家之力,举债重重把新房盖起来之后,已经是名副其实的大“负”翁了。由于补偿极其不到位,苏村街通街工程启动后,村民与村干部长期处于对峙状态,而且房屋拆迁工程越往南推行阻力越大。直到2006年的夏季,所修道路需通过的房屋才全部被砸倒,有些农民住在砸倒后剩下的1~2间小房子内或者先后投奔其亲戚家进行居住。此时,回到苏村街,则全部是砸倒的房屋与满地的泥土,一片落败景象。苏村镇苏村街村进行第一次通街改造时,《人民日报》于2007年就对相关的问题进行了报道,并就该种掠夺农民的做法进行了强烈批判,但并未能制止这种野蛮的做法。2011年,苏村镇旧村改造工程重起,新一轮的掠夺农民的进程又开始了。

另外一个旧村改造的实例是山东省沂南县苏村镇瞿家庄。该村已经基本不划宅基地。该村村长想对该村进行重新规划,进行村庄重整。通过重整,既腾出新的宅基地,也整理出部分的耕地,重新进行承包。新规划的住房也为上下两层,上下各80多平方米，建筑面积160平方米，另加40多平方米的庭院。这种房屋建设在2008年大约需要7.5万元，在2009年需要6万多元。旧村改造过程中存在部分侵害农民利益的现象。部分村民，特别是年龄在60岁以上的村民一般都没有新的建房计划，因此，一般都不希望自己的住房与宅基地被改造。毕竟，农民可以利用其原来宽敞的宅基地经营家庭副业，种植一些树木，而且6万~7万元的重新建房费用对于普通的村民来说也是一笔非常巨大的开支。旧村改造的结果将会导致农民多年来的积蓄荡然无存。新村改造中的另外一个问题是对旧房拆迁中房屋补偿问题。该问题异常严重。补偿价格谈判中村委会一般会处于强势，因此价格一般由村委会单方确定，农民大多只能接受。对于部分需要新的宅基地，希望得到较好位置的村民来说，旧村改造具有吸引力，他们可以借机获得宅基地与住房。当然该村旧村改造获得新住房的前提是村民必须放弃原有的宅基地在村内新规划区内建造标准模式的住房。目前该村旧村改造工程已经启动，旧村改造确实可以增加村内的耕地，这些耕地都是通过非家庭承包的方式承包给其他村民耕种的。

在旧村改造的过程中，部分村民表现出了较强的宅基地使用权物权维护意识。在村干部要求其腾空宅基地与房屋时，农民会非常理直气壮地拿出其集体土地使用权使用证书，告诉村委会“任何组织和个人不得侵犯其使用权”。对于拥有集体土地使用权证书的村民，村委会一般只能妥协，但对于没有集体土地使用权使用证书的村民其结果会有所不同。某村民向笔者出示了自己的两份集体土地使用权证书，一份为换发前的红皮证书，另一份为换发后的蓝皮证书。证书上详细绘出土地利用的四至情况。集体土地使用权证书的颁发强化了村民个体的土地权利意识，可以起到使村民避免遭受过多损失的作用。但并非所有的村民都领到了宅基地的集体土地使用权证书，原因主要有两个：一是部分村民的宅基地四至存在权属争议；二是部分村民不想缴纳大约40元的工本费。

旧村改造过程中存在一些问题。例如,农民反映部分的旧村改造工程,不但没有减少宅基地的占地面积,反而占用了更多的耕地。农村进行旧村改造需要大量的资金支持,而进行过程中,普遍存在对农民的旧房补偿不到位的情况。一些村庄旧村改造过程拨下来的资金,很难真正用到农民身上。如果投入大量的资金,建造上下三层的楼房,农民通过"抓阄"的方式获得分配的房屋,可以节省一些土地。但是也存在农民的拖拉机、农具等如何存放的问题。旧村改造过程中如何平衡各方的利益,包括集体、农民的利益是个大问题。旧村改造中如何保障农民的土地权益依然是一个重大的现实问题。

这种调整与收回农民的宅基地使用权一般都是由乡镇政府与村委会来进行。由于宅基地使用权是一种相当所有权,村委会不能任意调整与收回农民的宅基地使用权已经成为共识,但是在乡村面临建设与规划时,调整与收回的情况就出现了。在宅基地使用权存在的情况下,存在特定地块上的集体土地所有权只能在受到宅基地使用权限制的范围内行使,宅基地使用权对集体土地所有权的限制已经基本上达到了使集体土地共有人与集体土地所有权的代行主体不能为任何积极行为的地步。村委会不能以乡村建设为由而单纯依靠集体土地所有权来实现对农民个体宅基地使用权的剥夺,相反地,村委会应当在得到全体村民授权的情况下与宅基地使用权人进行谈判,在谈妥补偿条件(包括对村民的宅基地使用权的补偿与对房屋等地上附着物的补偿)之后,最终由农民放弃宅基地使用权,使集体土地所有权恢复到不受宅基地使用权限制的状态。

在通常所谓的农村建设用地使用权流转试点的过程中,存在一种在已经存在宅基地使用权或者土地承包经营权的集体土地上重新设定建设用地使用权的情况。在这种情况下,也涉及集体土地所有权与土地承包经营权、宅基地使用权之间的冲突。"由于法律不允许集体或者农户在农户仍享有家庭承包经营权的农地上再设定所谓集体建设用地使用权，因此农村集体经济组织要实现将其已发包的农地转为非农用地并为集体建设之用，其前提和结果都是收回承包地并使农户取得的家庭承包经营权消灭。”〔36〕芜湖的基本做法是由集体土地所有权的代行主体、宅基地使用权人与需要使用建设用地的人进行三方协商谈判，在妥善解决对宅基地使用权人的房屋与宅基地使用权的赔偿问题之后，再由集体与潜在的使用权人签订土地出让合同。这是一个值得借鉴的积极做法。但是，目前在农村土地转为建设用地的过程中，农村土地承包经营户基本难以发挥应有的作用。在农地转用制度的建设方面，土地发展权理论对我们具有一定的启发意义。“土地发展权理论确立了改变土地用途是一项重要的权利的理念，解释土地所有权人与土地使用权人在土地用途变更上所具有的利益，明确提出变更土地用途的权利应该归属于土地所有权人或者使用权人的主张，这些认识和观点为我们建立保障家庭承包经营权人在农地转用中利益机制提供了一定的理论基础。”〔37〕“在传统的物权理论上，似乎没有土地发展权的概念和理论，但是这并不妨碍我们吸收这个理论的合理内核。笔者认为，可以将土地发展权视为物权人对其物或者其物权进行处分的一项权利，从而使变更土地用途的权利成为物权人权利的构成内容。”〔38〕笔者认为，可以在符合城乡规划和土地用途管制的前提下，将改变土地用途的权利赋予集体土地所有权人，甚至直接赋予土地承包经营权人或者宅基地使用

---

〔36〕 周应江：《家庭承包经营权：现状、困境与出路》，法律出版社 2010 年版，第 180 页。

〔37〕 周应江：《家庭承包经营权：现状、困境与出路》，法律出版社 2010 年版，第 196 页。

〔38〕 周应江：《家庭承包经营权：现状、困境与出路》，法律出版社 2010 年版，第 196 页。

权人。鉴于土地承包经营权、宅基地使用权的相当所有权属性，可以探讨直接由宅基地使用权人代表集体同需要使用建设用地的人进行谈判，重新设定新的建设用地使用权，以减少宅基地使用权向建设用地使用权转变过程中的集体地权与农民的宅基地使用权之间的冲突。在宅基地使用权人直接代表集体将宅基地使用权变为建设用地使用权的情况下，原宅基地使用权补偿费与房屋的补偿费用归宅基地使用权人所有，其余的费用归集体所有。

第三节　集体地权与农民地权冲突的概括分析及两类特殊的地权冲突分析

一、集体地权与农民个体地权冲突概述

从农村的物权制度运作的方式来看，农村土地上存在两类土地权利，一类是农民集体的土地权利，主要是集体土地所有权及所有权代行主体以集体土地所有权为基础而行使的对土地进行管理与经营的权利；另一类是农民个体对集体土地所拥有的土地权利，即农民作为集体共有人之一所享有的权利、农民所享有的土地承包经营权、宅基地使用权及农民或者其他主体享有的建设用地使用权。农村土地物权制度的成功运行需要集体的土地权利与农民个体的土地权利相互配合。在两者相互关联进行运作的过程中，两类土地权利呈现出相互依存的一面，也呈现出矛盾与冲突的一面。两者的相互关联性表现在，农民个体的地权以集体的地权为基础而存在和享有，而农民集体地权之价值与功能的实现则要依赖于农民个体地权的良好运作。

首先，集体成员作为集体共有人之一对集体土地拥有土地权

利，他可以以此为基础参与到集体土地的使用与收益分配决策之中，并可以以此为基础要求取得个人化的土地物权并分享集体土地经营的收益。这一权利长期以来被称为农民的成员权。由于农民的成员权只能通过平等的决策机制、土地权利个人化（个体土地权利的设定）及收益分配请求权等方式来实现，农民成员权很有可能由于为集体土地所有权行使与运作方面的各种原因未能实现，形成集体地权与农民地权的冲突。当集体不再以集体土地所有权为基础组织全体成员进行共同的农业劳动并进行收益分配后，集体地权客观上需要个人化为农民个体的土地权利，由农民以家庭为单位来进行生产与生活。因此，集体需要通过一定的程序为土地的共有人之个体设定个人的土地权利，即进行土地承包经营权的发包与宅基地使用权的分配。历史地看，在集体地权个人化的过程中，集体土地权利与农民个体的土地权利存在冲突，农村土地发包的实践反复证明了这一点。由于我国农村土地物权制度在具体实践中存在将土地权利个人化的过程，因此，有学者认为"我国农村的土地制度，是所有权、承包权、经营权的分开，所有权归村集体经济组织所有，承包权和经营权归农民"。[39] 这样的观点虽然看到了集体土地所有权、农民成员权及农民的土地承包经营权之间的关系，但是存在割裂三者的倾向。农民取得农村土地承包经营权及宅基地使用权是以农民的集体共有人的身份为前提的，但是农民的土地承包经营权与宅基地使用权一旦取得，就是一种独立于集体土地所有权而存在的土地物权。土地承包经营权与宅基地使用权制度普遍建立后，土地承包经营权与宅基地使用权就成为判定农民集体土地共有人身份的标志。

其次，在集体地权个人化以后，即在农民取得土地承包经营权

---

〔39〕 王玉霞：《我国农村土地流转状况分析和土地经营权入股》，载《四川省情》2002 年第 3 期。

及宅基地使用权等土地物权以后,集体土地所有权的行使也会对农民个体的土地权利产生显著的影响。特别是当集体土地权利的行使者试图以集体土地所有权为基础来影响甚至剥夺农民的土地物权时,集体地权与农民个体地权之间的冲突就爆发了。目前,集体以所有权为基础对农村土地承包经营权进行的调整,集体做出的收回土地承包经营权的决定以及集体以反租倒包等名义要求农民将土地反租给集体是集体地权与农民个体地权冲突的主要表现;在农村土地承包经营权转让过程中,现行法律制度要求农民转让土地承包经营权时必须经过发包方的同意,也在一定程度上造成了集体地权与农民地权之间的冲突。集体地权与农民的宅基地使用权之间的冲突伴随着新农村建设及农村再次规划而产生,在这里作为公权的乡村规划权与集体地权结合在一起共同造成了对农民的宅基地使用权的侵害。

再次,在土地征收的过程中,集体土地所有权与农民的土地承包经营权和宅基地使用权等物权消灭,上述土地权利一般都转变为相应的补偿款支付请求权或者其他权利。在土地补偿程中,由于《土地管理法实施条例》概括地将土地补偿费规定为归"集体经济组织所有",土地补偿费如何在集体经济组织、村委会以及农民个体之间进行分配成了一个突出的问题。农民个体要求分配土地补偿款的权利一方面来源于农民享有的土地承包经营权与宅基地使用权,土地补偿款包含着对上述土地财产权的补偿;农民个体要求分配土地补偿款的权利另一方面来源于农民的成员权,对于集体土地所有权的补偿费用,集体成员有权要求按照集体的决议进行分配。土地补偿款的分配问题,不是集体地权与农民个人地权之间的直接冲突的问题,却是集体地权与农民个人地权的冲突在土地补偿领域的延续,是集体地权与农民个体地权冲突的再发展。

最后,农村公共建设占用土地也会导致集体地权与农民地权之间的冲突。在农村的发展过程中,农村修建道路、水渠等公共设施往往也需要占用农民个体的土地从而导致集体地权与农民地权之间的冲突。2009 年新年刚过，笔者在对山东省沂南县苏村镇的瞿家庄进行的调研中，了解到该村存在农民土地承包经营权与集体土地所有权冲突的案例。该村曾有部分荒地，主要为整片承包后的地头地，后来该部分荒地分给了农民，但是该部分荒地并没有算到家庭承包地之内。这些土地在 1980 年土地承包后，分给了该村部分农民进行耕种。由于这些土地的面积都非常小，主要为一小排很小的地块，农民一般在土地上种植了部分树木。现在该村打算修路，正好需占据该块土地。最后，村委会组织人员强制铲除了这些土地上的树木。对于该地权冲突的协调解决，老村长对于新任干部采取较强硬的方法推行修路不予认同，认为需要多采取说服教育的方法。

另外，集体地权之间的冲突也会导致集体地权与农民地权的冲突，因此，集体土地所有权客体范围的确定对于解决集体地权与农民地权之间的冲突也具有重大意义。集体地权与农民地权的冲突不限于上述几个方面，但上述的问题在集体地权与农民地权的冲突中居于突出的地位，因而也是本节要集中讨论的问题。

二、征地补偿款分配中的集体地权与农民地权冲突

随着我国城市进程的加快，“国家地权”与农民地权之间的冲突加剧，“国家地权”与农民地权的冲突在导致农民土地物权消灭的同时，也引发了土地补偿款分配领域中的集体地权与农民地权之冲突。由于对集体土地所有权与土地补偿费的性质长期认识不清，土地征收中农民土地权利一直都难以得到有效的维护。在 1999 年 1 月 1 日重新修订的《土地管理法》实施以前，1986 年《土地管理法》明确规定土地补偿费不得私分，《土地管理法实施条例》第 26 条规定，土地补偿费归集体经济组织所有，农业部与财政部制发的农村集体经济组织收益统计表也把征地补偿费作为集体

经济收益，因此，在1999年以前的司法实践中普遍认为村民不享有分配土地补偿费的实体权利，农民要求获得土地补偿费的案件也被认为是法院不应受理的案件。[40]直到1998年修订的《土地管理法》删除了1986年《土地管理法》中关于"土地补偿费不得私分"的规定，而且《土地管理法实施条例》第26条明确规定了对土地补偿费的归属、管理及用途，村民依法享有的对土地补偿款的分配权才得到法律与司法的正式认可。此后，最高人民法院于2001年作出了受理土地补偿款分配纠纷的函复，[41]各地人民法院才开始

---

〔40〕 如最高人民法院1994年12月20日对江西省高级人民法院作出的《关于王翠兰等六人与庐山区十里乡黄土岭村六组土地征用费用分配纠纷一案的复函》(94民他字第28号)认为："土地管理法(1988年《土地管理法》)明确规定，征用土地的补偿、安置补助费，除被征用土地上属于人的附着物和青苗的补偿费支付给个人外，其余由被征地单位用于发展生产和安排就业等事业。现双方当事人为土地征用费的处理发生争议，不属于法院受理的范围，应向有关机关申请解决。"

〔41〕 最高人民法院研究室于2001年7月9日对广东省高级人民法院所作的《关于人民法院对农村集体经济组织所得收益分配纠纷是否受理问题的答复》(法研〔2001〕51号)指出："农村集体经济组织与其成员之间的因收益分配产生的纠纷，属平等民事主体之间的纠纷。当事人就该纠纷起诉到人民法院，只要符合《中华人民共和国民事诉讼法》第一百零八条的规定，人民法院应当受理。"对陕西省高级人民法院上报的请示的《关于村民因土地补偿费、安置补助费问题与村民委员会发生纠纷人民法院应否受理问题的请示》，最高人民法院研究室于2001年12月31日作出的法研〔2001〕116号答复指出，对村民因土地补偿费、安置补助费与村民委员会发生纠纷，人民法院应否受理的问题可以参照法院〔2001〕51号办理。但是，最高人民法院在(2002)民立他字第4号批复中仍指出，"农民集体经济组织与其成员之间的土地补偿费发生的争议，不属于平等民事主体之间的民事法律关系，不属于人民法院受理民事诉讼的范围"。受最高人民法院在(2002)民立他字第4号批复的影响，很多地方法院在最高人民法院于2005年作出新的司法解释以前，一直对农村土地征收补偿纠纷持不受理的态度，这影响了农民的土地收益分配与补偿分配请求权的实现。

陆续逐步受理土地补偿款分配纠纷。[42] 直到2005年最高人民法院发布《关于审理涉及农村土地承包纠纷案件适用法律问题的解释》,土地补偿款纠纷才在全国范围内得到普遍受理。

按照我国《物权法》的规定,土地征收时“应当依法足额支付土地补偿费、安置补助费、地上附着物和青苗的补偿费等费用,安排被征地农民的社会保障费用,保障被征地农民的生活,维护被征地农民的合法权益”。地上附着物补偿费是对被征收土地上的建筑物、构筑物,如房屋、水井、道路、管线等的拆迁和恢复费,以及被征收土地上林木的补偿或者砍伐费。青苗补助费是对被征收土地上生长的农作物,如水稻、小麦、玉米等造成的损失所给予的一次性经济补偿费用。关于地上附着物及青苗补偿费的归属,由于《土地管理法实施条例》第26条规定,“地上附着物及青苗补偿费归地上附着物及青苗的所有者所有”,所以在现实生活中以及司法实践中并没有造成太多的问题与纠纷。对于地上附着物与青苗补偿费是对地上附着物与青苗的补偿,应当支付给其所有权人自无疑问。在无相关证据证明谁是所有权人的情况下,应当推定土地承包经营权人或者宅基地使用权人是所有人,将相关补偿费用支付给土地承包经营权人或者宅基地使用权人。对安置补助费的归属问题,《土地管理法实施条例》第26条第2款规定:“征收土地的安置补助费必须专款专用,不得挪作他用。需要安置的人员

〔42〕 很多地区的人民法院都曾对土地补偿费纠纷案件作出不予受理的决定,例如,江苏省高级人民法院在2001年全省民事审判工作座谈会纪要中明确指出:“涉及大面积土地的重新调整或群体性利益的重新分配的农业承包合同纠纷、追索土地征用补偿费等案件,虽不属于民事诉讼的受案范围,如已立案,应裁定驳回起诉,告知原告通过其他程序申请解决。”广西壮族自治区高级人民法院2003年年初下文各级法院,将土地补偿费纠纷案件列入了十类暂不受理的案件之中。法院不受理或者不愿受理这种案件的一个重要原因是这类案件下判后,普遍面临着执行困难问题,法院作出的涉及土地补偿款分配纠纷的判决经常因为土地补偿款已经发放完毕而无法执行。

由农村集体经济组织安置的，安置补助费支付给农村集体经济组织，由农村集体经济组织管理和使用；由其他单位安置的，安置补助费支付给安置单位；不需要统一安置的，安置补助费发放给被安置人员个人或者征得被安置人同意后用于支付被安置人员的保险费用。”从上述规定可以看出，安置补助费按安置的农业人口数计算发放，其目的为保障以土地为主要生产资料的农民失去土地后的基本生活，因而具有很强的人身性，在农民不需要安置时，安置补助费应当直接支付给被安置人员。从调研了解到的情况来看，对安置补助费及青苗和地上附着物补偿费产生的纠纷较少，而大多的土地补偿纠纷都集中在土地补偿费的分配问题上。集体土地被征收以后，集体会获得一定的土地补偿款，在此必须明确土地补偿款是对相关土地物权的补偿，社会保障费用、安置补助费用不能从对土地的补偿费用中扣除。为失地农民提供社会保障是政府对农民应尽的义务，属于社会保障法的范畴，而安置补助费也包含有社会保障费用的含义，这些绝对不能从对农民的土地权利补偿款中扣除。另外，对于土地补偿款来说，如果集体土地上未设定任何的土地使用权，即无土地承包经营权、宅基地使用权与农村建设用地使用权，土地补偿款作为对集体土地所有权消灭的补偿，应当归集体成员共有，集体成员可以共同决定将其用于特定的用途或者将其分配给集体成员；如果集体土地上存在其他物权，存在农民个体的土地承包经营权与宅基地使用权，土地补偿款中将会包含对农民个体的土地承包经营权、宅基地使用权等土地物权的补偿。在征地的实践中存在的一个突出的问题是征地中对集体土地所有权的补偿受到重视，而对农民个体土地承包经营权的补偿并没有受到应有的重视。所有权至上的观念导致了征地实践中出现了补偿了集体土地所有权就算完成了征地补偿的错误做法。

就土地补偿费而言，由于在大部分农村土地上都并行存在集体土地所有权与土地承包经营权(宅基地使用权)等物权,这就存在一个如何补偿集体土地所有权与土地承包经营权(宅基地使用权)的问题。《土地管理法实施条例》作出的土地补偿费归集体经济组织所有的规定中包含着一种优先补偿集体土地所有权的思想。在很多人看来,所有权是至高无上的,土地承包经营权是从所有权的使用权能之中派生出来的,土地承包经营权对所有权具有从属性。由于土地承包经营权依附于集体土地所有权,因此,土地征收中的补偿是对集体土地所有权的补偿,将土地补偿款支付给集体土地所有权的代行主体后政府就完成了征地补偿的任务。这样的一种认识并不符合我国农村土地物权制度的状况与价值,乡村干部对土地补偿费发放的管理与控制,使农民土地补偿款的获得增加了新一层风险。《土地管理法实施条例》将土地补偿费界定为归集体经济组织所有,混淆了集体土地所有权的行使主体与真正主体,为集体经济组织截留土地补偿费用提供了口实。由于法律没有明确土地补偿款是否要在集体成员之间进行分配,有些地区通过地方法规禁止土地补偿费在集体成员之间进行分配,有些地区以地方法规或者其他规范性文件的形式允许土地补偿费在集体成员之间的分配。现实中集体经济组织经常以土地补偿费归集体经济组织所有为依据,排斥集体成员对土地补偿款的权利。与此同时,集体经济组织与村委会私自处分土地补偿款(私分或者私自决定将土地款用于投资)的行为与集体经济组织私自截留对农民个体的土地补偿款的情形普遍存在,造成了集体地权与农民个体地权在土地权利补偿领域的冲突。土地补偿领域立法必须明确规定,扣除对土地承包经营权、宅基地使用权进行补偿的土地补偿款后,其余的土地补偿款才归集体成员共同所有,集体经济组织只能按照集体的共同决议进行保管、使用与分配。《物权法》第59条规定由集体成员依照法定程序决定“土地补偿费用的使用、分配办法”,有助于防止出现集体经济组织与村委会等私自截留、私分与处分土地补偿款的现象。但是必须明确该条所指的“土地补偿费用”是指对其上未设定任何土地物权的集体土地所有权的补偿费用,以及扣除了对土地承包经营权与宅基地使用权等补偿费用后剩余的对集体土地所有权的土地补偿费。在集体成员共同决定将土地补偿款分配给成员之后,集体经济组织或者村委会必须依据决议将剩余的土地补偿款分配给集体成员。现实中存在集体土地征地补偿款被村干部盲目投资,或注入自办企业,或者干脆私分、挥霍掉的现象,此已经为农民深恶痛绝。因此,必须建立起集体成员对村干部或者集体经济组织的监督机制,建立集体成员对村干部侵害其权益的赔偿救济机制。

《物权法》第 42 条、第 121 条与第 132 条对农村土地征收中的补偿问题作出了规定。《物权法》第 132 条已经明确要求对农民的土地承包经营权进行补偿,按照第 121 条的规定农村土地征收中也必须对农民的宅基地使用权等物权进行补偿。这里就存在一个如何既实现对农民个体的土地承包经营权(宅基地使用权),又实现对集体土地所有权的补偿问题。从征地补偿款的实际分配来看,主要有三种不同的模式:第一,土地补偿款完全归农户所有,村集体不再调整重新分配土地,需要继续从事土地承包经营的农户可以在土地流转市场上重新租赁或者购买土地承包经营权。在土地承包经营权具有相当所有权的属性,并且集体仅剩余不到 5%的机动地情况下,征地补偿款完全或者绝大多数归承包地被征收的农户所有,具有现实的可行性。在理论上,土地承包经营权与宅基地使用权已经基本上将集体土地所有权量化为了个体的土地权利,受到土地承包经营权与宅基地使用权全面限制的集体土地所有权的价值已经被大大限缩,在很大程度上甚至可以说保障了农民个体土地承包经营权与宅基地使用权就实现了对集体土地所有权的保障,充分补偿了土地承包经营权与宅基地使用权就是充分补偿了集体土地所有权。因此,充分补偿农民个人的土地承包经营权、宅基地使用权与充分补偿集体土地所有权并不矛盾，将土地补偿款完全支付给土地承包经营权人或者宅基地使用权人与土地补偿的目的并不矛盾。在海南改革发展研究院所进行的一项调查中，被征地的村庄占44%，征地补偿费大都每亩1万元以下（超过的不到30%），农民分得补偿款更少，平均只有2000元左右。分配方式有两种，分给被征地农民的占70%，由全村或者全组村民平均分配的占30%。[43] 这既说明了在我国的征地补偿实践中存在普遍的补偿不足的问题，也说明将土地补偿款完全支付给失地农户已经成为当前征地补偿的主要方式，也是一种主要的趋势。在土地征收中普遍存在对农民的土地物权补偿不足的情况，将土地补偿款完全支付给农民，对于保障其生活具有突出的现实意义。第二，除去青苗和地上附着物补偿外，其余全部在全村、全组范围内分配，土地重新调整。该种征地款分配方式将土地补偿款看作对集体土地所有权的补偿，将土地补偿款在集体范围内分配；同时通过调整承包地来为失地农民重新设定土地承包经营权，来实现对失地农民的补偿。这种征地款的分配方式将会造成农民承包经营权的大变动，违反了除特殊情形不得调整承包地的法律规定，容易导致侵害农民个体的土地承包经营权与侵害失地农民土地补偿款的事件。第三，这种土地补偿款的分配方式介于前两种分配方式之间。征地补偿款一般大部分归失地农民个人，小部分归集体。一般情况下，如果集体能够为失地农民提供可以替代的承包经营权，集体会将土地补偿款留给自己，而在不能提供可以替代的承包经营权的情况下，会选择将大部分的土地补偿款分配给失地农民。

---

〔43〕 中国（海南）改革发展研究院课题组：《中国农民组织建设的现状——中国农民组织建设入户调查问卷分析报告》，载中国（海南）改革发展研究院编：《中国农民组织建设》，中国经济出版社2005年版，第21～31页。

由于农民集体和农民个体享有的集体土地所有权与土地承包经营权（或者宅基地使用权）都是财产性土地权利，因此，在征收中必须对其进行补偿。集体土地所有权和承包经营权在农村土地上的并行存在导致了征收补偿是以补偿集体土地所有权为主还是以补偿土地承包经营权为主的问题。如果以补偿集体为主实际上是将土地承包经营权重新量化返还给了集体，这与土地承包经营权最初设立的目的相悖。〔44〕另外，笔者在实际调研中发现，农民在观念中更加认同将土地补偿款大部分分配给农户或者全部分配给农户的做法。相关的调研数据也是如此。在蒋月等学者所进行的一项涉及征地补偿款如何分配的调研中，399 位农民中的 173 位农民（约占 44.3%）认为应当将征地补偿款中的 70% 或者全部支付给被征地的农户。〔45〕因此，在土地征收补偿这一问题上，应当以补偿土地承包经营权（或者宅基地使用权）为主兼顾对集体土地所有权的补偿。由于集体土地所有权的使用功能与价值已经基本内化到土地承包经营权之中，在数量关系上，笔者认为对农民个体的土地承包经营权与宅基地使用权的补偿费应当至少达到土地补偿费总额的 70% 以上，甚至达到 80% 或者 90% 以上也不过分。土地补偿款中扣除对农民的土地承包经营权与宅基地使用权的补偿款之后，剩余的部分属于集体全体成员共有，应当由集体成员共同决定用于特定的用途或者在集体成员之间进行分配。《物权法》既然已经明确规定需要对农民个人的土地承包经营权与宅基地使用权进行补偿，未来我国土地征收制度改革的方向应是明确区分对土地承包经营权、宅基地使用权的补偿与对受到上述物权限制的集体土地所有权的补偿，将属于对农民的土地承包经营

〔44〕　孙宪忠：《争议与思考——物权立法笔记》，中国人民大学出版社 2006 年版，第 524 页

〔45〕　蒋月等：《农村土地承包法实施研究》，法律出版社 2006 年版，第 115 页。

权、宅基地使用权的补偿款直接支付给农民个体，而将对受到限制的集体土地所有权补偿支付给集体土地所有权的代行主体，由代行主体按照集体共有人的意思进行保管、使用与分配。将土地补偿费交由集体经济组织或村民委员会支配或持有并由集体经济组织或村民委员会决定如何分配土地补偿款的实践，导致了集体剥夺成员土地权益的事件经常发生，将对农民个体的土地承包经营权与宅基地使用权的补偿直接支付给农民个人有助于防止出现集体经济组织、村委会私自扣留应当支付给农民个体的土地补偿款之事件的发生，也有助于防止集体共有人通过共同决议而侵害农民个体的土地权益。

在对农民的土地承包经营权进行补偿的实践之中，存在很多集体经济组织通过重新设定土地承包经营权的方式对被征收的集体成员之土地承包经营权进行补偿的事情。在这种情况下，必须强调只有经过原承包经营权人同意，集体经济组织才能不将对其承包经营权的补偿款支付给他，并为其重新设定土地承包经营权。在农民集体普遍不能预留超过5%的机动地且实际也没有预留超过5%的机动地的现实背景下，集体通过为土地被征收的成员再设定土地承包经营权实现对该集体成员的土地承包经营权的补偿，并取得该集体成员应得的土地承包经营权补偿款，已经不具有普遍现实性。在村委会、集体经济组织决定为失地成员重新设定土地承包经营权的同时，村委会、集体经济组织也通常会强行或者动员农民进行全组、全村范围内土地的调整，在这一过程中发生了更多的侵害农民土地承包经营权的事件。在调研中，笔者曾向农民询问："如果集体不能再为失去土地的农民提供新的承包地，土地补偿款全部归土地被征收的集体成员，你们能否理解或者接受?”几乎所有的农民都表示可以理解和接受。[46]

在土地征收过程中,会涉及对农民个体的土地承包经营权(宅基地使用权)的补偿与集体土地所有权的补偿。考虑到我国农村土地物权制度设置的具体状况,未来的土地征收补偿应当以补偿农民个体的土地承包经营权与宅基地使用权为主。农民的土地承包经营权被征收时应当得到充分的补偿,这些补偿应当基本相当于被征收地块土地承包经营权的市场价值,对农民个体的宅基地使用权的补偿也是如此。对农民个体的土地承包经营权与宅基地使用权的补偿应当直接支付给农户或者农民个人,以避免在土地补偿款分配领域再出现集体权利与农民权利的激烈冲突。扣除对农民个体的土地承包经营权与宅基地使用权补偿之后剩余的土地补偿款应当归全体集体成员共有,由集体成员共同决定如何使用与分配;在集体共有人决定分配土地补偿之后,集体成员有权按照集体的决议要求集体土地所有权代行主体将其应分得的土地补偿款分配给自己。

三、集体地权冲突导致的集体地权与农民地权冲突

集体土地所有权的地域范围性以及集体土地所有权特殊的运行机制,决定了集体地权之间存在发生冲突的可能。集体地权之间冲突在很多情况下都导致了集体地权与农民个人地权之间的冲突。由于在家庭承包过程中,都是集体成员承包本集体的土地,因此,集体土地所有权的地域范围将会影响到土地承包经营权的设定。如果某一范围内的土地不属于某一个集体,则该集体为其成

---

〔46〕 有些农民很干脆地回答可以接受;有些农民在经过稍稍的思考也表示理解与接受;有个别的农民认为与从事农业的微薄收入相比,土地征收时获得大笔的补偿更加可观,这会造成一定的不公平。他们还是希望通过调整的方式来实现基本平等,但是他们也不反对这种方式,有些农民表示还可以考虑有没有更好的方法,在没有更好的方法的时候他们接受这一制度安排。

员设定的土地承包经营权将会因集体没有处分权而最终不能设定。在集体对土地权属存在争议的情况下，集体土地所有权之间的冲突将会反射到设定在集体土地上的承包经营权上，导致集体地权与农民土地承包经营权之间的冲突，甚至是农民土地承包经营权之间的冲突。对于因集体土地所有权权属不确定带来的集体地权与农民个人地权之间的冲突，应当在确定土地权属的基础上，根据农民土地承包经营权与宅基地使用权等土地物权设定与运作的基本规则来处理。

在集体土地所有权的行使实践中，存在集体经济组织、村民委员会、村民小组甚至乡镇政府分别代行集体土地所有权的情形。目前中国很多属于村民小组的土地都是村民委员会作为发包方进行的土地承包，也有一些处在村民委员会的直接管理之下。在集体地权与农民地权冲突的实践中，会出现这样的情况：由村民小组作为发包方将土地发包给村民的行为可能得不到村委会或者集体经济组织的认可，或者由村委会作为发包方设定的土地承包经营权得不到村民小组或者其他经济组织的认可。目前在实践中出现较多的是前者，即村民小组的发包得不到村民委员会的认可，村民委员会以种种理由否定原有的承包合同，否认原承包经营合同创设农村土地承包经营权的法律效力，造成集体地权与农民地权的冲突。在处理这一冲突时，我们必须坚持凡是按照法律规定的程序进行的发包行为，不管发包方是组内的集体经济组织、村民小组还是村民委员会都依法产生创设土地承包经营权的效力。因为依照《农村土地承包法》的规定农民集体所有的土地依法属于村农民集体所有的，由村集体经济组织或者村民委员会发包；已经分别属于村内两个以上农民集体经济组织的农民集体所有的，由村内各该集体经济组织或者村民小组发包。只要依照法定的发包程序进行的发包，无论是村民小组依法自行发包还是由组内集体经济组织进行发包，都产生设定土地承包经营权的效力。村民委员会、乡镇政府及其他的行使主体都不得以未由其发包为由，或者以其他理由而否认土地承包经营权合同的效力，否认已经设定的土地承包经营权。

土地的集体权属不确定性与集体土地所有权多个代行主体的存在，也会导致土地征收或者建设用地使用权设定之时出现集体地权与集体地权之间的冲突。在实践中经常出现的情况是村民委员会凭借着其对土地的实际管理权，要求分得一部分的土地补偿款。而且在土地征收的实践中，也经常是村委会代表村民小组与征地机关签订征地补偿协议，由村委会首先取得土地补偿款，并由村委会进行管理与分配。在很多情况下，村委会直接要求凭借其土地管理权分得一部分土地补偿款，甚至直接将其管理的土地补偿款扣留，用于投资或者其他用途。这就直接侵害了村民小组集体的利益，也最终侵害了农民个体的利益。因此，集体土地所有权人之间也必须按照民法的基本原则，进行土地所有权确定，将土地所有权明确为归属村民小组集体成员所有、村农民集体成员所有还是属于乡镇农民集体成员所有。在土地补偿款的发放中也要以土地的真正权属为依据，将土地补偿款直接发放给土地承包经营权人与真正的集体土地所有权人，尽量避免各级代行主体的代管，以免造成相关权利人的利益损失。

第四节　集体地权与农民个人地权冲突之协调方案分析

一、明确集体成员对集体土地的权利

建立集体土地所有权，本来的目的是要集体全体成员共同享

有决定权，从而最终共同享有土地利益。但是，长期以来集体土地所有权的内部构造问题被忽略，集体成员参与决定的权利与监督所有权代行主体的权利被忽略，集体成员对集体土地的权利没有被有效地建立起来。在实践中受到各种因素的影响，集体土地所有权异化为乡村干部的土地权利，或者由人民政府控制的土地权利。

集体土地所有权的主体是带有一定团体性的集体共有人，集体的意志来源于集体成员，集体成员应当享有对集体土地事务的共同决定权，这些共同决定权包括决定如何使用集体土地、在集体土地上设定何种土地权利、如何分配集体土地收益，选举集体土地的管理人等。另外，集体共有人应当有参与集体土地管理并监督集体土地代行主体管理集体土地的权利，还有按照集体的共同决议获得集体土地收益与土地补偿款之权利。由于我国目前集体土地普遍的使用方式是集体形成决议，最终由集体土地所有权的代行主体为集体成员设定土地承包经营权与宅基地使用权，因此，在集体地权个人化的过程中农民有权依据法定程序按照法律规定与集体形成的土地承包方案、宅基地使用权分配方案获得土地承包经营权与宅基地使用权。

《物权法》在完善集体成员对集体土地的权利方面做出了重大的贡献。《物权法》第 59 条通过列举的方式界定了需要由集体成员依照法定程序共同决定的事项，涵盖了需要由集体成员共同决定的绝大多数事项。第 62 条要求集体经济组织或者村民委员会、村民小组公布集体财产的状况，第 63 条赋予了利益受到侵害的集体成员向法院要求撤销集体经济组织、村民委员会或者其他负责人的决定的权利。这些规定对于解决集体地权与农民个人地权之间的冲突具有重大意义，但是仍然不够充分。首先，就第 59 条的规定而言，它虽然涵盖了大部分的需要集体成员共同决定的事项但是并不充分。它遗漏了宅基地使用权分配方案与农村建设用地使用权的设定等均须由集体成员来决定的事项。〔47〕在理论上，一切涉及在集体土地上设定物权的处分行为与其他的一切对集体土地的使用产生重大影响的决策都应当由集体成员共同做出。由于集体土地利用的重要事项都由集体成员共同做出，因此，集体成员应当有权在一定情况下请求召开集体成员大会，以便形成共同利用集体土地的意志。其次，《物权法》没有明确集体成员以法律与集体承包方案和宅基地使用权分配方案为依据要求取得承包经营权与宅基地使用权的权利。集体土地所有权主要通过为集体成员设定土地承包经营权与宅基地使用权的方式运作。一旦全体成员共同决定进行土地承包，集体成员应当有权要求通过公平的承包获得土地承包经营权。虽然我国的集体耕地、草地的承包已经基本完成承包，但是集体林地的承包还正在推进之中，《物权法》或者相关的法律应当明确集体成员享有这一权利。再次，《物权法》应当明确集体成员对集体土地收益与土地补偿款的分配请求权。一旦集体成员共同决定要分配土地收益，则每一个集体成员都有权依照法律与分配方案获得相应的土地收益或者土地补偿款。特别是随着农村经济的发展与农村的工业化与城镇化，集体会因土地获得更多的土地收益，集体成员对土地的收益请求权的保障就显得更加迫切。最后，物权法虽然建立起了对集体土地所有权代行主体的监督机制，赋予了集体成员撤销权，但是集体成员全面地对集体土地所有权代行主体的监督权并没有建立起来。集体土地所有权的代行主体负责对集体土地进行管理，代行主体对集体土地所享有的土地权利是以集体土地所有权为基础

〔47〕《物权法》第59条没有列举说明宅基地使用权分配方案需要由集体成员共同决定，按照《村民委员会组织法》宅基地使用权的分配方案应当由村民会议讨论通过，但是村民会议中村民的范围与集体土地所有权主体之集体成员的范围之间存在不一致，这可能导致宅基地使用权分配方案中存在侵害集体土地所有权与农民的土地权利的情形。

的。为了保护集体成员的土地利益,需要建立一种集体成员共同选定代行主体的机制,如果集体土地所有权代行主体依法履行了其义务,则集体成员可以让该集体经济组织或者村民委员会继续担任集体土地所有权的代行主体;如果集体土地所有权代行主体没有尽到自己应尽的责任,则集体成员除了需要有权撤销其决定外,还需要有权解除他们代行集体土地所有权的权利,重新选任集体土地的管理人。集体土地代行主体违法代行集体土地所有权给集体成员造成损失的必须依法追究其损害赔偿责任。

完善集体土地所有权的一个重要方面是建立科学、公正的集体共同决策程序,赋予集体成员应有的决策参与权,遏制集体土地所有权代行主体权利的膨胀和少数人武断决策的现象。我国《农村土地承包法》在集体共同决策的程序方面进行了有利的探索,例如,2018 年修正《农村土地承包法》第 19 条规定:"承包方案应当按照本法第十三条的规定,依法经本集体经济组织成员的村民会议 2/3 以上成员或者 2/3 以上村民代表的同意。"该法第 28 条规定:"承包期内,因自然灾害严重毁损承包地等特殊情形对个别农户之间承包的耕地和草地需要适当调整的,必须经本集体经济组织成员的村民会议三分之二以上成员或者三分之二以上村民代表的同意,并报乡(镇)人民政府和县级人民政府农业农村、林业和草原等主管部门批准。"笔者认为仅有上述规定是不够的,其他许多涉及农民集体的事务都应当依照民主决策程序进行,例如农村集体经济组织管理机构组成人员的选举和罢免、土地权益的使用和分配方案、土地征收中的利益分配和费用补偿等事务都应当经本集体经济组织成员的村民会议 2/3 以上成员或者 2/3 以上村民代表的同意才能决定。只有这样,才能切实保障农民的土地权利和其他权益。关于集体成员行使权利的程序问题,是否有必要在物权法中作出规定?许多人认为物权法是实体法,不应规定程序性问题。但我们认为,对此不应绝对化。如果涉及诉讼的程序性问题，显然不是物权法所能规定的，但集体经济组织的成员行使管理集体事务权利的程序，实际上是重要的民事权利，是成员权的必然内容，对此应当在物权法中予以规定。〔48〕

二、建立集体成员资格认定的基准

集体地权与农民的成员权冲突之中的突出问题就是集体成员资格的界定。对于集体成员资格的界定，法律需要为之提供一个可以作为参考的基准体系。成员权在本质上是集体成员对集体土地的权利，因此，笔者认为集体成员对集体土地所享有的个人化的土地物权可以作为确立集体成员资格的基准。

在我国农村土地的二轮承包已经完成的背景之下，可以将农民获得承包经营权、宅基地使用权与农民的集体共有人资格联系起来，概括认定享有特定地块的土地承包经营权与宅基地使用权的人是该集体的成员。转让土地承包经营权与宅基地使用权则丧失集体成员的身份，受让土地承包经营权与宅基地使用权则使受让者取得集体成员资格。以农民享有的土地承包经营权与宅基地使用权为基础认定农民的集体成员身份，可以为农民集体成员身份的得丧建立法律行为的基础，避免对集体成员的土地承包经营权、宅基地使用权及其他土地权利造成侵害。相比较而言，以农民个体已经享有的个体化的土地权利为标准判定成员资格，也相对比较容易判定。在土地登记制度已经完整建立起来以后，享有土地承包经营权与宅基地使用权的农民会在登记簿上获得明确登记，从而为成员资格的确定提供更加明确的标准。由于土地承包经营权与宅基地使用权已经成为农民成员资格最有说服力的标志，因此，必须反对那种认为农民一旦离开特定地域就不再享有成

〔48〕 王利明主编：《中国物权法草案建议稿及说明》，中国法制出版社2001年版，第285页。

员权，从而就可以剥夺农民的土地承包经营权与宅基地使用权的观点。由于集体土地所有权是集体共有人共同所有的民事权利，因此，集体共有人可以通过共同的决定来接纳一些自然人成为集体土地的共有人，也可以形成具有可操作性的乡规民约，但是集体接纳共有人必须经过法定程序，并不得剥夺集体共有人已经取得的土地承包经营权与宅基地使用权。户籍的因素、地域的因素、血缘与亲缘的因素共同构成了集体成员资格确定的参考标准，由于上述标准的模糊性，也使集体成员资格的确定带有一定的模糊性。一般说来，“集体成员是农村社区范围内依赖集体土地和其他自然资源和财产为基本生存保障的自然人。集体成员的资格包括：(1)在各社区集体以历史居住事实成为集体成员的成年自然人。(2)依据社会习惯和公平正义原则，因婚姻、出生、收养等成为社区集体成员的家庭成员的任何年龄的自然人。(3)依据社区集体章程规定的条件，经集体自治决议接纳为集体成员的自然人”。[49]由于集体成员权确立的一个重要的目的就是实现土地收益与土地补偿款在集体成员之间的分配，因此，在维护农民的土地承包经营权与宅基地使用权的情况下，将农民对集体土地权利股权化，有利于避免集体地权与农民个人地权之间的冲突。将集体地权股份化之后，享有集体股权的人为集体的成员，可以依法获得土地的收益与土地补偿款，集体成员可以通过转让集体股权的方式来实现集体成员资格的转变。

由于集体地权与农民成员权的利益冲突发生在集体地权个人化、集体土地利益分配与土地补偿款分配领域，因此，土地承包经营权到期后将土地承包经营权按原来的承包合同依次顺延，在土地补偿中以补偿土地承包经营权人与宅基地使用权人为主都将有

---

〔49〕 韩松：《集体所有制、集体所有权及其实现的企业形式》，法律出版社 2009 年版，第 91 页。

利于缓解集体地权与农民成员权之间的冲突。家庭方式的承包是以户为单位取得承包经营权的。家庭的人口会随着时间而发生变动,这就出现了家庭中新出生的人员是否为集体成员的问题,离开家庭的人是否还是集体成员的问题。对于离开家庭与家庭中新增人员是否享有成员权也应当根据离开家庭的人口与新增人口是否获得了土地承包经营权来判断。如果离开家庭的人员依然保留其土地承包经营权,则其就继续是集体成员,如果其放弃或出让了土地承包经营权则其就丧失了集体成员资格。“增人不增地,减人不减地”原则主要目的是要排斥在集体土地频繁调整中形成的农村人口因为自然出生而取得成员权,并进而通过调整取得承包经营权的观念。因此,家庭中新增的人口在尚未出于各种原因在家庭内部取得承包经营权之前不应当是集体成员。如果新增的家庭成员因赠与与继承途径获得了土地承包经营权,则他们就是集体成员。因此,在土地承包经营权的期限实现顺延后,允许土地承包经营权通过继承的途径转移,将有利于集体成员资格的确定。

总之,在二轮承包以后应当以农民个体享有的土地承包经营权与宅基地使用权作为认定农民个体成员权的基础,并综合参考户籍、地域、血缘与亲缘的标准对集体成员资格进行认定。在集体成员资格的变动方面,“只有将成员权的取得建立在法律行为的基础上,而不是行政管理体系的基础上,农民个人成员权的重建才具有现实意义。将农民个人成员权的取得建立在法律行为的基础上,意味着集体成员的权利和义务是通过合同或者加入社团而取得,而不是通过其与村社的血缘或地域关系而取得”。[50] 因此,集体成员的资格初步确定以后,其取得与丧失应当以土地承包经营

〔50〕 孙宪忠:《争议与思考——物权法立法笔记》,中国人民大学出版社 2006 年版,第 543 页。

权、宅基地使用权、集体土地股权等权利的取得与丧失为基础，并参考成员加入等因素，最终将集体成员资格的取得丧失建立在以法律行为为主要途径的轨道上。

三、理顺集体土地所有权与农民个体土地物权的关系

集体土地上同时存在集体土地所有权、农民的土地承包经营权、宅基地使用权及其他主体的建设用地使用权。集体土地所有权与农民的土地承包经营权、宅基地使用权之间存在冲突的可能性，因此，必须建立起集体土地所有权与农民的土地承包经营权、宅基地使用权之间的冲突与解决的基本规则。

由于土地承包经营权与宅基地使用权均具有相当所有权属性，集体土地共有人可以共同决定土地承包方案与宅基地使用权方案，但是土地承包经营权与宅基地使用权在集体土地上一旦设定，集体土地的所有权就必须在土地承包经营权与宅基地使用权限制的范围内行使。集体不能收回土地承包经营权、不能调整土地承包经营权，不能对土地承包经营权人与宅基地使用权人的正常使用行为进行干涉。土地承包经营权与宅基地使用权的相当所有权属性决定了土地承包经营权与宅基地使用权是对集体土地所有权进行全面限制的土地物权，这种限制已经达到了在土地承包经营权存在的时候要求全体集体成员与集体土地所有权的代行主体不能针对承包地为任何行为的程度。土地承包经营权人与宅基地使用权人对特定的集体土地所进行的占有、使用与收益在一定程度上就使集体土地所有权的目的与功能得到实现。“在所有权中间，尤其是在国家所有权、集体所有权和公民的个人所有权中，平等经常是一种尺度，但在所有权和其他物权之间，平等被有意无意地遗忘了。按照所有权派生其他物权的理论，所有权的法律地位当然高于其他的物权，所有权被认为是其他物权的母权，其他的

物权不仅时间有限、内容有限,而且首先是为了所有权的利益而存在。"[51]"我们一直生活在所有权高于一切物权的理念之下,自人类走进私有制,关于所有权的神话就笼罩着物权的理论和实践",[52]"传统物权理论与体系可以容忍所有权的社会化,但不能弱化所有权,因为所有权再怎么社会化也不影响所有权对其他物权的优越地位;可以允许对所有权做某些限制但不能接受所有权的特定义务,因为所有权的特定义务可能导致其他物权处于对等地位"。[53] 今天我们必须从我国土地物权制度建设的实际出发,打破所有权中心论,达到集体土地所有权与土地承包经营权、宅基地使用权及农村建设用地使用权等物权之间的平等协调。"物权的平等和独立,说到底不是一种理论假说,而是现代社会实际生活条件的客观反映,我们只是在发现和描述客观事物的应然性和必要性。因为,物权平等和独立的原则,是最基本的物权价值取向,是重构中国物权制度的基本理念。"[54] 集体共有人如果想消灭土地承包经营权人的承包经营权或者宅基地使用权人的宅基地使用权就必须与土地承包经营权人或者宅基地使用权人进行平等协商,达到土地承包经营权人或者宅基地使用权人对补偿满意并自愿放弃土地承包经营权或宅基地使用权的效果。"解决个人理性与集体理性之间的矛盾和冲突的办法不是否认个人理性,而是设

---

〔51〕 孟勤国:《物权二元结构论——中国物权制度的理论重构》(第 2 版),人民法院出版社 2004 年版,第 52 页。

〔52〕 孟勤国:《物权二元结构论——中国物权制度的理论重构》(第 2 版),人民法院出版社 2004 年版,第 50 页。

〔53〕 孟勤国:《物权二元结构论——中国物权制度的理论重构》(第 2 版),人民法院出版社 2004 年版,第 55 页。

〔54〕 孟勤国:《物权二元结构论——中国物权制度的理论重构》(第 2 版),人民法院出版社 2004 年版,第 61 页。

计一种机制在满足个人理性的前提下达到集体理性。”[55]笔者认为原则上土地承包经营权人与宅基地使用权人应当有自由流转自己的土地承包经营权与宅基地使用权的权利，土地承包经营权人或者宅基地使用权人转让自己的土地承包经营权与宅基地使用权时，不应当经过集体土地所有权代行主体的同意，以便排除集体土地所有权代行主体对农民的土地承包经营权与宅基地使用权的转让所进行的不必要干涉。按照上述原则解决集体所有权与农民个人地权之间的冲突符合近代所有权发展的应有趋势。“近代土地所有权之应有趋势为，土地利用权（用益权）优于土地所有权，土地所有之内容形态亦限于不压迫土地现实之利用。因此，所有权或土地所有权理论之现代目标，基本上须将土地法之体系改为土地现实利用为中心之体系。”[56]

在土地征收补偿的过程中，必须明确区分是对农民个人的土地承包经营权（宅基地使用权）的补偿，还是对剩余部分的集体土地所有权的补偿。鉴于土地承包经营权与宅基地使用权具有的相当土地所有权的属性，土地征收补偿应当以补偿农民个人的土地承包经营权与宅基地使用权为主，征地补偿款的70%以上应当直接支付给农民个体。未来《土地管理法》及其实施办法的修订方向是明确区分对农民个体的土地承包经营权（宅基地使用权）的补偿款以及对剩余的集体土地所有权的补偿款，并将对农民个体的土地承包经营权（宅基地使用权）补偿款直接支付给农民个人以防止产生集体地权与农民个人地权之间的冲突。

四、明确集体土地所有权的客体及其代行关系

对于由集体土地所有权的支配范围不清晰所导致的集体地权

---

〔55〕 刘得宽：《民法诸问题与新展望》，中国政法大学出版社2002年版，第130页。

〔56〕 刘得宽：《民法诸问题与新展望》，中国政法大学出版社2002年版，第80页。

与农民地权之间的冲突,必须在明确集体土地所有权的基础上妥善解决。因此,各农民集体支配的集体土地的客体必须在实践中得到明确,以避免发生因所有权归属不清导致的集体地权与农民个人地权之间的冲突。对于土地承包经营权的设定,只要土地承包符合法定承包程序,不管是由谁作为发包方签订的承包合同,其效力都应当依法得到认可,从而避免产生集体地权与农民地权之间的冲突。对于土地补偿款的分配,代行主体也必须分清楚是属于哪一个集体的土地补偿款,而不能私自挪用或者将一个集体的土地补偿款交付给另外一个集体使用,代行主体必须按照集体土地所有权的归属状况与集体成员的决议使用与分配补偿款。

第四章　农民个人地权之间冲突与协调分析

现实中农民个人地权之间的冲突纷纭复杂、形态各异难以进行简单的类型化并进行概括的归纳与总结。陈小君教授主持的一项调研显示，有62.05%的受访农户表示承包地纠纷多发生在农户与农户之间。[1] 但是现实中多发的农民个体地权之间的冲突中有两大类特别值得注意，一类多发生在农民个人的土地权利的设定与流转过程之中，另一类与农户的主体构造密切相关。[2]因此，著作对这两类农民个人地权之间的冲突进行简要的分析。

第一节　设定与流转中的农民个人地权冲突分析

一、因设定而引发的农民个人地权之冲突

（一）因设定而引发的农民土地承包经营权之冲突

实践中多发的因设定而引发的冲突多是因农民土地承包经营

---

〔1〕 陈小君等：《农村土地问题立法研究》，经济科学出版社2012年版，第16页。

〔2〕 土地承包经营权、宅基地使用权的相邻关系纠纷以及土地承包经营权与宅基地使用权侵权纠纷在现实中也较为普遍，但是纠纷完全可以依靠已有的相邻关系规则、物权请求权行使、侵权赔偿等规则来处理，本书在此不加以讨论。

权的设定而引发的冲突。因设定而引发的农民之间的承包经营权冲突与集体地权与农民地权之间的冲突密切关联，也与农村的税费负担存在一定的关联性。实践中，集体可能因人地矛盾突出等调整农民的承包地或者因欠缴承包费、撂荒等原因而收回农民的承包地而再行发包。承包地调整与再行发包的结果导致了农村土地上会存在两个"承包经营权"——历史上已经存在的承包经营权与新设定的承包经营权，这两个承包经营权效力之间的同质性导致了两者之间存在必然的冲突。同时，在实践中形成的并为《土地承包法》《物权法》确认的土地承包经营权设立模式本身存在缺陷也为多个承包经营权的设定留下了空间。《土地承包法》《物权法》规定土地承包经营权在承包合同生效时设定，在实践中出现了发包方同时与多个承包方签订承包合同的事件。在通过协商方式设定承包经营权的过程中，承包方可能会与多方当事人分别通过协商方式签订多个农村土地承包合同。按照承包合同生效时，土地承包经营权设定的规则，农民土地上会出现因设定而产生的多个农村土地承包经营权。

对于因设定而产生的农村承包经营权之间的冲突之解决除了要反思集体地权与农村地权之间的冲突，明确集体地权的行使需受已经设定的承包经营权限制外，还需要检讨我国的农村土地承包经营权的设定规则。《土地承包法》与《物权法》规定土地承包经营权在承包合同生效时设定，客观上为上述冲突提供了规则空间。当发包方与多个承包方签订多个承包合同并分别发生法律效力之后，多个"土地承包经营权"之间的冲突就产生了。为了解决实践中因设定而产生的多个"土地承包经营权"之间的冲突，最高人民法院2005年发布的《关于审理涉及农村土地承包纠纷案件适用法律问题的解释》第20条建立一个包括登记优先原则、生效优先原则与先行合法占有、使用优先原则在内的冲突处理规则。[3]这一规则可以在一定程度上解决土地承包经营权设定中的问题，但是并不完全符合物权法的法理。首先，同质的土地承包经营权不应当同时存在于一宗土地之上；其次，一个“土地承包经营权”将另一个“土地承包经营权”排斥效果的出现，动摇了土地承包经营权的物权效力。解决实践中发生的因设定而引发的农村土地承包经营权之冲突，除需迅速对农民已经获得的土地承包经营权进行确权外，还需要检讨我国土地承包经营权设定规则，建立起农村土地承包经营权在登记时设立的规则。如果农村土地承包经营权在登记时设立，则一旦有一个承包经营权在农村土地上设立，就排除了其他农村土地承包经营权设立的可能性，从而达到有效地避免这类纠纷发生的目的。

在通过非家庭承包方式设定的承包经营权中，发生了因集体成员行使优先权而引发的纠纷。集体成员的优先购买权与共有人的优先购买权在法理上具有相似性。“优先购买权是共有所有权内容和效力的延伸，对转让份额的共有人，优先购买权是一项共有所有权的负担，对其他共有人，优先购买权是共同所有权表现在份额上的权能。”[4]对此，2005 年最高人民法院公布的《关于审理涉及农村土地承包纠纷案件适用法律问题的解释》第 19 条对该优先权的行使进行了限制，规定集体经济组织成员在承包费、承包期限

〔3〕《关于审理涉及农村土地承包纠纷案件适用法律问题的解释》第 20 条规定：“发包方就同一土地签订两个以上承包合同，承包方均主张取得承包经营权的，按照下列情形，分别处理：(一)已经依法登记的承包方，取得土地承包经营权；(二)均未依法登记的，生效在先合同的承包方取得土地承包经营权；(三)依前两项无法确定的，已经根据承包合同合法占有使用承包地的人取得承包经营权，但争议发生后一方强行先占承包地的行为和事实，不得作为确定土地承包经营权的依据。”

〔4〕孟勤国：《物权二元结构论——中国物权制度的理论重构》(第 2 版)，人民法院出版社 2004 年版，第 157 页。

等主要内容相同的条件下，可以主张优先权；但是若发包方将农村土地发包给本集体经济组织以外的单位和个人，已经经过法律规定的民主程序通过，并已经由乡（镇）人民政府批准的，不能主张。集体经济组织成员对于通过其他方式发包的土地享有优先权，有利于保障集体成员的利益，但是优先权的形成权特性将会使已经形成的土地承包关系处于难以确定状态，该权利应如何行使应继续检讨之。

（二）因设定而引发的农民宅基地使用权之冲突

因设定而引发的农民宅基地使用权之间的冲突在现实中也是存在的，但是并不突出。在相关的民事政策与历史习惯沿革的基础上，《土地管理法》及相关的法律规范为农民的宅基地使用权的设定建立了基本的程序，但是宅基地使用权因何种法律行为在何时设定的问题没有最终解决，农村宅基地使用权的确权与登记工作没有最终完成。因为宅基地使用权没有最终完成登记，在实践中发生了很多因同一块土地上存在两个“宅基地使用权”而引发的纠纷。对于已经颁发宅基地使用权证的这种冲突，长期以来农民一般都通过提起行政诉讼，要求行政机关撤销宅基地使用权证的方式来解决。由于这种因宅基地使用权设立而导致的冲突多是历史遗留问题，因此，可以通过建立宅基地使用权民事确权诉讼、明确宅基地使用权的设立规则等方式来最终解决。

二、因流转而引起的农民个人地权之冲突

（一）土地承包经营权流转中的个人地权冲突

农村土地承包经营权的流转在农村土地承包经营权制度建立起来以后，逐渐得到政策与法律的认可。受到农村土地调整状况、农业经济发展状况、农民非农就业发展状况以及农村非农产业发展状况与农村中的社会保障建立情况的影响，农村土地承包经营权的流转在我国并不普遍与发达，而且在省份与地区之间的差异

显著。全国人大常委会执法检查组的报告显示，到2002年年底，全国农村土地承包经营权流转面积约占承包地面积的4.44%。经济发展较快的地区，土地承包经营权流转面积较大、比例较高。江苏、福建两省土地承包经营权流转面积占承包地面积的比重均在10%以上，江苏省苏州市达到25.3%，福建龙海市达到35%，广东省流转土地的承包户占总农户数的14.7%。[5] 土地承包经营权的流转既包括物权性流转，如土地承包经营权的转让、互换与部分的转包；也包括债权性的流转（如土地承包经营权的租赁）以及性质相对比较复杂的土地承包经营权入股。一项全国性调研显示，在表示本村发生过承包地纠纷的受访农户中，有19.60%反映纠纷是农民将承包地流转而引起的。[6] 由于土地承包经营权的租赁主要是一种债权关系，因此，本书在此对因租赁而发生的纠纷不再进行讨论。土地承包经营权入股涉及入股对农民的土地承包经营权的影响以及农民入股后的自益权与共益权的实现问题，实践中主要出现的问题是农村土地承包经营权入股后农民收益请求权能否得到最终实现的问题，本书在此也不进行讨论，本书在此着重讨论土地承包经营权的物权性流转及其引发的冲突。

现实中发生的土地承包经营权互换纠纷较多。经常出现的问题是双方当事人在将土地承包经营权互换后，一方当事人要求换回承包地。在农村土地承包经营权的转让过程中，目前主要存在因发包方行使同意权而导致集体地权与农民的转让权之间的冲突，最高人民法院2005年的司法解释已经对集体同意权的行使进行了一定的限制，对于这一冲突进行了有效的化解。《物权法》颁布以前，土地承包经营权如何转让与何时转让的规则没有完全建

---

〔5〕 全国人大常委会办公厅秘书一局等编：《土地是农民的命根子——2003年全国人大常委会〈中华人民共和国农村土地承包法〉执法检查报告汇编》，中国民主法制出版社2004年版，第46页。

〔6〕 陈小君等：《农村土地问题立法研究》，经济科学出版社2012年版，第16页。

立起来,导致了农村土地承包经营权转让中存在发生现实冲突的可能性。《物权法》不要求土地承包经营权在登记时设立,也不要求土地承包经营权在登记时转让的规则,不利于化解现实中出现的土地承包经营权多次转让的问题。目前通过家庭承包方式取得的承包经营权的转让并不普遍,而且按照《农村土地承包法》的规定需要经过发包方同意方可转让,由于转让的规则相对复杂,因此,在实践中很少出现一个土地承包经营权多次转让的情形,土地承包经营权多次转让多发生在通过非家庭承包方式取得承包经营权转让过程中。《物权法》在此确立的规则是不登记的不能对抗第三人,但是这不完全符合物权法原理与实践的需要,现实中农村土地承包经营权转让冲突也大都起因于此。对于土地承包经营权转包来说,转包的物权效力不够明确导致了转包能否对原土地承包经营权形成物权性限制也不够明确。同时,原土地承包经营权人若同时将土地承包经营权转包与出租,这两个权利之间的冲突应如何处理的问题也没有解决。

为了建立有序的不动产支配秩序,《物权法》中的土地承包经营权设立规则应当作出修改,即按照总则的规定要求土地承包经营权在登记时设立。同时,对于已经设立的土地承包经营权建立起不登记不得处分(不得转让或者设定次级承包经营权,不得抵押)的规则。对于2002年《农村土地承包法》第49条作出反面解释,要求通过其他方式取得承包经营权未取得承包经营权证或者林权证不得流转的规则在避免出现现实纠纷的方面发挥了重要的作用,〔7〕该规则贯彻的经验值得我们在建立不登记不得处分规则时吸取。笔者发现在很多通过非家庭承包方式取得承包经营权转让过程中,受让方在同转让方签订转让合同的过程中,经常会同

〔7〕2002年《农村土地承包法》第49条没有区分物权性的流转方式和债权性的流转方式,客观上限制了土地租赁,但是也达到了避免纠纷的目的。

时验看承包经营权证与承包地,并要求转移承包经营权证。这说明农民非常重视土地承包经营权转让的形式要素,由于土地承包经营权证不是证明土地承包经营权存在的最有力的证据,因此,纠纷也无法完全避免。农村土地承包经营权转让纠纷启迪我们必须尽快修正农村土地承包经营权变动的规则,并本着开拓进取的精神在农村中建立起完整的农村土地登记制度。在中国土地承包经营合同没有完全签订与承包经营权证还没有完全发放的情况下,承包经营权的未来登记工作将会显得更加繁重。

2002 年《农村土地承包法》与《物权法》对于转包的性质的界定不明确影响了“转包”在实践中的应用。按照农民的观念“包”的效力强于“租”,但是到底应当强到什么样的程度,在农民的物权观念中很不明确。用农民的话说“包给我的地在转包期间内你不能再要回去”。由于“转包”的“包”字到底是一种什么样的性质,是否是物权还没有明确的法律依据,在实践中部分“转包”带有物权性,而部分转包则不具有。笔者认为我国人地矛盾异常突出的国情与承包经营权所具有的相当于西方国家的农地所有权的属性,决定了应当允许在土地承包经营权上再次设定用益物权——物权性土地经营权,从而达到稳定接包人的土地权利,发展农业生产的目的。中国城乡融合的趋势与部分农业劳动者将会进城居住的趋势也说明了这一点。对于部分打算移居城市的农民来说,他们有流转承包地的意图,但是他们又迫于城市中的生活压力,而希望给自己留一条退路。因此,他们既希望流转自己的承包经营权,也希望继续保留自己的承包经营权。在这种情况下,他们可能会选择出租自己的土地或者“转包”自己的土地。而对于部分需要流入承包地的农村居民来说他们更希望获得一种稳定的土地权利,从而达到稳定地进行农业生产的目的。对于需要流入承包地的人来说,他们感觉租赁甚至长期租赁对于投资回报期较长的农业经营项目都潜存巨大的风险,希望得到一种更加稳定的农地权利,因此选择了“转包”这一术语。笔者认为应当为这一种符合农业经济发展规律并已经在农村土地上逐渐成长起来的农地物权提供立法上的明确支持,将“转包”明确界定为物权性质,即物权性土地经营权设定。农村土地上同时并存集体土地所有权、土地承包经营权及物权性土地经营权的农地体系,需要有完善的不动产登记制度的支持。笔者在现实中了解到的情况也正是如此。

土地承包经营权流转中的地权冲突还涉及集体成员优先权行使的问题。2005 年最高人民法院公布的《关于审理涉及农村土地承包纠纷案件适用法律问题的解释》第 11 条对优先权的行使进行了限制,要求该优先权应在流转价款、流转期限等主要内容相同的条件下行使。就优先权的行使期间而言,土地承包经营权流转经过书面公示的,须在公示的合理期限内行使;对于未经书面公示的,应在本集体经济组织以外的人开始使用承包地两个月内提出优先权主张。优先权虽具有保障原集体成员优先取得土地权利,保障集体成员的土地权利充分实现的优点,但是它带有形成权的特性,严重影响着土地承包经营权的流转秩序,对于该权利是否应当保留及应如何行使应进行进一步检讨。

在土地承包经营权的流转过程中,口头形式流转被大量采用。很多农民基于都是乡里乡亲的熟人观念或者是因为自己的文化程度不高等客观原因,而仅仅口头约定土地承包经营权的流转而未采取书面形式。口头形式虽然达成交易便捷,但也埋下了纠纷的隐患,政府公布推行土地承包经营权流转合同的示范文本,有助于实现农民土地承包经营权流转合同的规范化签订。

(二)宅基地使用权流转中农民个人地权冲突

目前宅基地的流转主要是宅基地使用权附随房屋的出租与转让,在宅基地使用权附随房屋的转让过程中引发了一些纠纷。同一集体成员内部发生的宅基地使用权附随房屋的转让与宅基地使用权的单独转让及宅基地使用权的互换,在实践中得到了农民的认同与集体的认可,一般很少发生纠纷。宅基地使用权的转让纠纷一般发生在跨村组转让的过程中,一般是附随房屋转让宅基地使用权的一方反悔,而以受让方不是本集体成员为由要求确认转让无效。笔者认为按照长期以来的习惯与民事政策,宅基地使用权的合法转让应当得到司法实践的认可,宅基地使用权的有序转让可以为农民成员资格提供一次重构的机会。目前发生的宅基地使用权转让纠纷多发生在城镇居民到农村购买房屋这一问题上,在司法实践中很多农民以国务院办公厅与国务院发布的通知为由要求确认宅基地使用权的转让无效。1999 年国务院办公厅《关于加强土地转让管理严禁炒卖土地的通知》规定,“农民的住宅不得向城市居民出售,也不得批准城市居民占用农民的集体土地建住宅,有关部门不得为违法建造和购买的住宅发放土地使用证和房产证”;国务院 2004 年 10 月 21 日发布的国务院《关于深化改革严格土地管理的决定》(国发〔2004〕28 号)中明确规定,禁止城镇居民在农村购买宅基地。笔者认为房屋所有权与宅基地使用权变动的相关规范,属于民事基本制度的范畴,根据《立法法》应当由全国人民代表大会及其常务委员会通过立法规定,而不应当由国务院或者其办公厅通过发布文件的形式进行规范。因而,国务院及其办公厅发布的上述文件不能作为限制公民财产权的裁判依据,房屋买卖与宅基地使用权的转让效果应当根据国家正式的法律规范、民事政策与习惯进行认定。目前在实践中,很多的法院都以国务院或者其办公厅发布的上述文件为由判定相关的房屋与宅基地使用权买卖无效,这进一步加剧了宅基地使用权转让中的公民个人地权之间的冲突。《物权法(草案)》曾经作出过“禁止城镇居民在农村购买宅基地”的规定,但是由于该规定并不符合民法的基本法理与城乡融合发展的需要,而最终被修改为现行《物权法》第 153 条。在《物权法》既没有禁止宅基地使用权转让,也没有明确其变动规则的情况下,笔者认为上述限制不应当直接产生法律效力,《物权法》应当明确宅基地使用权的变动规则,从而避免宅基地使用权转让中的冲突。

宅基地使用权流转导致的个人地权冲突的另一个方面是宅基地使用权随房屋转让后,遇到宅基地及房屋的补偿款分配,该补偿款应该支付给谁。按照物权法原理宅基地及其房屋应当在登记的时候所有权就发生转移,但是,我国目前未在农村建立起普遍的土地房屋登记制度。在这种情况下,单纯就宅基地使用权的转让而言,目前我国的宅基地使用权转移应当在房屋及宅基地使用权转让合同生效时实现。因此,宅基地使用权的补偿款在我国通常应当支付给买受人。

第二节　与家庭变动相关的农民个人地权冲突

一、家庭变动引发农民个体土地权利冲突的基本问题分析

(一)家庭变动必然导致土地承包经营权变动

与家庭相关的土地承包经营权纠纷与家庭这种组织形式密切相关,在现实生活中具有多发性。由于家庭结合成户作为承包的单位,家庭才具有民法意义上的主体性含义。但是家庭毕竟是一个生物学、社会学与伦理学上的概念,而不是一个法律上的真正主体。在中国,狭义上的家是共同维持家计的生活共同体;概括说起来,则是共同保持家系或家计的人们的观念性或现实性的团体或者是支撑这个集体生活的财产的总体。〔8〕这说明家是由亲属或

〔8〕［日］滋贺秀三:《中国家族法原理》,张建国、李力译,法律出版社2003年版,第42页。

者家计关系而结合在一起的带有观念性与现实性的团体。社会学上一般将家庭分为传统的大家庭与现代意义的小家庭，传统的大家庭一般由几代人组成，而现代意义上的小家庭则一般由夫妻和未婚子女组成，在传统的大家庭与现代意义上的小家庭之间存在家庭成员差异巨大的中间形态。在人员数量上则可能是10人以上的大家庭，可能是3～4人的小家庭，或者是位于两者之间的6～7人的中间家庭；在亲属构成上，则可能是包括祖父母、父母、子女、孙子女的大家庭，也可能是仅包括父母、子女的小家庭，也可能是处于两者之间。而现在农村社会的特点是正在经历着由传统的大家庭向现代小家庭的转型，大家庭向小家庭的变动，家庭中子女成年结婚，造成了家庭的重组。在观念上与现实生活关系中，家庭也存在合并与重组的关系，很多情况下婚姻关系会使两个家庭联系甚至组合在一起。现实中，分家析产、离婚、成年男女结婚、家庭合并一般都会带来家庭的变动，也最终带来土地承包经营权的变动。对于中国传统上的家及其变动，瞿同祖先生概括的家是"指同居的共同生活的亲属团体而言，范围较小，通常只包括两个或三个世代的人口，一般人家，尤其是耕作的人家，因农地亩数的限制，大概一个家庭只包括祖父母及其已婚的儿子和未婚的孙儿女，祖父母逝世则同辈兄弟分居，家庭只包括父母及其子女，子女未婚嫁以前很少超过五六口以上的"。[9] 这说明因为家庭变动导致的农民个体之间的承包经营权冲突不能完全避免，法律只能尽可能为其提供一个符合其需要的法律规则。

（二）家庭承包取得的土地承包经营权是共同共有关系

在家庭或者承包户并没有被法律定位为法人的情况下，通过家庭承包方式取得承包经营权在家庭内部应当形成一种共有关

〔9〕 瞿同祖：《瞿同祖法学论著集》，中国政法大学出版社1998年版，第3页。

系，但是关键是一种什么样的共有呢？是按份共有，是共同共有，还是总有关系？土地承包经营权并不是属于单独的某一个人，而是受到家庭的显著约束，以个人主义为基础的民法规则对以户为单位的农户如何适用在土地承包问题上遇到了障碍。如果是按份共有，那么家庭成员有权对其享有的份额进行依法处分，而这可能会损害农户的整体利益以及农户作为农村基本生产单位的功能，造成农户的消解。如果是共同共有，家庭成员处分土地承包经营权要取得其他家庭成员的同意，由于涉及农户的整体和利益，该成员个人所参与的民事活动可能遭到其他家庭成员的反对而不能实现。[10] 但是共同共有的优点也是明显的，因为它通过排斥了个人单独意志对土地的处分权，实现了土地承包经营权的稳定。因此，从土地承包经营权的构造目的来看，笔者倾向于认为土地承包经营权在农户内部是一种共同共有的关系。通过家庭方式取得承包经营权的承包单位是户，户由于是以家庭为基础的，在理论上可以永续存在，但是在现实中家庭会基于种种原因而解体，从而导致原来户的组成人员发生变动，这时出现了户取得的承包经营权是否需要分割的问题。1999 年 7 月 8 日起施行的最高人民法院《关于审理农业承包合同纠纷案件若干问题的规定（试行）》第 34 条规定："承包方是夫妻的，在承包合同履行期间解除婚姻关系时，就其承包经营的权利义务未达成协议，且双方当事人均具有承包经营权主体资格的，人民法院在处理其离婚案件时，应当按照家庭人口、老人的赡养、未成年子女的抚养等具体情况，对其承包经营权进行分割。"该司法解释基本是按照共同共有的原则来处理离婚中土地承包经营权问题的，是土地承包经营权内部为共同共有的一个证据。

---

〔10〕 孙宪忠：《争议与思考——物权法立法笔记》，中国人民大学出版社 2006 年版，第 528 页。

但是无论是将土地承包经营权的内部构造界定为按份共有还是共同共有，都意味着共有人是确定的，共有人内部的确定性意味着这种共有关系必然排斥其他新加入农户的人取得相应的土地权利。共同共有应是承包时就已经存在的家庭成员之间的共有，那些农村土地承包时未加入农户中的人，因为在承包时还不是家庭的成员，因此他们不应是共有人。除非他们在此后通过赠与、转让等民事法律行为获得共有的土地权利，否则他们仍然不应当是土地承包经营权的共有人。如果确定土地承包经营权在家庭内部是一种共有关系，而每一个新加入到农户中或者在农户中出生的人都可以自动成为共有权利的主体，这种共有就变为了一种随着团体内主体变动而变动的总有。在家庭因伦理关系与生活关系而稳固的情况下，将农户之间的内在关系理解为共同共有，或者总有对之影响都不明显。关键在于家庭变动时，土地承包经营权的归属问题。将户的内部关系构造为一种总有关系的最大优点是可以在“增人不增地，减人不减地”的前提下自然地解决家庭内部之间的土地权利问题，但是其缺点是造成家庭内部新增人口对原有人口土地权利的挤占。如果把家庭共有构造为一个总有，在家庭解体时或者一个成员离开时，需要确定某些家庭成员是因丧失成员资格而丧失土地权利，还是因为团体出现了分裂而必须分割土地权利。按照总有的相关规则，一个家庭成员离开家庭则其已经取得的土地权利将会消失。对于出嫁女而言，这就意味着一个曾经取得土地承包经营权的妇女一旦离开家庭将会丧失其土地权利。总有没法保护已经离开家庭成员之土地权利，这是总有制度的最大缺陷。如果认为一个成员离开家庭后，原来的团体形式发生了实质上的分裂，则相应的土地权利也应当分割，则总有将会达不到维护土地承包经营权稳定之目的。由于总有制度与现代民法中的个人本位相矛盾，容易引发制度内部的各种冲突与矛盾，并日益呈现出式微趋势，因此将家庭内的共有界定为总有并不合适。如若将家庭内部的共有界定为总有，则家庭的变动与家庭内部人口的增减都会使土地承包经营权的内部关系处于不稳定的状态。虽然家庭中的人身关系及其家庭的伦理属性，会在家庭稳固时消弭这种土地权利中的矛盾，但是一旦伴随着家庭的解体，这种土地权利的矛盾就会爆发出来。因此，笔者倾向于认为家庭承包经营权内部是一种共同共有关系。

土地承包经营权的确权与颁证对解决家庭变动导致的家庭内部土地承包经营权益冲突收效甚微。农业部监制的《中华人民共和国农村土地承包经营权证》上“承包方代表”一栏写的是户主姓名；“承包方式”一栏填的是家庭承包；“承包期限”一栏大部分是按照二轮承包三十年的期限填写，也有些地方是笼统的填写为“长久”或“长期”。但是，家庭人员状况对承包经营权的具体享有情况及家庭人员变动等均未能在承包经营权证上显示出来。2018年年底新修正的《农村土地承包法》第24条第2款要求“土地承包经营权证或者林权证等证书应当将具有土地承包经营权的全部家庭成员列入”，对于维护家庭内部土地承包经营权人的权益意义重大。

二、从妇女土地权利的维护看土地承包经营权的内部构造

当前在农村的各种土地纠纷中涉及女性的土地纠纷较多，由于在这些纠纷中女性的土地权利多被剥夺，因此，待嫁女、出嫁女与离婚女的土地权利保护成为一个突出的问题。相关的调查显示，在福建省厦门市两级法院2000年至2004年9月所审理的土地纠纷案件中，61.4%的案件涉及妇女土地权利的保护问题。[11]陈小君教授主持的调研也显示，就出嫁妇女而言，“出嫁妇女的土地权益没有得到有效保护。具体而言，有15.23%的受访农户表

〔11〕 蒋月等：《农村土地承包法实施研究》，法律出版社2006年版，第97页。

示妇女的承包地'在出嫁后户口迁出时由发包方收回',有4.61%的受访农户表示妇女'出嫁后无论户口是否迁出均由发包方收回',有9.06%的受访农户表示'如果该女孩在婆家村(组)取得承包地,则收回;否则不收回',有58.48%的受访农户表示'无论何种情况女孩的家人继续承包',还有11.73%的受访户表示其所在的村采取了'其他'的处理方式"。[12] 同时,出嫁女在婆家的新居住地也很难分到地。"有66.70%的受访户表示娶进来的媳妇在本村不会分到承包地,而仅有9.67%的受访户表示娶进来的媳妇在本村会分到承包地,还有9.89%的受访户表示如果该妇女原来的土地已被收回,则分给承包地,如果没有收回,则不分。"[13]

在中国古代,妇女对家庭财产的权利长期以来都受到漠视。"所谓围绕着家产之女性的权利,也必须以'承继'的概念为中心来讨论。问妇女是否被视为家这一共产团体之一员?问题的提法本身就不妥当。毫无疑问,妇女,无论是在丈夫家的已婚者;还是娘家的未婚者,都曾是同居共财的一员。但是同居共财决不意味着直接的共有家产。"[14] 未出嫁以前,"所谓家产分割是兄弟一同将各自一股组成的家产分开的行为,由此按兄弟之人数分别成立其新家。姐妹决不能算作一股,依然作为兄弟扶养者留下来"。出嫁后,"围绕着夫家家产,妻本人的持份是不存在的。因此,只要夫活着,妻就隐藏在夫之背后,其存在就如同等于零。另一方面,夫死亡后,妻变成了寡妇时,妻就取代夫的地位,继续保持着原来属于夫的东西,妻存在的极为重要的意义被表现出来"。[15] 这

〔12〕 陈小君等:《农村土地问题立法研究》,经济科学出版社2012年版,第20页。

〔13〕 陈小君等:《农村土地问题立法研究》,经济科学出版社2012年版,第20页。

〔14〕 [日]滋贺秀三:《中国家族法原理》,张建国、李力译,法律出版社2003年版,第370页。

〔15〕 [日]滋贺秀三:《中国家族法原理》,张建国、李力译,法律出版社2003年版,第315页。

一传统在现实土地承包经营权问题的反映是在丧偶的情况下，妇女的土地权益得到了较好的保护。“根据调查，如果丧偶妇女未改嫁，有 82.55% 的受访户反映其丈夫的承包地由该妇女继续承包；丧偶妇女的前夫的承包地由发包方收回和由其丈夫的父母兄弟承包的比例都比较低，分别为 11.06% 和 0.94%。”〔16〕但是，妻此时所起的作用也仅仅是替其男性后代保护及维持相关财产。妻子可以自由支配的财产是有限的，往往不及于土地及房屋等不动产，而仅仅是从娘家带来的嫁妆等财产。妻家所得之财，在相对于包括夫之父母兄弟的“家”的关系上，的确是私产；在形成“房”之财产，这点上有公共的性质。相对于此，附于妻身的上述的那些财产，应该说是更加私人的、纯粹的个人财产。〔17〕 宋代至明代时期，由于明律采取“强制侄子继嗣”制度，致使妇女的家产继承权受到沉重打击。“对于女儿来说，强制侄子继嗣的实施意味着即使没有兄弟她实际上也丧失了对财产的任何权利。简言之，在宋代若父母双亡而没有儿子——无论亲生还是过继，那么其女儿就有权依法继承其家庭的财产。但在强制侄子继嗣的法律面前，侄子对财产的权利优先于子女的权利。女儿继承家产的可能性由此而变得微乎其微。”〔18〕

妇女土地权利被剥夺一方面是由于集体地权对农民个人地权的侵夺，另一方面则与土地承包经营权的家庭构造有关。在妇女的土地承包经营权取得方面，在发包时应当同等地确认妇女的成员资格，为其所在的户设定土地承包经营权；就妇女已经取得的土地承包经营权而言，其一旦已经取得，集体就不能因各种因素收

---

〔16〕 陈小君等：《农村土地问题立法研究》，经济科学出版社 2012 年版，第 21 页。

〔17〕 [日]滋贺秀三：《中国家族法原理》，张建国、李力译，法律出版社 2003 年版，第 430 页。

〔18〕 白凯：《中国的妇女与财产：1960—1949》，上海书店出版社 2007 年版，第 3 页。

回、调整妇女所在家庭取得的承包地,承包经营权的补偿款也应当支付给该农户。要求集体公平发包,严格保护农户已经取得的承包经营权可以有效防止集体地权对农民个人地权的剥夺,保证妇女的土地权利在户的内部实现。但是,妇女的地权能否最终得到有效的落实,还需要土地承包经营权内部构造配合。农村土地承包经营权的主体单位是户,“户”的意志可能会排斥单个成员的意志,使部分成员的土地权利落空。2009年笔者在汤阴县伏道乡后攸县村调研时了解到该村的情况是:出嫁女的地一般留在娘家,不能将土地带走,也没有采取什么措施将土地收益分走的情况。基于礼尚往来的情形,留有耕地的娘家一般会在过年或者有收成的时候,给自己的女儿一定的粮食,但一般数量很少。嫁过来的儿媳妇因为没有出现过土地调整,也没有分到地。1998年前后出现过很少的出嫁女分到两份地的情况。同时,妇女基于成员权而产生个人财产权分配冲突仍将因集体土地所有权的内部构造而长期存在。当一个妇女出嫁离开一个村庄,而嫁到另外一个村庄时,她可以从土地承包经营权等财产权利的角度出发要求保留她在嫁出村的土地承包经营权等财产权,而该村领导也会从成员权角度否认她的要求;如果她嫁到一个富裕村庄,她可从成员的角度要求在嫁入村庄给她设定土地承包经营权或者其他财产权,而嫁入村的领导也往往会因其以前未取得土地承包经营权而否认其权利要求。两种诉求均与成员权的确认与集体土地所有权的运行机制有关,在集体成员权及集体土地所有权运行机制没有彻底理顺前难以完全解决。

当一个妇女离开一个家庭而嫁到本村内另外一个家庭时或者嫁到城市时,她曾经参与取得的承包经营权应当如何处理?当一个妇女因离婚而离开原来的家庭时,其曾经参与取得承包经营权应当如何处理?是否应当认为她已经丧失了家庭成员的身份而丧失土地承包经营权呢?还是要对其曾经参与取得的土地承包经营权进行分割？或者需要重新设计什么样的制度来帮助实现农民的土地权利？如果在土地承包经营权的主体构造上，恪守团体本位，认为土地承包经营权是家庭作为非法人团体而享有的土地权利，个人以家庭成员身份为基础而享有或者丧失土地权利，即将土地承包经营权的家庭内部构造认定为一个总有，则妇女离开家庭时就只能无条件地放弃其已经取得的土地承包经营权，家庭中剩余的成员继续享有曾经取得的全部土地承包经营权。妇女离开家庭时，就必须丧失其已经取得的土地承包经营权，这几乎是每一个研究者都不愿意看到的结果，也是每一个妇女都不愿意接受的结果。从保护妇女的土地承包经营权的角度来说，这样的一种制度设计应当被排除。在我们排除了离开家庭的成员之土地权利自动丧失这一制度选择之后，我们需要排除自动加入这一家庭的成员自动取得土地权利的制度选择。这就意味着一个妇女嫁入一个家庭以后，也应当不能自动取得土地承包经营权。同时，按照我国婚姻法的相关规定，婚前的财产归属个人所有，这也意味着嫁入一个家庭的人不能自动取得该家庭的土地承包经营权。对于很多力主保护妇女的土地权利的人来说，可能会认为这样的一种制度设计不利于保护妇女的权利，但是这的确是一种与婚姻法相符合而又相对公平的制度设计。如果我们将嫁入家庭的妇女不自动取得土地权利的规则推广，我们就需要承认家庭中因新出生而增加的人口也不能自动取得土地承包经营权。在我们承认离开家庭的成员不自动丧失土地承包经营权，而进入家庭的人不自动取得土地承包经营权后，我们就可以承认土地承包经营权是承包时家庭成员共同共有的土地权利，并将总有制度排除在土地承包经营权的构造之外。因此，从保护出嫁妇女的土地权利的角度来看，家庭内部的共有关系不应当是总有。从农村土地政策力图维护家庭承包关系的稳定性，避免承包地过度分割以及家庭成员之间存在共同生活的角度来说，土地承包经营权应当是家庭成员共同共有的土地权利。

出嫁女离开家庭后，妇女离婚后都会对家庭关系与土地承包经营关系造成冲击，此时就会面临妇女土地权益保护的问题。“根据课题组的调查，农村妇女离婚后，其土地承包经营权也没有得到有效保护。在农村，妇女离婚后，再婚前，一般会返居娘家。如果她在婆家有承包地，则承包地由其夫继续耕种，很少由妇女继续耕种。而在其娘家一般也不会取得承包地。调查统计结果显示，受访农户中有 52.70% 回答，本地妇女离婚回娘家的，其承包地‘由前夫继续承包’；有 15.56% 回答‘由该妇女继续承包’；有 10.62% 回答由‘发包方收回’；有 7.50% 回答‘如果其在娘家村取得承包地（田）的，则收回，否则就不收回’；还有 12.23% 回答村里没有这种情况或者由离异者商量由谁承包。”〔19〕从保护妇女权利的角度来看，妇女离开家庭或者离婚时，原有的共同生活关系终止，妇女应当有分割土地承包经营权的权利。1999 年 7 月 8 日起施行的最高人民法院《关于审理农业承包合同纠纷案件若干问题的规定（试行）》第 34 条承认夫妻共同承包时，妇女在离婚时可以要求分割承包经营权的权利。与之相对应，出嫁女在离开家庭时也应当享有要求分割承包经营权的权利，否认妇女离开家庭时要求分割共有的土地承包经营权之权利，会导致侵害妇女土地权利的结果。在此，法律必须承认出嫁女与离婚妇女对原家庭成员共同取得的承包经营权的分割请求权，保护出嫁女与离婚妇女的土地权利。现实地看，承认出嫁女对原承包经营权的分割请求权并不必然导致原承包地被最终分割。由于出嫁女与原家庭成员之间存在血缘性的联系，出嫁女一般会通过协商等方式与原有家庭成员之间妥善地进行地权制度安排。

承认出嫁女对原承包地享有土地权益之后，必须面对出嫁女

---

〔19〕 陈小君等：《农村土地问题立法研究》，经济科学出版社 2012 年版，第 20 ~ 21 页。

土地权益如何实现的问题。在现实的制度下,如果出嫁女仍在本村组内工作生活,其必须从原承包户中分割一部分土地承包经营权才能实现自己的利益,否则她们的土地利益将会落空;如果出嫁女远嫁他方,则即使分割出一份承包地归其所有,其承包经营的利益都难以实现,因为,从事实状态上来看,她回村耕种这些承包地是极其不经济的,甚至产生的收益将是负的。她的选择只能是将分割出的小块承包地流转而获得相应的土地收益。另外,土地承包经营权的分割会从户的内部构造方面冲击户的具体存在形式,也会造成承包地的细碎化与经营的不经济性。在非进行分家析产与离婚的场合,离开家庭的自然人一般并不立刻要求分割承包经营权。特定的亲属关系的存在会使离开家庭的自然人在观念上仍然将自己视为原来家庭的成员而并不要求分割承包经营权。在很多情况下,家庭成员之间会通过协商手段完成对承包经营权的重新安排。由于农村土地承包经营权与农业经营密切相关,农村土地承包政策的一个重要方面就是要维护土地承包经营权的稳定性,随着家庭成员的变动日趋频繁,离开家庭的成员日益增多,未来是否需要对离开家庭成员(特别是那些进入城市从事非农行业的人员)的土地承包经营权的分割请求权进行限制将是立法所必须考虑的问题。

笔者认为,可以通过赋予原家庭成员对迁居城市的家庭成员之份额的强制购买权,或者采取法定土地经营权设定,或者定期金设定等方式解决他们之间的权利冲突。第一种方案是强制购买。原则上离开村庄迁居城市的人可以享有一定份额的土地承包经营权,但是该土地承包经营权份额的取得受到限制,原家庭成员可以强制购买之,只有在原家庭成员放弃强制购买权之后,迁居人员才可以要求分割该承包经营权。第二种方案是法定土地经营权设定。迁居城市的人员离开原家庭是可以分割取得承包经营权,但是原家庭成员可以要求法院判定在分割的承包经营权上设定土地经营权。由土地经营权关系来保证原承包家庭使用该承包地的权利，同时原承包家庭需支付恰当的地租。第三种方式是土地定期金设定。迁出人员原则上不能要求分割土地承包经营权，但是可以要求设定土地定期金，要求享有承包经营权者定期向其支付一定数额的金钱。该土地定期金是针对土地设定的，应当在土地登记簿上登记。该定期金可以为一定年限或者为权利人终身。在土地被征收时，征地机关需要对这些人员的土地定期金损失进行补偿。

包括出嫁女在内相关人员的土地权利得不到保护的原因是多方面的，上面讨论的土地承包经营权内部家庭构造问题仅仅是其中的一个重要原因。人地关系的高度紧张与出嫁女村落身份认同的模糊性是造成出嫁女土地权利被剥夺的重要的现实原因。现实生活中，地方性的、非正规性习俗的效力往往也会造成对出嫁女的土地权利的排斥。此外，中国传统文化中的男性中心主义在农村地区普遍而顽固地存在，这是排斥妇女权利的重要原因。"'从夫居'的习俗、封建思想的影响以及现代教育的缺乏，性别歧视的陋习在当代社会还有大量残余。"〔20〕关于保障和维护妇女土地权利问题，作者同意以下观点：充分有效地保障妇女的土地权利，在很大程度上依赖于妇女在家庭和社会中的地位的提高，妇女享有土地权利的多少与提高妇女地位的程度及妇女参与社会活动和社会政治生活的机遇密切相关。〔21〕

三、家庭成员死亡引起的土地承包经营权冲突

如果家庭中的一个成员去世，将会对土地承包经营权产生什

---

〔20〕 陈小君等：《后农业税时代农地权利体系与运行机理研究论纲——以对我国十省农地问题立法调查为基础》，载《法律科学》2010 年第 1 期。

〔21〕 Jennifer Duncan and Li Ping, "Women and Land Tenure in China: A Study of Women's Land Rights in Dongfang County, Hainan Province", in *RDI Reports on Foreign Aid and Development* #110, April 2001, p. 4.

么样的影响？这里我们必须注意我国法律所设定的土地承包经营权继承规则。

我国现在的土地承包经营权的继承规则是不统一的，存在两种不同的规则：第一，对于林地的土地承包经营权，继承人也可以依法继承；[22] 第二，对于耕地与草地的土地承包经营权，则不允许继承，仅仅允许承包收益的继承。[23] 承包收益的继承与土地承包经营权的继承是两个不同的概念，承包收益是一个不确切的法律概念，它通常对应着土地上的经济作物及其相关收益。最高人民法院《关于贯彻执行〈中华人民共和国继承法〉若干问题的意见》第 4 条对“承包人死亡时尚未取得承包收益”作了进一步的解释，即“可把死者生前对承包所投入的资金和所付出的劳动及其增值和孳息，由发包单位或者接续承包合同的人合理折价、补偿，其价额作为遗产”。在土地承包经营权已经转包、租赁的情况下，土地承包经营权人应得的转包费与租金能否继承的问题就产生了。

土地承包经营权不能继承但是享有土地承包经营权的主体人数必然发生变化，土地承包经营权也会因此而发生变化。立法的政策导向是尽量维护通过家庭方式取得承包经营权的稳定性，并尽量使集体经济组织的成员获得承包经营权。但是事实上正是不允许土地承包经营权继承的规则带来土地承包经营权主体上的不确定性。从以家庭为单位取得土地承包经营权到家庭中一个成员死亡的这一段期间内，家庭成员可能会发生种种的变化，家庭成员

---

〔22〕 2018 年修正的《农村土地承包经营法》第 32 条第 2 款保留了 2002 年《农村土地承包法》第 31 条第 2 款的条文，规定：“林地承包的承包人死亡，其继承人可以在承包期内继续承包。”“继续承包”在实践操作中一般都被理解为承包经营权的继承。

〔23〕 2018 年修正的《农村土地承包法》第 32 条第 1 款保留了 2002 年《农村土地承包法》第 31 条第 1 款的条文，规定：“承包人应得的承包收益，依照继承法的规定继承。”

可能因出生、婚嫁、收养等发生变动,甚至会出现家庭的合并。在这种情况下,土地承包经营权不继承继续而归属家庭就会出现两种情况,一是归剩余的最初承包者;二是归现在的所有家庭成员。在第一种情况下,剩余共有者的土地权利实现了扩张;不允许土地承包经营权继承而概括性地确定土地承包经营权归家庭所有的规则是一个模糊的权利归属规则,它为家庭变动中出现土地承包经营权纠纷埋下了隐患。一旦发生家庭的变动,家庭内部不能够最终达成一个有效的财产分割协议,原土地承包经营权归属的不确定性将会导致激烈的矛盾冲突。承包经营时家庭越大,也就意味着未来将会发生越激烈的权益冲突。

在很多情况下,允许土地承包经营权的继承与概括地将土地承包经营权认定为原家庭所有之间的差异并不明显,特别是在按照我国继承法,由第一顺位的配偶、父母、子女继承的情况下。在家庭成员去世后允许土地承包经营权的继承并不必然导致土地承包经营权的细分。通常情况下,如果一个家庭成员去世后,剩余的家庭成员会维持原有的使用状态不变,直至出现较大的家庭变动,需要全面分家析产。在家庭因分立而分家析产的情况下,立法希望土地承包经营权保持不变的目的,将同样难以达到。它的效果在事实上将会与允许继承非常相近,而且它将会导致财产分割时具有不确定性。耕地、草地的土地承包经营权不允许继承的规则中的一个重要意图在于排斥离开农村而迁居其他地区或者城市者的土地承包经营权。但是物权作为一项权利本就不应因权利享有者所居住的地域而有重大差异;对于已经取得土地承包经营权者,其土地承包经营权应当得到维护,不应因居住的地理位置不同而有所不同。对于早已迁居出去而未参与土地承包者,他不是原土地承包经营权的共有人,但是他是否可以通过迁居回去而成为原家庭成员呢?还是他本身就仍是原家庭的成员呢?原家庭成员去世前可否通过接纳手续而重新导致家庭成员产生呢?是否可以通过收养与共同生活而重新产生出享有土地承包经营权的成员呢？家庭或者家本身是一个不确定的概念，不允许土地承包经营权继承的规则将会给土地承包经营权的主体确定带来不确定性。

在土地承包经营权可以转让、赠与的情况下，不允许土地承包经营权继承的规则，可能会最终难以得到执行。在原承包经营权人去世以前，他只需要通过转让或者赠与手续实现土地承包经营权的转移，就会使不允许土地承包经营权继承的规则最终难以发生效力。实际上这一规则将会起到迫使土地承包经营权人通过转让、赠与的方式将土地承包经营权转移给他的继承人或者其他人员。在农民普遍通过转让、赠与来实现土地承包经营权变动的情况下，只有因意外而突然死亡者才会最终适用不允许继承的规则。考虑到中国历史上一直存在诸子均分的传统，中国继承法也允许财产的继承，林地承包经营权、其他方式取得的土地经营权与宅基地使用权都是可以继承的而且在实践中也取得良好的效果，笔者认为立法应当检讨不允许土地承包经营权继承的规则，而允许通过家庭方式取得的承包经营权继承。很多学者也指出不管是家庭承包还是其他方式承包取得的土地承包经营权都具有可继承性，[24]笔者认为该观点值得赞同。在现实生活中，在家庭成员死亡的情况出现时，相关的利害关系人员一般也会参照当地农村继承的习惯与法律中相关的继承规则来处理。另外，在农民朴素的权利观念中，农民一般也倾向于认为土地承包经营权是可以继承的，赵阳在2003年对2114户农户进行的问卷调查显示，其中的1595户农民（约占75.4%）都认为土地承包经营权可以继承。[25]另外一项对全国17个省、自治区的1700户农民所进行的调查也显示

---

〔24〕　梁慧星、陈华彬：《物权法》（第4版），法律出版社2007年版，第265页。

〔25〕　赵阳：《公有与私用——中国农地产权制度的经济学分析》，生活·读书·新知三联书店2007年版，第83~84页。

72.3%的农民认为自己有权将承包地交给自己的子女继承，76.5%的农民认为自己应当有权将承包地交给自己的子女继承。[26] 张钧对云南省文山县进行的关于土地承包经营权继承问题的调研中，针对“你认为你家的土地能不能继承?”与“你希不希望土地能继承?”两个问题，被调查的90户人家中，100%地选择了“能继承”和“希望能继承”。[27] 两个现实中的习惯做法与农民的法律意识都有利于统一的土地承包经营权继承规则的建立。在大多数农民对拥有土地承包经营权的继承权都持有可能或希望不容置疑的态度的情况下，一旦农民对土地承包经营权继承的预期受到破坏，将会对农民权益的保护、农业生产的发展和农村社会的稳定造成不利影响。考虑到防止耕地细碎化实现农业政策的重要性，可以建立起土地承包经营权继承后的特殊分割制度，最终达到防止承包地细碎化的目的。

我国土地承包经营权继承制度发展的最终方向应当是建立土地承包经营权一子女完全继承的制度，避免农地的过分细碎化。“所谓农地一子继承制度，系指自耕农本人死亡，或年老退休时，其所遗留之自耕农地，依法律或习惯应由诸继承人中，选定一合格继承。以维持自耕农农场之现状，而免于农地细碎分割之制度也。限定农地一子继承之主要目的，是为避免农地因均分继承，而使原为经济单位，或适当面积之自耕农场，分割为过小面积或过多坵块之单位。”[28]“实行单嗣继承制，即农地继承权只能由农户中某一

〔26〕 课题组：《中国农村土地产权调查分析》，载迟福林：《把土地使用权真正交给农民》，中国经济出版社2002年版，第68页。

〔27〕 张钧：《农村土地流转法律问题研究——以云南文山县为例》，法律出版社2012年版，第91～92页。

〔28〕 苏志超：《比较土地政策》，台北，五南图书出版股份有限公司1999年版，第151页。

子女继承,不得进一步细分。"〔29〕对此,丹麦和德国的做法对我们具有启发价值:"例如1960年后,丹麦政府取消了对农户土地规模的限制;对农场的继承,法律规定:一个农场的所有者只能是一对夫妇,子女只有1/8的继承权,7/8归妻子,继承的财产只能以货币分割而不能分地,但父母可以把包括地产和地面建筑在内的完整企业全部卖给一个子女;禁止零散卖地,小于15公顷的土地不能作为农业企业出售。在德国,大量的土地转让需要事先许可,但如果转让导致不令人满意的土地分配,农场丧失生存能力或有害的分割或价格扭曲,事先的许可可以被否定;法律还规定,农场只能继承给一个继承人。"〔30〕"为确保农地生产的适当规模,防止土地的过分碎裂化以及农业企业的瓦解,许多国家,如德国、法国和意大利等都规定了农地的整体继承规则。依据该规则,低于一定面积或一定价值的农业土地只能由其中一个继承人继承,其他继承人则获得相应的价金补偿,不允许对土地进行分割。"〔31〕我国目前土地承包经营权继承制度改革的当务之急是承认土地承包经营权的继承性,而后需在未来的一段时间内再逐步实现土地承包经营权的一子女完全继承。土地承包经营权的一子女完全继承可以采取子女平均继承财产权益,但土地财产不能以实物的形式进行分割,而只能最终通过货币化方式进行分割的途径来实现,由一子女取得全部土地承包经营权但须将其他人应得的财产份额通过折价形式补偿给其他继承人。我国台湾地区原"土地法"第30条之1曾规定:"农地继承人部分不能自耕者,于遗产分割时,应将农地

---

〔29〕　董栓成:《中国农村土地制度改革路径优化》,社会科学文献出版社2008年版,第167页。

〔30〕　尤小文:《世界农地产权演进与发展趋势的实证分析》,载《石河子大学学报》2005年第4期。

〔31〕　陈小君等:《农村土地问题立法研究》,经济科学出版社2012年版,第149页。

分归能自耕者继承之。其不能按应继承分割者,依协议补偿之。农地继承人均无耕作能力者,应于继承开始后一年内,将继承之农地出卖与有耕作能力之人。"[32]我国台湾地区原"土地法"的相关立法例,对我国农村土地承包经营权继承法律制度的构建具有借鉴意义。

[32] 该条相关条款已经失效。

参考文献

一、中文文献

(一)中文著作、译文

1. 孙宪忠:《论物权法》,法律出版社2008年版。

2. 孙宪忠:《争议与思考——物权法立法笔记》,中国人民大学出版社2006年版。

3. 杨在明、黄艳编著:《房屋拆迁议案说法实用指南》,北京出版社2010年版。

4. 陈红霞:《中国城乡土地市场协调发展的制度研究》,哈尔滨工程大学出版社2007年版。

5. 李龙浩:《土地问题的制度分析——以政府行为为研究视角》,地质出版社2007年版。

6. 张全景、欧名豪:《中国土地用途管制制度的耕地保护绩效研究》,商务印书馆2008年版。

7. 王景新:《现代化进程中的农地制度及其利益格局》,中国经济出版社2005年版。

8. 国务院发展研究中心农村经济研究部课题组:《中国特色农业现代化道路研究》,中国发展出版社2012年版。

9. 赵树坤:《社会冲突与法律控制:当代中国社会转型期的法律秩序检讨》,法律出版社2008年版。

10. 王国林:《失地农民调查报告》,新华出版社2006年版。

11. 洪凯:《广东省新农村建设问题研究》,知识产权出版社2008年版。

12. 孙立平:《断裂——20世纪90年代以来的中国社会》,社会科学文献出版社2003年版。

13. 孟勤国、黄莹、段晓红、徐志珍、陈焜如:《中国农村土地流转问题研究》,法律出版社 2009 年版。
14. 朱秋霞:《中国土地财政制度改革研究》,立信会计出版社 2007 年版。
15. 许惠渊等编著:《产权理论与农村年集体产权制度改革》,中国经济出版社 2005 年版。
16. 农业部产业政策与法规司编:《农村政策法规调查员研究 2006》,中国农业出版社 2007 年版。
17. 孔祥智主编:《城镇化进程中的失地农民的“受偿意愿”(WTA)和补偿政策研究》,中国经济出版社 2008 年版。
18. 胡志刚:《不动产物权新论》,学林出版社 2006 年版。
19. 张林江:《围绕农村土地的权力博弈——不确定产权的一种经验分析》,社会科学文献出版社 2012 年版。
20. 徐昕主编:《纠纷解决与社会和谐》,法律出版社 2006 年版。
21.《马克思恩格斯选集》(第 3 卷),人民出版社 1972 年版。
22. 单继刚、孙晶、容敏德主编:《政治与伦理——应用政治哲学的视角》,人民出版社 2006 年版。
23. 孙宪忠:《中国物权法总论》(第 2 版),法律出版社 2009 年版。
24.《马克思恩格斯全集》(第 1 卷),人民出版社 1995 年版。
25. 刘道远:《集体地权流转法律创新研究》,北京大学出版社 2011 年版。
26. 钱忠好:《中国农村土地制度变迁和创新研究(续)》,社会科学文献出版社 2005 年版。
27. 张立彦:《中国政府土地收益制度研究》,中国财政经济出版社 2010 年版。
28. 贺雪峰:《地权的逻辑Ⅱ——地权变革的真相与谬误》,东方出版社 2013 年版。
29. 张清勇:《中国农地转用开发问题研究》,商务印书馆 2013 年版。
30. 王才亮:《反思中国房地产制度与实践》,法律出版社 2008 年版。
31. 李龙浩:《土地问题制度分析——以政府行为为研究视角》,地质出版社 2007 年版。

32. 郑永年:《未竟的变革》,浙江出版联合集团、浙江人民出版社 2011 年版。
33. 操小娟:《土地利用中利益衡平的法律问题研究》,人民出版社 2006 年版。
34. 郑永年:《中国模式——经验与困局》,浙江出版联合集团、浙江人民出版社 2010 年版。
35. 吴敬琏、江平主编:《洪范评论》(第 3 卷第 2 辑),中国政法大学出版社 2006 年版。
36. 孙宪忠:《物权法的实施(第二卷)城镇拆迁与物权法》,社会科学文献出版社 2013 年版。
37. 朱秋霞:《中国土地财政制度改革研究》,立信会计出版社 2007 年版。
38. 韩松:《集体所有制、集体所有权及其实现的企业形式》,法律出版社 2009 年版。
39. 郭洁:《土地所有权一体保护立法研究》,知识产权出版社 2011 年版。
40. 黄彦编:《孙文选集》(上册),广东人民出版社 2006 年版。
41. 邓正来:《国家与社会——中国市民社会研究》,北京大学出版社 2008 年版。
42. 唐宏强:《国家与社会:传统东方法律的运行机理》,人民出版社 2008 年版。
43.《韦伯作品集·中国的宗教·宗教与世界》,康乐、简惠美译,广西师范大学出版社 2004 年版。
44. 王立深:《契约方法论——以公法哲学为背景的思考》,北京大学出版社 2007 年版。
45. 高在敏:《商法的理念与理念的商法》,陕西人民出版社 2000 年版。
46. 张惠芳:《土地征用问题研究》,经济科学出版社 2005 年版。
47. 赵树坤:《社会冲突与法律控制:当代中国社会转型期的法律秩序检讨》,法律出版社 2008 年版。
48. 曹天予、钟雪梅、廖可斌主编:《文化与社会转型》,浙江大学出版社 2006 年版。

49. 张林江:《围绕农村土地的权力博弈——不确定产权的一种经验分析》,社会科学文献出版社 2012 年版。
50. 张千帆、党国英、高新军、曲相霏、杨世建、田飞龙:《城镇化进程中的农民土地权利保障》,中国民主法制出版社 2013 年版。
51. 方芳:《农地规模经营实现途径研究——基于上海城乡一体化演进视角》,上海财经大学出版社 2008 年版。
52. 孙宪忠主编:《王家福法学研究与法学教育六十周年暨八十寿诞庆贺文集》,法律出版社 2010 年版。
53. 梁慧星:《梁慧星文选》,法律出版社 2003 年版。
54. 周珂主编:《住宅立法研究》,法律出版社 2008 年版。
55. 国土资源部法律评价工程重点实验室编著:《国土资源法律评价报告 2012》,中国法制出版社 2012 年版。
56. 于立深:《契约方法论——以公法哲学为背景的思考》,北京大学出版社 2007 年版。
57. 翁岳生主编:《行政法》(下册),中国法制出版社 2000 年版。
58. 谢在全:《民法物权论》,中国政法大学出版社 1999 年版。
59. 闫桂芳、杨晚香:《财产征收研究》,中国法制出版社 2006 年版。
60. 王利明:《物权法研究》,中国人民大学出版社 2002 年版。
61. 王国林:《失地农民调查报告》,新华出版社 2006 年版。
62. 王景新:《乡村新型合作经济组织崛起》,中国经济出版社 2005 年版。
63. 尹田:《法国物权法》,法律出版社 1998 年版。
64. 吴敬琏、江平主编:《洪范评论》(第 3 卷第 2 辑),中国政法大学出版社 2006 年版。
65. 陈新民:《德国公法学基础理论》,山东人民出版社 2001 年版。
66. 张全景、欧名豪:《中国土地用途管制制度的耕地保护绩效研究》,商务印书馆 2008 年版。
67. 马新彦:《美国财产法与判例研究》,法律出版社 2001 年版。
68. 杨金元主编:《集体所有建设用地使用权流转》,经济科学出版社 2007 年版。

69. 孙宪忠:《物权法》,社会科学文献出版社 2005 年版。
70. 黄季焜等:《制度变迁和可持续发展——30 年中国农业与农村》,格致出版社、上海人民出版社 2008 年版。
71. 吴敬琏、江平主编:《洪范评论》(第 3 卷第 2 辑),中国政法大学出版社 2006 年版。
72. 中国物权法研究课题组:《中国物权法草案建议稿》,社会科学文献出版社 2000 年版。
73. 陈新民:《德国公法学基础理论》,山东人民出版社 2001 年版。
74. 王小莹:《我国农村土地流转法律制度研究》,法律出版社 2012 年版。
75. 刘国臻:《论我国土地利用管理制度改革》,人民法院出版社 2006 年版。
76. 张全景、欧名豪:《中国土地用途管制制度的耕地保护绩效研究》,商务印书馆 2008 年版。
77. 汪振江:《农村土地产权与征收补偿问题研究》,中国人民大学出版社 2008 年版。
78. 陈红霞:《中国城乡土地市场协调发展研究》,哈尔滨工程大学出版社 2007 年版。
79. 周应江:《家庭承包经营权:现状、困境与出路》,法律出版社 2010 年版。
80. 陈小君等:《农村土地问题立法研究》,经济科学出版社 2012 年版。
81. 陈小君等:《农村土地法律制度的现实考察与研究——中国十省调研报告书》,法律出版社 2010 年版。
82. 赵阳:《公有与私用——中国农地产权制度的经济学分析》,生活·读书·新知三联书店 2007 年版。
83. 张钧:《农村土地流转法律问题研究——以云南文山县为例》,法律出版社 2012 年版。
84. 刘润秋:《中国农村土地流转制度研究——基于利益协调的视角》,经济管理出版社 2012 年版。
85. 农业部产业政策与法规司:《农村证词法规调查与研究 2006》,中国农业出版社 2007 年版。
86. 胡康生主编:《中华人民共和国农村土地承包法释义》,法律出版社 2002 年版。
87. 王宗非:《农村土地承包法释义与适用》,人民法院出版社 2002 年版。
88. 中国(海南)改革发展研究院编:《中国农民组织建设》,中国经济出版社 2005 年版。
89. 王利明主编:《中国物权法草案建议稿及说明》,中国法制出版社 2001 年版。
90. 孟勤国:《物权二元结构论——中国物权制度的理论重构》(第 2 版),人民法院出版社 2004 年版。
91. 刘得宽:《民法诸问题与新展望》,中国政法大学出版社 2002 年版。
92. 全国人大常委会办公厅秘书一局等编:《土地是农民的命根子——2003 年全国人大常委会〈中华人民共和国农村土地承包法〉执法检查报告汇编》,中国民主法制出版社 2004 年版。
93. 瞿同祖:《瞿同祖法学论著集》,中国政法大学出版社 1998 年版。
94. 蒋月等:《农村土地承包法实施研究》,法律出版社 2006 年版。
95. 白凯:《中国的妇女与财产:1960—1949》,上海书店出版社 2007 年版。
96. 梁慧星、陈华彬:《物权法》(第 4 版),法律出版社 2007 年版。
97. 迟福林:《把土地使用权真正交给农民》,中国经济出版社 2002 年版。
98. 张钧:《农村土地流转法律问题研究——以云南文山县为例》,法律出版社 2012 年版。
99. 苏志超:《比较土地政策》,五南图书出版股份有限公司 1999 年版。
100. 董栓成:《中国农村土地制度改革路径优化》,社会科学文献出版社 2008 年版。
101. [荷]何·皮特:《谁是中国土地的拥有者?——制度变迁、产权和社会冲突》,林韵然译,社会科学文献出版社 2008 年版。
102. [德]康德:《法的形而上学原理——权利的科学》,商务印书馆 1991 年版。
103. [德]罗尔夫·克尼佩尔:《法律与历史——论〈德国民法典〉的形成

与变迁》,朱岩译,法律出版社 2003 年版。

104. [澳]约翰·赫斯特:《极简欧洲史》,席玉萍译,广西师范大学出版社 2011 年版。

105. [德]哈特穆特·毛雷尔:《行政法学总论》,高家伟译,法律出版社 2000 年版。

106. [德]哈里·韦斯特曼著,[德]哈尔姆·彼得·韦斯特曼修订,《德国民法基本概念》,张定军等译,中国人民大学出版社 2013 年版。

107. [日]滋贺秀三:《中国家族法原理》,张建国、李力译,法律出版社 2003 年版。

108. [英]梅因:《古代法》,沈景一译,商务印书馆 1959 年版。

109. [英]洛克:《政府论》(下篇),叶启芳,瞿菊农译,商务印书馆 1981 年版。

110. [美]罗尔斯:《正义论》,何怀宏、何包钢、廖申白译,中国社会科学出版社 1988 年版。

111. [美]波斯纳:《法律的经济分析》,蒋兆康译,中国大百科全书出版社 1997 年版。

112. [美]詹姆斯·布坎南、理查德·瓦格纳:《赤字中的民主》,刘延安等译,北京经济学院出版社 1998 年版。

113. [美]汉密尔顿、杰伊、麦迪逊:《联邦党人文集》,程逢如、在汉、舒逊译,商务印书馆 1995 年版。

114. [法]弗朗索瓦·泰雷、菲利普. 森勒尔:《法国财产法》,罗结珍译,中国法制出版社 2008 年版。

115. [法]孟德斯鸠:《论法的精神》(下册),张雁深译,商务印书馆 1963 年版。

(二) 中文论文

1. 韩俊:《失地农民的就业和社会保障》,载《农业经济导刊》2005 年第 11 期。

2. 韩松:《集体建设用地市场配置的法律额问题研究》,载《中国法学》2008 年第 3 期。

3. 国土资源部征地改革研究课题组:《征地制度改革课题总报告》,2002年12月。

4. 许章润:《地权的国家德性》,载《比较法研究》2010年第2期。

5. 曹利群:《推进农业科学发展　延续第三“黄金期”》,载《中国社会科学报》2010年2月4日。

6. 杨一介:《土地法律制度在中国农村的实践——问题和矛盾的初步研究》,博士后出站报告(未刊稿),2006年8月。

7. 刘颖、蒋建秋:《关于我国土地执法困境与成因的再思考》,载《法学杂志》2009年第6期。

8. 宋志红:《城市化进程中集体土地的整体转权》,载《国家行政学院学报》2010年第4期。

9. 刘艳萍、魏宁:《土地违法问责制与耕地保护共同责任机制评价》,国土资源部法律评价工程重点实验室编著:《国土资源法律评价报告2012》,中国法制出版社2012年版。

10. 陆晓春、李琦:《国土资源领域的重大现实课题——改革征地制度　保障可持续发展》,载《自然辩证法研究》2006年第1期。

11. 夏珺:《我国耕地面积逼近18亿亩红线》,载《人民日报》2007年4月13日,第1版。

12. 王艳阳:《农村土地自治权亟待优化与制约》,载《中国社会科学报》2009年12月22日。

13. 张意轩:《2012年深化农村改革加速三大任务倒计时让农民分享土地增值收益》,载《人民日报》(海外版)2012年5月11日,第8版。

14. 吴瑞鸫:《万亿土地出让金用途应当向公众公开》,载《中国青年报》2008年4月23日,第7版。

15. 刘颖、蒋建秋:《关于我国土地执法困境与成因的再思考》,载《法学杂志》2009年第6期。

16. 周小苑:《京沪地价大幅跳水卖地财政走向尽头——地方发展开始告别“坐地生财”》,载《人民日报》(海外版)2012年5月17日,第2版。

17. 萧华:《解冻之路》,载《中国土地》2007年第4期。

18. 张意轩:《2012 年深化农村改革加速三大任务倒计时让农民分享土地增值收益》,载《人民日报》(海外版)2012 年 5 月 11 日,第 8 版。
19. 朱道林、强真、毕继业:《中国农地征转用的价格增值分析》,载《中国土地科学》2006 年第 4 期。
20. 党国英:《土地制度对农民的剥夺》,载《农业经济导刊》2005 年第 10 期。
21. 陈功、李辉、张巍柏:《本轮通胀的根本原因是"失控的城镇化"》,载《南方周末》2008 年 5 月 15 日。
22. 赵展慧、叶晓楠:《惠及 3000 万户 1 亿人实现安居梦》,载《人民日报》(海外版)2012 年 8 月 7 日,第 1 版。
23. 黄洋:《追溯"市民社会"的历史渊源》,载《读书》1997 年第 5 期。
24. 孙宪忠:《中国近现代继受西方民法的效果评述》,载《中国法学》2006 年第 3 期。
25. 秦晖:《"中国奇迹"的形成与未来——改革三十年之我见》,载《南方周末》2008 年 2 月 21 日。
26. 国土资源部征地制度改革研究课题组:《征地制度改革研究课题总报告》2002 年 12 月。
27. 马俊驹、江海波:《论私人所有权自由与所有权社会化》,载《法学》2004 年第 5 期。
28. 梁慧星:《宪法修正案对征收征用的规定》,载《青年思想家》2005 年第 1 期。
29. 柴涛修、刘向南、范黎:《新中国征地制度变迁评述与展望》,载《中国土地科学》2008 年第 2 期。
30. 北京天则经济研究所中国土地问题组:《城市化背景下土地产权的实施和保护》,2007 年 7 月。
31. 王利明:《物权法草案中征收征用制度的完善》,载《中国法学》2005 年第 6 期。
32. 聂婴智:《公共利益解读及国际借鉴》,载《法学杂志》2009 年第 3 期。
33. 艾轩:《尊重农民的选择权》,载《人民日报》(海外版)2012 年 5 月 11

日,第8版。

34. 于澄:《尽快修订土地管理法,确保失地农民利益》,载《法制日报》2005年3月16日。

35. 王平:《地根政治》,载《中国改革》2005年第7期。

36. 胡平:《农村建设用地使用权有偿使用制度研究》,中国人民大学法学院2006年博士学位论文。

37. 广思、冯昌中:《土地征收制度改革构想》,载《中国土地》2002年第8期。

38. 刘婧娟:《加拿大土地征收程序及补偿制度研究》,载《行政法论丛》2011年第1期。

39. 陈新民:《台湾房屋拆迁的一般处理规则》,载《法学》2007年第8期。

40. 崔文星:《中国农地物权制度研究》,中国社会科学院2006年博士学位论文。

41. 张晓山:《植根现实　见证历史》,载《读书》2012年第7期。

42. 陈小君等:《后农业税时代农地权利体系与运行机理研究论纲——以对我国十省农地问题立法调查为基础》,载《法律科学》2010年第1期。

43. 王慧明:《当前农村土地承包经营权管理的现状及问题》,载《中国农村观察》1998年第5期。

44. 朱虎:《土地承包经营权流转中的发包方同意——一种治理的视角》,载《中国法学》2010年第2期。

45. 王玉霞:《我国农村土地流转状况分析和土地经营权入股》,载《四川省情》2002年第3期。

46. 尤小文:《世界农地产权演进与发展趋势的实证分析》,载《石河子大学学报》2005年第4期。

二、外文文献

1. Eva PILS, "Land Disputes, Rights Assertion, and Social Unrest in China: A Case from Sichuan", *Obligations and Property Rights in China*, TJ In-

ternational Ltd. ,Padstow,Cornwall.

2. R. P. Peerenboom, "What's Wrong with Chinese Rights? Toward a Theary of Rights Chinese Characteristics", *The Harvard Human Rights Journal*,1993.6.

3. Bin Li, *légitimité, légalité, et effectivité La protection de la propriété en Chine*, l'Harmattan, 2011, paris.

4. Diane Chappelle, *Land law*, Pearson Education Limimited, 5th edition.

5. Errol E. Meidinger, "The 'Public Uses' of Eminent Domain: History and Policy", *Environmental Law*, Vol. 11, No. 1, 41 - 42 (Fall 1980).

6. François Terré et Philippe Simler, *Droit Civil Les Biens*, 8 th Edition, dalloz, Paris, 2010.

7. David A. Dana and Thomas W. merris, *Property: Takings*, New York, 2002.

8. Scott Rozelle and Guo Li, "Village Leaders and Land - Rights Formation in China", in *The American Economic Review*, Vol. 88, No. 2, (May, 1998).

9. Peter Ho, "Who Owns China's land? Policies, Property Rights and Deliberate Institutional Ambiguity", *The China Quarterly*, No. 166 (Jun., 2001).

10. Zhu Keliang and Roy Prosterman: "Securing Land Rights for Chinese Farmers A Leap Forward for Stability and Growth", *Obligations and Property Rights in China*, TJ International Ltd. ,Padstow, Cornwall.

11. Jennifer Duncan and Li Ping, "Women and Land Tenure in China: A Study of Women's Land Rights in Dongfang County, Hainan Province", in *RDI Reports on Foreign Aid and Development*, #110, April 2001.

后　记

本著作的主体内容是在笔者主持完成的国家社科基金后期资助项目《中国农村土地物权制度研究》的第三编“中国农村土地上地权冲突之法律分析”的基础上修改完善而来的。受出版资金的限制，国家社科基金后期资助项目《中国农村土地物权制度研究》最终于2018年出版时仅仅出版了前两编（第一编“中国农村土地物权制度的演进与反思”及第二编“现行农村土地物权制度法律分析”）的大部分内容（42.6万字），第三编及第四编的内容被整体删除。

感谢西北政法大学图书出版基金及西北政法大学农村土地产权制度改革创新法律问题研究青年创新团队项目的资助，本书才最终得以完成并出版！

袁　震

2019年末

图书在版编目(CIP)数据

我国农村土地地权冲突与协调法律问题研究／袁震著. -- 北京：法律出版社，2020
ISBN 978-7-5197-4407-6

Ⅰ. ①我… Ⅱ. ①袁… Ⅲ. ①农村-土地所有权-土地法-研究-中国 Ⅳ. ①D922.304

中国版本图书馆 CIP 数据核字(2020)第063847号

我国农村土地地权冲突与协调法律问题研究
WOGUO NONGCUN TUDI DIQUAN CHONGTU YU XIETIAO FALÜ WENTI YANJIU

袁 震 著

责任编辑 陈 慧
装帧设计 凌点工作室

出版 法律出版社
总发行 中国法律图书有限公司
经销 新华书店
印刷 北京玺诚印务有限公司
责任印制 胡晓雅

编辑统筹 法律教育出版分社
开本 A5
印张 9.125
字数 226千
版本 2020年6月第1版
印次 2020年6月第1次印刷

法律出版社／北京市丰台区莲花池西里7号(100073)
网址／www.lawpress.com.cn
投稿邮箱／info@lawpress.com.cn
举报维权邮箱／jbwq@lawpress.com.cn
销售热线／010-63939792
咨询电话／010-63939796

中国法律图书有限公司／北京市丰台区莲花池西里7号(100073)
全国各地中法图分、子公司销售电话：
统一销售客服／400-660-6393
第一法律书店／010-63939781/9782　西安分公司／029-85330678　重庆分公司／023-67453036
上海分公司／021-62071639/1636　深圳分公司／0755-83072995

书号：ISBN 978-7-5197-4407-6　**定价**：25.00元